中国共产党与大革命丛书

# 英雄壮举

## 1927年的广州起义

王金锋 吴珏 刘永祥 著

中央文献出版社

# 《中国共产党与大革命丛书》
## 编委会
（按姓氏笔画排序）

主　　任：徐咏虹
丛书顾问：李　蓉　　陈金龙　　曾庆榴　　薛庆超
执行主编：曾伟玉
编　　委：王金锋　龙观华　邢照华　沈成飞　张龙平
　　　　　吴九占　杨　霖　林雄辉　郭德焱　莫岳云
　　　　　梅声洪
编　　务：左　丽　向宁陵　吴　晴　潘晓东

# 序 一

云山珠水，英雄花开。被誉为"千年商都"的广州，是一座富有革命传统的英雄城市。三元里人民抗英揭开了近代中国人民反帝爱国斗争的序幕，康有为创办万木草堂推动维新变法，孙中山先后三次在广州建立革命政权，中国近代史上一系列具有重大影响的历史事件都与广州密不可分。第一、二、三次全国劳动大会旧址、中国社会主义青年团第一次全国代表大会旧址、中华全国总工会旧址、中共三大旧址、农民运动讲习所旧址、黄埔军校旧址、中共广东区委旧址、省港罢工委员会旧址、广州起义旧址等红色遗迹遗址，遍布广州各个角落。大革命时期，随着国共合作统一战线的建立，广州成为大革命的策源地和中心，发挥了举足轻重的作用，在党的历史和中国近现代历史上留下了浓墨重彩的一笔，成为近代以来中国历史舞台上的璀璨明珠。

广州成为大革命的策源地和中心不是偶然的，有着深厚的历史背景。近代以来，广州作为中西文化交流的重要津梁，是中国与东西方文化交流的重要窗口，多种文化在广州交流融合，织成绚丽多彩的画面，使广州"得风气之先"，富有敢为天下先的革命精神。由于孙中山长期以广州作为革命基地，广州的思想氛围和政治环境比较宽松，成为各种进步势力集聚之地，成为中国近代政治、思想、文化的先导之区。鸦片战争后，随着资本主义经济的发展，广州出现了现代意义上的工人阶级和工会组织，工人阶级的力量不断发展增长，并积极参与政治活动与抗争。

1919年，五四运动席卷全国。广州的五四运动不仅响应时间早、持续时间长，而且得到了学生、商人、工人、党政军人士等社会各界的广泛参与和支持，举行了声势浩大的集会、游行示威活动和大规模的抵制日货运动。五四新文化运动推动了思想解放，一大批先进知识分子在运动中崭露头角，开始探求救国救民的道路，为马克思主义在广州的传播创造了有利条件。《新青年》南迁广州和《广东群报》的创办，有力地推动了马克思主义在广东的传播。随着马克思主义的传播和反对无政府主义论战的展开，特别是在陈独秀的推动下，以谭平山、谭植棠等为代表的一批具有初步共产主义思想的知识分子，开始在广州建立党组织，广州也成为全国最早成立党组织的六个地区之一。在他们的努力下，广东以多种形式培训革命骨干，积极组织工人运动，参与指导香港海员大罢工，并协助召开中国社会主义青年团第一次全国代表大会，为广州成为大革命策源地和中心奠定了重要基础。

统一战线局面的形成是广州成为大革命策源地和中心的重要前提。1923年6月，中共中央机关南迁广州，中共三大也随之在广州召开。这是中国共产党在广州召开的唯一一次党的全国代表大会。这次会议上，中国共产党正式确立以党内合作形式同国民党建立统一战线的策略，开启了统一战线的先河。同时，中共三大对中国革命相关理论、党的建设等问题进行了积极探索，取得了积极的理论成果，为大革命的顺利进行奠定了理论基础。而孙中山在经历多次失败之后，也认识到与中国共产党合作的必要性。在孙中山的推动下，在广州召开的国民党一大，重新解释三民主义，确定了联俄、联共、扶助农工三大政策，标志着第一次国共合作的正式形成，掀开了国民革命新的一页，推动了大革命高潮的到来。国共合作建立后，中国共产党内一大批革命家和理论家纷纷聚集广州从事革命活动，共产国际也专门派遣工作人员到广州开展工作。国际国内进步力量的汇聚，造就了广州大革命策源地和中心的历史地位。

中国共产党的坚强领导是广州成为大革命策源地和中心的重要保障。随着广州逐步成为大革命的中心，中国共产党派遣了一大批优秀共产党员到广州开展革命工作。陈独秀、李大钊、瞿秋白、毛泽东、恽代英、萧楚女等都在这一时期来到广州进行革命活动。周恩来、陈延年先后担任中共广东区委委员长（后改称书记）。张太雷、熊雄、张伯简、邓颖超等也先后来到广东工作。在中共广东区委的领导下，广东党组织自身建设不断加强，党员人数一直名列全国前茅，并建立了监察委员会，在党的建设史上具有开创性意义。中共广东区委致力于推动广东各方面的工作，大力发展工人运动、农民运动、学生运动、妇女运动，使广州作为大革命策源地和中心的地位日益巩固。同时，中共广东区委十分重视军事斗争，成立军事委员会，建立党直接领导的第一支正规武装——叶挺独立团。中共广东区委积极发动工农群众，支持东征、南讨和北伐战争，促进了广东革命根据地的巩固和统一。中共广东区委还积极维护国共合作，与国民党新老右派进行积极斗争，保证了革命形势的向前发展。

随着广州作为大革命策源地和中心地位的确立，广州成为马克思主义在中国传播的重要基地和阵地。平民书社、国光书店等发行了一大批马克思主义理论著作，如《共产党宣言》《帝国主义浅说》《唯物史观浅说》等，有力推动了马克思主义在广东的传播。中共广东区委机关刊物《人民周刊》和团广东区委机关刊物《青年周刊》《少年先锋》，在推动马克思主义传播过程中发挥了重要作用。《新青年》《中国青年》《向导》等一度迁到广州进行编辑和出版发行，发表了大量传播马克思主义的理论文章。农民运动讲习所、劳动学院、黄埔军校等也在推动马克思主义传播方面发挥了积极作用。广州还举行了规模盛大的纪念马克思、列宁、巴黎公社、十月革命等活动，以此为契机，发行纪念特号，进行公开演讲，有力推动了马克思主义在广州的传播和马克思主义的大众化。

随着广州大革命中心地位的确立，广州成为中国工人运动的指挥中心。广州作为产业工人阶级和现代工人团体出现较早的地方，工人运动一直走在全国前列。中国共产党成立后，也将工人运动作为自己的重要工作，成立中国劳动组合书记部，领导全国工人运动，并在广州设立中国劳动组合书记部南方分部，以领导华南地区的工人运动。得益于广州日益高涨的革命形势和相对稳定的政治环境，在中国共产党的领导下，第一、二、三次全国劳动大会均在广州召开，全国工人运动的领导机关——中华全国总工会也设立在广州。三次劳动大会的召开，确立了中国共产党在工人运动中的领导地位，明确了工人阶级在国民革命中的主力军作用，制定了一系列指导工人运动的方针与策略，指明了大革命时期工人运动的方向，推动了工人运动走向高潮。

随着广州革命形势的不断发展，先后爆发了香港海员大罢工、沙面工人大罢工、省港大罢工等与广州密切相关的三次工人大罢工。在中国共产党领导下，这三次大罢工都取得了最后胜利，沉重打击了帝国主义的嚣张气焰，推动了革命形势的不断发展。三次大罢工具有明显的反帝爱国主义性质，有力推动了国民革命的不断深入。特别是坚持了16个月之久的省港大罢工，如果不是发生在大革命中心的广州，是难以坚持下去的。同时，在中华全国总工会省港罢工委员会的坚强领导下，罢工工人为东征、南讨、北伐的胜利进军提供了坚实保障，也为广州成为大革命的策源地提供了重要保证。

大革命时期，广州还是农民运动的指挥中心和摇篮，推动了广东和全国农民运动的蓬勃发展。国共合作统一战线形成后，在广州成立了农民运动的领导机构，设立了农民部作为负责农民运动的领导机构，并在其下成立农民运动委员会，广州也因此成为农民运动的指挥中心，积极引导农民参加国民革命运动。随着对农民问题重要性的认识不断加深，在彭湃倡议下，创办了农民运动讲习所，培养了大批农民运动干部。农民运动讲习所将政治学习和军事训练纳入教学之中，使学员真正掌握农民运动技巧。毕业后，这些学员被派往全国各地，农民协会纷纷建立，推动了全国农民运动的迅速发展，也推动了大革命的影响遍及全国。毛泽东在主办第六届农民运动讲习所时，不断深入研究中国农民问题，发表了《中国社会各阶级的分析》《国民革命与农民运动》等文章，并主持出版《农民问题丛刊》，积极探讨农民运动理论，对农民武装、土地革命、农民同盟军等理论进行了积极探讨，为毛泽东思想的形成奠定了基础。

在国共合作的推动下，黄埔军校在广州正式创办，成为国共两党将帅的摇篮。黄埔军校的创办有力推动了大革命形势不断高涨，并从广州一隅推向全国。中国共产党选派了一批党内的优秀人才如周恩来、熊雄等担任军校教师，并选派了一批党员、团员到军校学习。为加强在军校中的工作，中国共产党在黄埔军校内设立党组织，并建立了中国青年军人联合会等组织。以共产党人为主体的政治部的形成，使黄埔军校成为大革命时期传播马克思主义的重要机构之一，发行了一批与马克思主义相关的刊物和教材，推动了一批军校学员接受马克思主义，进而加入中国共产党。随着军校的创办，以黄埔军校学生军为主力的革命军队开始形成，并在两次东征、南讨乃至北伐战争中发挥了重要作用，巩固了广州作为大革命策源地的地位。同时，黄埔军校也为中国共产党培养了一批军事人才，在随后党领导的反抗国民党反动统治的革命战争中发挥了举足轻重的作用。

广州还是武装反抗国民党反动派的起义重地。四一五反革命政变后，中国共产党人积极发动武装起义。经过精心策划，1927年12月11日，广州起义爆发，建立了中国第一个城市苏维埃政权，公开打出了"工农红军"的旗号，开创了城乡配合、工农兵联合举行武装起义的先例，具有重要历史意义。广州起义和南昌起义、秋收起义一道，是我党独立领导革命战争和创建人民军队的伟大开端，在中国革命历史上谱写了光辉而悲壮的一页。

2021年是中国共产党百年华诞。为深入学习贯彻习近平总书记关于中国共产党历史的重要论述和在党史学习教育动员大会上的重要讲话精神，从党的百年伟大奋斗历程中汲取继续前进的智慧和力量，做到学史明理、学史增信、学史崇德、学史力行，中共广州市委宣传部、广州市社科联组织广州地区党史专家编写《中国共产党与大革命丛书》。本套丛书由10本构成，对中共三大与大革命时期的广州革命历史进行了系统研究，既拓展了广州革命历史研究的空间和视野，也弥补了中共党史研究的薄弱环节，彰显了广州在中国近现代历史上的地位，具有重要学术价值和现实意义。但广州作为大革命的策源地和中心，这段历史仍有进一步深化研究的必要。部分与广州早期党组织、广州和大革命关系密切的相关史料未能得到有效利用，需要研究者进一步挖掘整理，为相关研究提供文献支撑。同时，需要打造一支相对稳定的研究队伍，形成研究合力，将广州与大革命历史研究打造成具有全国影响力的研究领域，为繁荣中共党史研究作出有益贡献。

是为序。

原中共中央党史研究室主任

欧阳淞

2020年12月

# 序 二

## 一

中国早期共产主义运动起源于北方。北京大学蕴含"民主与科学"历史底蕴，经历新文化运动大潮激荡，掀起五四运动震撼中国。"十月革命一声炮响，给我们送来了马克思列宁主义。"时代潮流，浩浩荡荡，民众觉醒，惊雷滚滚。于是，李大钊振臂高呼"试看将来的环球，必是赤旗的世界"，率先高举传播和实践马克思主义的旗帜，大旗一举，应者云集，就此开始中国共产主义运动的壮丽征程。

中国共产党诞生于华东的上海和嘉兴。中国共产党第一次全国代表大会在上海的惊涛骇浪中开幕，因为会议期间密探闯入，法租界巡捕搜查，不得不转移嘉兴，在南湖红船完成全部议程。百年大党扬帆起航，红船精神乘风破浪，百年历程千磨万击，百年奋斗造就百年辉煌。

中国共产党百年历史与南方广州密不可分。从大革命洪流滚滚惊涛拍岸到改革开放把握先机再造辉煌，从国共合作的北伐战争到解放战争中国人民解放军南下广东，从广州起义高举义旗与国民党反动派生死搏杀、中国共产党第一次公开打出"红军"和"苏维埃"旗帜，到起义部队奔向海陆丰建立农村革命根据地、探索中国革命新路，从中国共产主义运动蓬勃兴起到中国特色社会主义进入新时代，广州与中国革命、建设和改革开放血肉相连，息息相关。广州既经历大江东去、千回百转，又经历九曲连环、苦难辉煌，中国革命赢得胜利，新中国广州魅力无限，改革开放广州创新发展，新时代广州续写新篇。

中国社会主义建设时期，一年一度在广州举办的"中国进出口商品交易会"（简称"广交会"）是中国历史最长、层次最高、规模最大、商品种类最全、到会客商最多、成交效果最好的综合性国际贸易盛会。各种"中国制造"琳琅满目，闻名遐迩，羡煞世界，代表着中国经济发展的最新水平。

改革开放新时期，中国共产党开辟中国特色社会主义道路，广州又成为中国面向现代化、面向世界、面向未来的重要前沿阵地之一。21世纪以来，广州在中国特色社会主义道路上高歌猛进，在中国特色社会主义新时代率先奔向小康，如今乘势而上，奋力开启社会主义现代化建设新征程。

"周虽旧邦，其命维新"，广州"苟日新，日日新，又日新"。

## 二

中国共产党是一个善于总结经验教训的革命政党，通过在革命实践中及时汲取经验教训，制定统一战线的战略策略。中国共产党建立后，深入开展工人运动，通过香港海员大罢工、安源路矿工人大罢工、京汉铁路工人大罢工等掀起第一次工人运动高潮。同时，广泛开展农民运动、青年运动、学生运动和妇女运动，革命形势快速发展。但是，在中国革命实践中，特别是京汉铁路工人大罢工失败、封建军阀屠杀工人领袖制造"二七惨案"，中国共产党认识到建立革命统一战线的重要性。于是，在共产国际帮助下，中国共产党西湖特别会议决定与孙中山领导的国民党实行国共合作。这次会议为中共三大确定全体党员加入国民党，建立国共合作统一战线奠定基础。会后，李大钊应孙中山邀请，率先以共产党员身份加入国民党，成为第一次国共合作第一人。随后，陈独秀、张太雷、蔡和森等中共负责人也陆续加入国民党，并帮助国民党进行改组。从此，中国革命中心开始转移到广州。

广州是中国共产党召开第三次全国代表大会正式决定实行国共合作的标志性城市。1923年6月，中国共产党第三次全国代表大会在广州举行。全国各地党组织代表及莫斯科的代表约四十人出席大会。共产国际代表马林参加会议。陈独秀主持会议并代表中央作报告。大会三项议程：一、讨论党纲草案；二、讨论同国民党建立革命统一战线问题；三、选举党的中央执行委员会。会议中心议题是讨论与国民党合作、建立革命统一战线问题。代表们就共产党员以个人身份加入国民党、建立革命统一战线问题进行了热烈讨论。大会决定接受共产国际关于中国共产党同国民党进行合作的指示，通过《中国共产党第三次全国代表大会宣言》等文件，组成新的中央执行委员会。中共三大根据马克思主义基本原则和共产国际指示，结合中国革命具体情况，在分析中国社会矛盾和明确中国革命性质基础上，统一全党认识，确定共产党员以个人身份加入国民党，与国民党进行党内合作，使党能够团结一切可能联合的力量，共同完成反帝反封建的民主革命任务。

广州是国民党召开第一次全国代表大会并决定实行国共合作的标志性城市。1923年10月，苏联代表鲍罗廷应孙中山邀请到达广州。国民党改组进入实质阶段。鲍罗廷同中共中央和青年团中央共同商议帮助国民党改组方法，决定力促孙中山召集改组会议。这项工作在鲍罗廷和中共广东组织直接推动下进行。在共产国际和中国共产党帮助下，孙中山排除重重障碍，强调学习俄国革命经验改组国民党，首先聘鲍罗廷任国民党组织教练员和政治顾问。他说：聘请鲍罗廷是为了"使之训练吾党同志。鲍君办党极有经验，望各同志牺牲自己的成见，诚意去学他的方法"。他任命廖仲恺和共产党员李大钊等五人为国民党改组委员。国民党临时中央执行委员会成立时，孙中山委任共产党人谭平山等九人为临时中央执行委员，李大钊等五人为候补中央执行委员。国民党一大召开前，中共中央和青年团中央制定党团员参加国民党一大的统一行动方针。在中国共产党推动下，孙中山对国民党进行改组，确定联俄、联共、扶助农工三大政策。国民党第一次全国代表大会在广州召开，标志着第一次国共合作正式形成。

广州是大革命风暴中心，革命大潮汹涌澎湃，洪流滚滚势不可挡，为中国共产党百年发展初步奠定基础。中共三大的召开和第一次国共合作的实现，广州以及广东和全国的工人运动逐渐恢复，风起云涌；农民运动日益兴起，轰轰烈烈；全国革命形势迅速高涨，形成以广州为中心的反对帝国主义和封建军阀的革命新局面，极大地促进了大革命高潮到来。通过第一次国共合作，建立革命统一战线，中国共产党掀起五卅运动，大革命风暴席卷全国。轰轰烈烈的工人运动和广大人民群众反帝反封建积极性空前高涨，以国共合作为基础的大革命高潮迅猛向前。中国共产党成为中国人民和中国革命坚强的领导力量。

广州是培养、锻炼、造就中国共产党重要领导人的重要基地，百年大党的重要党政军领导成员在广州奠定坚实基础。毛泽东在广州首次进入中国共产党中央领导核心，成为中国共产党中央执行委员会委员、中央局委员和中央局秘书、中央组织部部长。《中国共产党中央执行委员会组织法》规定："秘书员（负）本党内外文书及通信及开会记录之责任，并管理本党文件。""本党一切函件须由委员长及秘书签字。""执行委员会之一切会议，须由委员长与秘书召集之，附加会议之日程。"孙中山在国民党一大期间会见毛泽东，毛泽东在广州成为第一次国共合作的国民党候补中央执行委员和中央宣传部代理部长，从而成为第一次国共合作著名人物之一。毛泽东在广州撰写的《中国社会各阶级的分析》和在武汉撰写的《湖南农民运动考察报告》，标志着毛泽东思想的萌芽。刘少奇在广州奠定中国工人运动领袖地位。周恩来在广州任黄埔军校政治部主任、国民革命军第一军政治部主任和第一军副党代表等职，先后任中共广东区委员会委员长、常务委员兼军事部部长，在党的建设、统一战线、军队政治工作中崭露头角。叶剑英在广州与张太雷、叶挺等领导广州起义，任工农红军副总指挥。

中国共产党在广州通过国共合作的黄埔军校培养大批军事干部，人民军队在广州开始创建。1924年11月成立的孙中山广州陆海军大元帅府铁甲车队（简称"铁甲车队"），是中国共产党领导的最早的革命武装力量，是人民军队的"老根"所在，后来发展为叶挺独立团。

总之，以广州为中心的大革命风暴，蔓延全国，声势浩大，有力地唤起了中华民族的觉醒，极大地推动着轰轰烈烈的反帝反封建的革命群众运动持续发展，随着以广州为重要基地的国共合作的北伐战争胜利进军，促进了中国革命的高涨。

广州在中国共产党历史、中国革命史、中国近现代史、中国改革开放史、中国特色社会主义发展史上，功勋卓著，贡献巨大，永存史册。

## 三

习近平总书记强调，我们党历来重视党史学习教育，注重用党的奋斗历程和伟大成就鼓舞斗志、明确方向，用党的光荣传统和优良作风坚定信念、凝聚力量，用党的实践创造和历史经验启迪智慧、砥砺品格。在中国共产党百年华诞之际，中共广州市委宣传部、广州市社科联组织广州地区党史专家编写了《中国共产党与大革命丛书》。丛书共10册：《南国曙光：广东早期共产党组织》《中共中央在广州：中共三大研究》《共产党人在黄埔》《大革命中的中共广东区委》《广州召开的三次全国劳动大会》《工运凯歌：广州三次工人大罢工》《农民运动的摇篮：广州农民运动讲习所》《英雄壮举：1927年的广州起义》《大革命运动的中心：1921—1927年的广州》《广州大革命史论丛》。这套丛书涵盖广州在大革命时期的重要事件、重要人物、重要组织、重要机构，体现了政治性、思想性、科学性与普及性的高度统一，以深入的发掘、深厚的资料、深邃的研究、深刻的阐述，再现广州作为大革命中心的历史画卷，为实现中华民族伟大复兴提供精神动力。

是为序。

原中共中央党史研究室宣传教育局副局长
薛庆超
2020年12月

# 序 三

广州百年史上，20世纪20年代是一个风云激荡的年代。

近代广东风气开通，新事物易于输入，新思潮易于传播，精英辈出，革命运动代有赓续。20世纪20年代初，在省港工人阶级诞生和工人运动开展的基础上，在五四运动的影响、推动下，在中国共产党上海发起组和共产国际代表的指导、帮助下，广州成立了共产党的早期组织。中共创始人陈独秀亲来广州，指导并主持了广东共产党早期组织的组建工作。广州是继上海、北京之后全国最早建立共产党组织的城市。"中国产生了共产党，这是开天辟地的大事变"。在马克思主义的指导下，在中共中央的领导下，广东共产党组织积极肩负起改造社会、拯救中华民族的大任，在华南地区发动、组织和领导了一系列英勇的、波澜壮阔的革命斗争。

当时，在共产国际指导下，中国共产党重视利用广州较为宽松的政治环境及有利的地缘条件开展革命运动。1922年4月，党在广州召开了创党以来第一次有较多领导干部参加的党、团干部会议。接着，1922年5月和1923年6月，先后在广州召开中国社会主义青年团第一次全国代表大会和中国共产党第三次全国代表大会。以上几次会议，涉及、讨论了关于建立革命统一战线、与孙中山领导的国民党合作的问题。按照共产国际的决定，中共中央机关迁至广州。1924年1月，中国国民党第一次全国代表大会在广州召开，正式形成了国共两党的第一次合作。轰轰烈烈的中国大革命由此掀起。

中国大革命是反帝反封建的国民革命。广州是这场百年史上影响深远的革命运动的策源地，是全国革命运动的中心。

——工人运动蓬勃开展。中国共产党成立后，致力于开展工人运动。1922年春，香港海员发起罢工运动，是中国共产党成立后兴起的第一个工运高潮的起点；1924年8月，沙面洋务工人举行反对租界当局歧视华人的"新警律"的罢工，被称为二七大罢工失败后全国工运复苏的标志；1925年6月，广州、香港工人为声援上海五卅运动，举行规模空前的省港大罢工，坚持16个月，威震中外。以上三次以广州为主阵地的波澜壮阔的工人运动，是在中国共产党早期著名工运领袖亲自策划、组织和领导下开展起来的，是具有鲜明的反帝爱国性质和较高的政策策略水平的革命运动，工人阶级表现出高昂的斗志，体现了省港一体、两地民众紧密团结的特色。三次工运高潮期间，1922年5月、1925年5月和1926年5月，在广州先后召开了三次全国劳动大会，成立了工人阶级战斗的司令部——中华全国总工会。工人运动在广州的兴起和蓬勃开展，奠定了广州作为大革命运动中心的基础。

——农民运动迅猛高涨。国共合作建立后，大力开展农民运动。大批革命知识分子纷纷到农村去，将农民组织起来，开展维护农民利益、解决农民土地问题的各种斗争，并吸引农民加入国民革命。广东农民运动发轫于东江，迅速扩展至广州四郊、西江、粤中、南路和海南岛地区。为培养农运干部，在广州先后举办了六届农民运动讲习所，各届主任或所长，均由共产党员担任，毛泽东任第六届所长。广州农讲所是农运干部成长的摇篮，实际成为各地农民运动的指导中心。广东全省统一后,广东省农民协会在潮梅海陆丰、惠州、西江、北江、南路、琼崖,先后设立了六个办事处,至1926年5月,全省农会会员六十二万多人,占全国农会会员的近64%。农民是工人阶级天然可靠的同盟军,农民运动在广东各地的迅猛开展,大大增强了大革命运动的实力与声威。

——各界民众运动风起云涌。在工运、农运节节高涨的形势下,广东学生运动、妇女运动、商民运动接踵而起。共青团广东区委领导的"新学生社"、中共广东区委领导的"妇女解放协会",从广州发展至全省各地。中共广东区委发起成立"农工商联合会",参加者不但有工农团体,还有省、市商会。随着民众运动的勃兴,广州形成四大革命基地,即农讲所、黄埔军校、东园(省港罢工委员会)和广东大学(1926年改名中山大学)。这些地方,发生了许许多多具有重大意义和深远影响的事件,留下了大量革命活动的印痕,是广州作为大革命中心的历史见证。

——武装斗争的探索与积极开拓。大革命时期,共产党人在广州开始了独立组建革命军队、开展武装斗争的尝试。党积极参加了黄埔军校和国民革命军的创建工作,周恩来任黄埔军校政治部主任,先后有上千名中共党员到黄埔军校工作或学习。更为重要的是,共产党人在参与黄埔军校创建、建军的过程中,对在军校、军队中推行"党代表制"和开展军队政治工作,作了大量积极而有意义的摸索和开拓,先行开展了军校政治教育、军队政治工作和战时政治工作的实践。中共广东区委通过统一战线,组建了大元帅府铁甲车队,后扩展为著名的叶挺独立团,这是中共独立组建并掌握革命军队的尝试。广东区委掌握的工农革命武装,还有"工团军"、"农民自卫军"、"省港罢工纠察队"等。广州无疑是中共最早的一批军事干部的诞生地，是共产党人从事革命武装斗争的始发点。

——革命精英荟萃南粤。创党初期，陈独秀三次到广州，在广州工作了一年多的时间。李大钊到广州出席中共三大和国民党一大。毛泽东三次到广州，出席中共三大、国民党一大，主办第六届农民运动讲习所。为适应大革命运动发展的需要，党从全国各地和旅欧、旅俄回归的人员中，选派大批干部到广东工作，主要有瞿秋白、蔡和森、张太雷、周恩来、刘少奇、邓中夏、李立三、陈延年、罗亦农、熊雄、恽代英、李富春、蔡畅、邓颖超等；广东著名的革命者有谭平山、苏兆征、彭湃、杨匏安、阮啸仙、刘尔崧等；越南革命志士胡志明，也在广州工作过。羊城的大街小巷，留下了他们战斗、奋进的足迹。这种情况，极大提升了广州在大革命运动中的地位和作用。

——党的组织发展壮大。广州早期共产党组织成立时，只有数名党员，党的一大后成立中共广东支部；1922年6月，广东党员32人，成立了中共广东区委；1924年初改称中共广州地委，是年10月重新称中共广东区委，亦称两广区委。党的组织从广州一隅向全省发展，随后又从广东一省，发展至闽南、广西、云南和南洋各地。区委领导机关逐步健全，设集体领导的主席团制，形成了由周恩来、陈延年、张太雷、彭湃、苏兆征、杨匏安等人组成的领导核心。中共广东区委之下，成立"军委"和"监委"，在党内率先开展军事工作和纪律检查工作。中共广东区委很早办党校，编印党刊（《人民周刊》《我们的生活》），大力传播马克思主义，加强党内教育。党的队伍不断发展，1926年夏广东党员人数发展至四千多人，1927年夏增至近万人，是当时全国辖区最广、党员人数最多的一个地方党组织。在风起云涌的工农运动中，特别是在省港大罢工、统一广东之役和北伐战争中，广东党组织和广大共产党员起着政治领导和先锋模范作用，为将大革命运动从广东推向全国作出了重大贡献。

1927年4月，国民党蒋介石集团发动反革命政变，大肆捕杀共产党员和革命群众。中共广东区委机关移至香港。为挽救中国革命，党组织相继发动了1927年夏季的讨蒋起义、以接应南昌起义军南下为中心的秋收起义和震动中外的广州起义。大大小小的武装起义，共有一百五十多次。虽然多次武装起义和广州起义遭到了失败，省委书记张太雷和数以千计的革命者在起义中牺牲，但是前仆后继的武装起义拉开了土地革命战争的序幕，具有深远的历史意义。

总之，20世纪20年代广州大革命运动，规模大，影响广，意义深远，是中共党史、中国革命史的重要组成部分，是一部绚丽多彩、可歌可泣的篇章。长期以来，党史、革命史工作者致力于研究这一段历史，征集、整理了许多相关的档案文献资料，对当事者、知情人作过广泛的访谈，并取得了丰硕的研究成果。在此基础上，为庆祝建党100周年，在中共广州市委宣传部、广州市社科联的策划、组织之下，广州地区高校、党史研究室、社科院、党校、方志及文博单位的教研人员参与研究写作了《中国共产党与大革命丛书》，这是贯彻落实习近平总书记在党史学习教育动员大会上重要讲话精神的实际行动，是学史明理、学史增信、学史崇德、学史力行，致力于将广州大革命史的学习、研究推向深入的一项重要举措。

《中国共产党与大革命丛书》共10本，以广东共产党组织的建立和发展壮大为主线，以团一大、中共三大、三次全国劳动大会、第一次国共合作、工农学商妇女运动和广州起义为骨架，穿插叙述有关的史事和有关人物的事迹。各书聚焦不同事件，独立成册，但互为表里，互相照应。本套丛书深入分析广州的政治环境及社会历史条件，客观评析广州这座城市在党史、革命史上的地位作用，特别是在建立革命统一战线、创建革命武装和加强党的建设等方面的先行作用，以期再现广州在百年党史上的辉煌，为广大读者了解那一段历史提供可信可读的本子，为广州实现老城市新活力和"四个出新出彩"，进一步推进改革开放提供历史经验和精神动力。这是本套丛书编撰者们的立意所在，也是丛书创新点所在。

20世纪20年代广州大革命运动，是红色文化的"富矿"，资源丰富，思想、政治、文化蕴涵深厚，历史意义、现实意义重大。《中国共产党与大革命丛书》虽写出来了，但不等于对这段历史的研究已告终结。随着科技的进步，搜寻史料、走进历史现场、加深认识历史之路将越来越通畅，历史研究的空间将越来越宽广。愿丛书编撰者们和党史、革命史工作者们继续努力，专心致志，争取多出成果，出好成果，为深化中共党史、中国革命史的研究作出更多、更大的贡献。

是为序。

中共广东省委党史研究室原主任
曾庆榴
2020年12月

# 目 录

## 第一章 中国共产党在艰难中奋起 …………………………… 1

### 第一节 大革命从轰轰烈烈到血雨腥风 ………………… 1
一、蒋介石以"清党"为名实施大屠杀 ……………… 1
二、国民党广东当局呼应"清党" ………………… 13
三、广州成为"反革命的巢穴" ………………… 21

### 第二节 共产国际调整对中国革命的政策 ………………… 26
一、关于国民党，从吹捧拉拢利用到视为敌对力量 …… 27
二、关于武装斗争，从只抓政治工作
到要建立自己的军队 ………………… 33
三、关于土地革命，从依靠国民党
到由无产阶级直接领导 ………………… 41
四、关于政权建设，从反对提苏维埃口号
到广泛宣传苏维埃思想 ………………… 46

### 第三节 广东为什么能率先反蒋？ ………………… 50
一、有优良的革命传统 ………………… 51
二、有深厚的群众基础 ………………… 53
三、有一定的党掌握的革命武装 ………………… 61
四、有坚强扎实的党组织 ………………… 67

### 第四节 广东党组织领导的英勇斗争 ………………… 72

一、反抗四一五大屠杀 …………………………… 72
　　二、调整广东党组织 ……………………………… 76
　　三、发动广东各地武装暴动 ……………………… 77

第二章　广州起义的筹划与准备 ………………………… 83
　第一节　广州起义的早期筹划 ……………………… 83
　　一、广东省委领导工农再掀武装起义高潮 ……… 83
　　二、响应南昌起义军南下广东筹划广州起义 …… 86
　第二节　共产国际和联共（布）对起义的
　　　　　支持与援助 ………………………………… 100
　　一、物质援助 …………………………………… 100
　　二、人力支持 …………………………………… 103
　　三、参与起义的决策 …………………………… 109
　第三节　广州起义的最后准备 ……………………… 113
　　一、张黄事变为起义提供了良机 ……………… 113
　　二、抓住时机，决定起义 ……………………… 122
　　三、起义方式与时机的争论 …………………… 133

第三章　广州起义第一日：创建苏维埃 ……………… 137
　第一节　夜半枪声连角起 …………………………… 137
　　一、起义的主要力量 …………………………… 137
　　二、北较场誓师 ………………………………… 149
　　三、红旗飘上越王台 …………………………… 152
　第二节　成立工农民主政权 ………………………… 157
　　一、创建广州苏维埃 …………………………… 157
　　二、广州苏维埃政府的施政纲领 ……………… 168
　　三、开启中国苏维埃革命的新时代 …………… 171

## 第四章 广州起义第二日：保卫苏维埃 … 182

### 第一节 不断"进攻"的战略 … 182
一、撤与守之争 … 182
二、广州起义为什么是"进攻进攻再进攻"？ … 185

### 第二节 苏维埃政府的活动 … 189
一、召开拥护苏维埃政府群众大会 … 189
二、其他政治军事活动 … 193

### 第三节 保卫苏维埃的军事斗争 … 197
一、反动派的反扑计划 … 198
二、观音山争夺战 … 200
三、英勇的女兵 … 207
四、反击帝国主义武装干涉的斗争 … 211

## 第五章 广州起义第三日：撤出广州 … 221

### 第一节 悲壮的结局 … 221
一、广州被围 … 221
二、撤往海陆丰 … 224

### 第二节 "红带友"血流成河 … 230
一、蒋介石对广州起义的态度 … 230
二、国民党的大屠杀 … 234
三、中国共产党的应对措施 … 244

## 第六章 广州起义的历史地位 … 258

### 第一节 对广州起义的历史评价 … 258
一、中共党内对广州起义的评价 … 258
二、共产国际对广州起义的评价 … 269

### 第二节 广州起义的历史影响 … 274

一、建立了第一个城市苏维埃政权 …………… 275
　　二、举起了斧头镰刀标志的红旗 …………… 279
　　三、积累了开辟革命新道路的经验教训 …………… 289
**结　语：广州起义精神感召后人** …………… 298
**大事记（1927年4月—1931年12月）** …………… 304
**参考文献** …………………………………………… 329

# 第一章 中国共产党在艰难中奋起

1927年,四一二大屠杀、四一五大屠杀之后,白色恐怖向全国蔓延,中国革命陷于十分艰难的处境。面对中国革命形势的突然变化,苏共和共产国际审时度势调整了中国革命的政策和策略;有着优良的革命传统、深厚的群众基础、一定的革命武装、坚强的党组织的广东率先高举起了反蒋大旗,中国共产党开始在艰难中奋起。

## 第一节 大革命从轰轰烈烈到血雨腥风

1924年1月,在广州召开的国民党一大标志着国共合作正式形成,此后,反帝反封建的大革命运动轰轰烈烈地开展起来并迅速席卷大半个中国。但随着国民党反动派在1927年先后发动四一二反革命大屠杀、四一五反革命大屠杀,大革命陷于血雨腥风之中。

### 一、蒋介石以"清党"为名实施大屠杀

早在国共合作之初,国民党中的老右派邓泽如、吴荣新、林直勉、陈占梅、曾克祺、赵士觐等就联名写信给孙中山,反对共产党员加入国民党,指责这是"共产党利用我党之阴谋",是"借

国民党之躯壳，注入共产党之灵魂"，"成则共产党享其福。败则吾党受其祸"。① 但由于孙中山的主意坚定以及李大钊等共产党人和国民党左派的据理力争，国共合作才得以达成。但反对国共合作的聒噪并未偃旗息鼓。1924 年 6 月 18 日，国民党中央监委邓泽如、张继、谢持 3 人又提出弹劾共产党员案，认为中共党团在国民党内的活动"确于本党之生存发展，有重大妨害"，"希即从速严重处分"，"非速求根本解决，不足以维持本党之存在及发展"。② 碍于孙中山在国民党内的崇高威望以及他对国共合作的笃定，这些噪声并没有阻挡国共合作的步伐。

1925 年 3 月孙中山去世后，国共合作的分裂危机日益显现。

一方面，国民党老右派的反共活动更加嚣张。11 月 23 日，国民党中央执行委员、候补中央执行委员、中央监察委员共 13 人在北京西山碧云寺孙中山的灵堂召开所谓的"国民党一届四中全会"，宣布中国共产党"非法"；取消共产党员的国民党党籍并开除谭平山、李大钊、毛泽东等共产党员的国民党中央执行委员会委员和候补中央执行委员职务；解雇顾问鲍罗廷等。会议通过了反苏、反共、反对国共合作的一系列决议，并危言耸听地说，如果还不赶快在国民党内实行清党，恐怕"再过一年，青天白日之旗，必化为红色矣"。

另一方面，以蒋介石为首的新右派也开始逐渐暴露其反对国共合作的真面目。蒋介石通过一系列动作将国民党的党、政、军大权集中于一身。首先是制造中山舰事件。1926 年 3 月 18 日，

---

① 《邓泽如写给孙中山的信及孙中山的批语》（1923 年 11 月 29 日），中共中央党校中共党史教研室编：《中国国民党史文献选编》（1894—1949），1985 年，第 19—20 页。

② 《中国国民党中央监察委员弹劾共产党案》（1924 年 6 月 18 日），中共中央党校中共党史教研室编：《中国国民党史文献选编》（1894—1949），1985 年，第 32、第 38 页。

蒋介石设局将其坐舰中山舰从广州调往黄埔，随后又反诬该舰是"矫令"行动，"要叛变"，以雷霆手段在广州卫戍司令部宣布戒严，逮捕中山舰舰长李之龙（中共党员），收回中山舰，软禁一批共产党人，收缴省港罢工委员会的工人纠察队枪械，包围苏联领事馆。经此事件，蒋介石将第一军中的共产党员尽数清除并完全控制了第一军。

其次是炮制《整理党务案》。1926年5月，蒋介石借口"因共产党加入本党，而引起之疑虑与纠纷，始终不绝"，为了"消释其疑虑，杜绝其纠纷"，"永绝党内之纷争"，[1]他与谭延闿等9人联名向国民党二届二中全会提出了《整理党务决议案》。该案的第二部分第二条规定："凡他党党员之加入本党者，各该党应将其加入本党党员之名册，交本党中央执行委员会主席保存。"第三条规定："凡他党党员之加入本党者，在高级党部（中央党部省党部特别市党部）任执行委员时，其额数不得超过各该党部执行委员总数三分之一。"第四条规定："凡他党党员之加入本党者，不得充任本党中央机关之部长。"第五条规定："凡属于国民党籍者，不许在党部许可以外，有任何国民党名义召集之党务集会。"第七条规定："对于加入本党之他党党员，各该党所发之一切训令，应先交联席会议通过。"[2]这个专门针对共产党、限制共产党的议案在国民党二届二中全会上获得通过。蒋介石后来回忆说，这是"本党与共党消长的分水岭"[3]。通过《整

---

[1] 《中国国民党整理党务之训令》（1926年5月），中共中央党校中共党史教研室编：《中国国民党史文献选编》（1894—1949），1985年，第84—85页。

[2] 《整理党务决议案》（1926年5月），中共中央党校中共党史教研室编：《中国国民党史文献选编》（1894—1949），1985年，第87页。

[3] 蒋中正：《苏俄在中国——中国与俄共三十年经历纪要》（节录），中共中央党校中共党史教研室编：《中国国民党史文献选编》（1894—1949），1985年，第82页。

理党务案》,蒋介石将共产党员从国民党的领导机构中排除出去并全面控制中国国民党的党权。

至此,国民党、国民政府和国民革命军的大权都落入蒋介石的囊中。"蒋所在地,就是国民党中央所在地,国民政府所在地;蒋就是国民党,蒋就是国民政府,威福之甚,过于中山为大元帅时。"① 这就为他日后发动反革命政变提供了有利条件。

随着北伐军势如破竹地迅速北上,蒋介石一路上招降纳叛,势力日益做大,进一步加紧了对军队和政权的控制。与此同时,他还加紧进行反共活动,开始给共产党编造各种"罪名",为其反共"清党"制造舆论。

1927年2月21日,蒋介石在南昌的一次公开演讲中说,目前共产党党员对国民党党员存在"压迫"、"强横"、"排挤"的趋向,所以"共产党员有不对的地方,有强横的行动,我有干涉和制裁的责任及其权力","我一定要纠正他,并且一定要制裁他的",② 隐讳地发出了"清党"的信号。

1927年1月,蒋介石率国民革命军第一军新编第一师进驻赣州。此时的赣州工人在中共赣州地方组织的创始人之一、工人运动领袖陈赞贤的领导下,不仅成立了总工会,拥有56个基层工会和工会支部以及一万多工人,还把各项斗争开展得红红火火,赢得了"一广州、二赣州"的美誉。3月6日晚,新编第一师党代表、赣州警备司令、反共分子倪弼和军官胡启儒设局绑架了陈赞贤,威逼他签字解散赣州总工会,遭到拒绝后,胡启儒等人向

---

① 中央档案馆编:《中共中央文件选集》第2辑(1926),中共中央党校出版社1983年版,第242页。

② 《蒋介石在南昌总部第十四次纪念周演讲》(1927年2月21日),《四一二反革命政变资料选编》,人民出版社1987年版,第36—37页。

陈赞贤开枪，陈赞贤身中 18 弹壮烈牺牲。这是蒋介石打出的反共第一枪。

3 月 16 日，蒋介石又指使亲信武力解散南昌国民党市党部、查封南昌学生联合会；3 月 17 日，蒋介石到九江之时，他的爪牙纠集一伙暴徒流氓摧毁了国民党九江市党部和总工会；3 月 23 日，蒋介石又在安庆指使青帮流氓捣毁了安徽省国民党党部和工会、农会组织，连续制造了一系列反革命事件。至此，蒋介石仇恨工农、反对共产党的本质已暴露无遗，他已经下定决心走上背叛革命的道路。①

为此，蒋介石作了四个方面的精心准备：

一是勾结帝国主义，让帝国主义助其反共。辛亥革命失败以后，帝国主义国家主要是通过扶植封建军阀来实行其在中国的统治。到 20 世纪 20 年代，中国境内的封建军阀主要有吴佩孚、张作霖、孙传芳三支。1926 年 7 月至 1927 年春，北伐军在人民群众的大力支持下，以锐不可当之势，击败了吴佩孚，打垮了孙传芳，剩下奉系张作霖也处于岌岌可危之中。列强们不得不开始寻找新的代理人，而中山舰事件及其之后蒋介石的表现，让他们嗅到了新的目标。

1926 年冬至 1927 年 3 月间，蒋介石还在南昌、九江等地的时候，在其盟兄弟、政客黄郛和蒋的总参议张群等的穿针引线作用下，日本的政客、军官、浪人等便纷纷来到了蒋的司令部，与蒋介石面谈。蒋介石先后与日本外相币原的心腹佐分利贞男、财部彪海相的使者小室敬二郎、陆相宇垣的代表铃木贞一和政友会

---

① 肖甡：《从"四一二"到"七一五"国民党的清党运动》，《近代史研究》1991 年 4 期，第 182 页。

代表山本条太郎、松冈洋右等政客见面，①一再表明心迹说：不会马上收回租界，不会在中国实行苏俄制度，会尊重不平等条约。为了取得日本的信任和支持，蒋介石还派吴铁城去东京，向外相币原担保中国人永不反日。

北伐军进抵长江流域后，直接威胁到帝国主义列强的在华利益，各国列强如临大敌，严阵以待。到1927年3月，他们在中国水域停泊了170艘军舰，驻扎了三万多人的军队。②3月24日，南京城里的一些兵痞和流氓趁北伐军兵临城下、北洋军阀部队仓皇渡江撤退之际，大肆劫掠。南京城里，不仅百姓遭殃，外国使馆和侨民也有人员伤亡和财产损失。下午3时40分，停泊在下关江面的英、美等国军舰炮轰南京城，酿成炸死炸伤中国军民二千多人、毁坏房屋无数的惨案。

对于英、美等帝国主义的残暴行径，蒋介石不但不加以谴责，为了获取列强的认可和支持，在惨案发生的第二天，蒋介石抵达南京后，一方面诬称南京抢劫事件是"共产党徒煽动一部分军队及地方流氓所为"；另一方面派第六军军长程潜负责查明情况，并承诺给外侨满意的答复。3月26日，蒋介石到了上海，当即发表声明，称"将与外国警察和军事力量合作去维持秩序和镇压流氓无赖的暴行"。尽管蒋介石卑躬求和，但英、美等列强却仍然不依不饶，要求蒋介石做到"惩凶、赔偿、保障"，并立即作出书面道歉。

这时，已经与蒋介石达成了相当程度默契的日本外相币原，趁机斡旋于蒋介石和英、美之间，促其联合。他游说英、美驻日

---

① 申晓云：《四一二前后的蒋介石与列强》，《历史研究》2000年第6期，第100页。
② 中共中央党史研究室：《中国共产党历史》第1卷（1921—1949）上册，中共党史出版社2011年版，第203页。

大使：南京事件是"由过激分子煽动而起"，"其目的在于摧毁蒋介石"。币原还劝诫英、美说，如果对蒋介石"采取强硬手段，将有助于蒋介石的敌人"，目前大家要做的事是帮助蒋介石巩固地位，让蒋介石为大家来"维持秩序"、"镇压暴行"。[①] 日本方面还将获得的情报和想法及时向英、美方面通报，以达到步调一致。到了4月9日，日、美、英、法、意等国公使将抗议照会的矛头指向"共产党徒"和苏俄，认为他们才应该对"南京暴行"负责。这表明外国列强与蒋介石已经沆瀣一气，共同将斗争的矛头指向了中国共产党和苏俄。

二是取得江浙财团（江浙财阀）支持。江浙财团以上海为活动中心，是江苏和浙江省籍的大银行和大企业资本集团的总称，位列旧中国四大财团之首。蒋介石本就与江浙财团的关系十分深厚。江浙财团有四大亨：陈光甫、张静江、钱新之、虞洽卿，蒋介石原籍是浙江宁波奉化，与张静江、虞洽卿是老乡又都是旧识。蒋介石加入中华革命党时，张静江担任监誓人；虞洽卿在上海开办交易所时，蒋介石是交易所的经纪人。

江浙财团是中国民族资产阶级的上层，一方面，他们要承受外国资本主义与本国封建势力的双重压迫，对其当然有诸多不满和怨恨，因而有一定的革命性；另一方面由于先天不足、后天畸形，在生产发展上又不得不依赖于外国资本主义与本国封建势力。因而对于北伐战争，江浙财团最初是持支持的态度的，但声势越来越大的工人运动又让他们感到越来越恐惧，他们害怕共产党共了他们的产，最终选择了与蒋介石联手清除"赤逆"。

---

① 《美国对外关系文件集》（1927年），卷2，第164—165页，沈予：《"四·一二"反革命政变与帝国主义关系再探讨》，《历史研究》1984年第4期，第51页。

于是，蒋介石需要资本家的钱反共，江浙财团需要蒋介石的枪维护自身利益，双方一拍即合，朋比为奸。1927年2月，在蒋介石的亲信黄郛的游说下，上海金融资本家钱新之、陈光甫给了蒋介石50万元，这是蒋介石得到的第一笔反共赞助款。1927年3月21日爆发的上海工人第三次武装起义，引起了上海资本家的极大恐慌。当晚，虞洽卿就拜会蒋介石，商量替其筹措军饷之事。3月29日，上海商业联合会认捐了500万元。4月1日，上海金融业资本家又向蒋介石垫付了300万元，表明了江浙财阀要与蒋介石捆绑在一条船上的坚定态度。4月4日，蒋介石以总司令名义委定由陈光甫、钱新之、虞洽卿等15人组成"江苏兼上海财政委员会"。该委员会5日开始办公，为蒋介石一伙筹集了1500万元的反革命经费，并约定在蒋介石反革命成功之后，将再筹3000万元作为蒋介石在南京建立政权的资本，免除了蒋介石资金方面的忧虑。

三是联络和利用青红帮。蒋介石与青红帮的渊源极深。他与上海青红帮前大头目陈其美两人是同乡，按青帮辈分，陈其美是蒋介石的师爷，因两人彼此欣赏，所以又有兰谱之谊，早在1908年，蒋介石正是通过他的介绍搭上了帮会。蒋介石与青帮大佬黄金荣则有师生之谊，1922年，蒋介石做证券生意失败、债务缠身之际，曾用"蒋志清"的名字托虞洽卿介绍向黄金荣投过拜师帖，成为黄金荣门徒。黄金荣不仅帮他还清了所有债务，还赠款200元助其南下投靠孙中山。

1927年3月中旬，蒋介石派第一军副军长王柏龄、东路军前敌总指挥部政治部主任陈群、总司令部特务处长杨虎等人先后到达上海，与黄金荣会晤，再由黄金荣召集青红帮另两位大亨张啸林、杜月笙密谋"反共清党"。黄金荣、杜月笙等满口承诺愿意四是为反革命政变编织"合法"外衣。为掩盖其反革命行径，欺骗世人耳目，蒋介石集团为即将发动的反革命政变编织"合法"外衣。1927年4月2日，蒋介石约集了十多人在上海的北伐东路军前敌总指挥部开会，参加会议的除了蒋介石，还有蔡元培、张静江、吴稚晖、李石曾、李宗仁、白崇禧、李济深、黄绍竑、何应钦、古应芬、陈果夫、陈立夫。蒋介石首先发言，说明为什么要"清党反共"，他诬蔑共产党在国共合作之初就"不怀好意"，说是如果不清党，"国民党就要被共产党所'篡夺'，国民革命军就不能继续北伐，国民革命就不能维持。"①

参加会议的成员都是反共积极分子，齐声附和。每个人的发言都充分表达了他们朝思暮想地要扑杀革命的急切心情，于是，相互唱和，立即以暴力手段"清党"的方针就在这次充满血腥气的会议上确定下来。与会人数虽然不到全体国民党中央监察委员的半数，但却以中央监察委员会全体会议的名义向国民党中央提出《检举共产分子文》，要求"非常紧急处置"共产党。

4月9日，邓泽如、黄绍竑、吴稚晖等人联名发表"护党救国"通电，呼吁"望我全体同志，念党国之危机，凛丧亡之无日，披发缨冠，共图匡济"②，为蒋介石集团发动反革命政变制造舆论声势。

一切准备就绪。4月7日，蒋介石委任白崇禧为上海驻军司令，命他解除"一切非法武装分子的武装"③。

---

① 黄绍竑：《四一二政变前后秘密反共会议》，《广州大革命时期回忆录选编》，广东人民出版社1986年版，第568—569页。
② 《四一二反革命政变资料选编》，人民出版社1987年版，第126—131页。
③ 《晨报》1927年4月8日，《当前中国纪事》1927年4月号，第114页。

蒋介石已经磨刀霍霍了。动手之前，11日晚上，蒋介石使计将上海总工会委员长汪寿华骗到法租界杜月笙家赴宴。汪寿华进入杜宅后，杜公馆流氓即按杜月笙的授意，将汪寿华打昏，装入麻袋，残忍活埋于沪西枫林桥，致使上海总工会80万会员群龙无首。

1927年4月12日凌晨，蒋介石所在的司令部内响起了军号声，停泊在上海高昌庙的军舰上空升起了一排信号弹，紧接着，上千名手持各种武器的青红帮、特务，手臂上戴着"工"字符号的袖章，打着工人的旗号，突然同时从上海各租界涌出，袭击闸北、南市、沪西、浦东、吴淞等处的工人纠察队，纠察队员愤而反抗。双方正在争夺之时，国民革命军第二十六军第二师开来，说是来调处"工人内讧"。二千多名纠察队员不知是计，在毫无提防的情况下被强行缴械。一部分反应过来的纠察队员誓死抗争，结果120人牺牲，一百八十多人受伤。一场针对共产党的有预谋的大屠杀由此开始，上海总工会会所和各区工人纠察队驻所都被抢占。外国军警四处出动，疯狂搜捕共产党员和革命工人，抓捕到一千多人，悉数交给蒋介石的军警。

蒋介石集团的所作所为引起了上海工人及各界群众的极大愤慨。4月13日上午，上海总工会十万余工人在青云路广场举行盛大集会，要求释放被捕工人，严惩破坏工会的肇事者，归还纠察队的武器枪械，抚恤死难者家属。会后工人整队游行，当游行队伍走到宝山路时，遭到埋伏在里弄内的第二十六军士兵的扫射。仅据驻军方面的统计，当场死伤者在百人以上。[①] 此后，疯狂的搜捕和屠杀继续进行，在里弄内、在大街上，只要是发现穿青布短衣的工人，当即抓住，就地枪毙。到4月15日，上海的共产

---

① 《时事新报》1927年4月17日。

党员和革命群众有三百多人被杀，五百多人被捕，五千多人忽然失踪（大多数也被杀害），①全国范围内则大约有二万五千万名共产党和左翼人士被屠杀。这就是举世震惊的四一二反革命政变。

目睹过事件经过的鲁迅先生说："我平生从未见过有杀人杀成这样的！"当时身在上海的文化青年郑振铎、冯次行、胡愈之等人，怒而联名写信给上海临时政治分会委员蔡元培等，对蒋介石国民党"演此绝灭人道之暴行"②，表示震惊和愤慨。就连最早发起反共的西山会议派也看不过眼，一针见血地指出："日前以军警收缴武装纠察队枪械，目为工友冲突，掩耳盗铃而曰天下皆愚而我独智，宁有是理！"③

杀戒一开，蒋介石便公开宣布清党。4月17日，蒋介石发布清党通电：

> 顷奉中国国民党中央监察委员会咨内开：经四月二日全体紧急会议议决：举发共产党谋叛证据，并知照以非常紧急处置，姑将首要诸人照附来名单，及经党部举发者，就近知照公安机关，暂时分别看管监视，免予活动，致酿成不及阻止之叛乱行为，仍须和平待遇等因，准此。事关叛乱党国，自应严为防范。除呈覆遵照外，合令各军一体知照，饬属严为侦察。如有上项情事，应

---

① 中共中央党史研究室：《中国共产党历史》第1卷（1921—1949）上册，中共党史出版社2011年版，第205页。
② 《郑振铎等为四一二惨案致上海临时政治分会书》（1927年4月13日），《四一二反革命政变资料选编》，人民出版社1987年版，第187—189页。
③ 居正：《清党实录》（下），第280页，杨奎松：《一九二七年南京国民党"清党"运动研究》，《历史研究》2005年第6期，第48页。

即依案执行,以维治安而遏乱萌。①

随即,蒋介石发出秘字一号命令,列举了共产党的种种"罪行",称共产党"祸有甚于洪水猛兽",要"驱清叛乱",通缉197名共产党人和国民党左派,命令称:"此次逆谋,实以鲍罗廷、陈独秀、徐谦、邓演达、吴玉章、林祖涵等为罪魁,以及各地共产党首要、次要危险分子,均应从严拿办。"②所列共产党员的名单有2页之多。共产党的主要领导人和革命活动家都赫然在名单之中,如:鲍罗廷、陈独秀、谭平山、林祖涵、吴玉章、瞿秋白、毛泽东、罗亦农、恽代英、李汉俊、周恩来、夏曦、邓中夏、彭湃、蔡和森、罗章龙、邓颖超、方志敏、李硕勋、张太雷等;就连沈雁冰、柳亚子、邓演达、章伯钧等非共产党的左派人士,也在通缉之列。③很明显,蒋介石的枪口对准了共产党以及支持共产党的一切革命者和进步分子。

继上海大屠杀之后,广东、广西、四川、江苏、浙江、福建、安徽等省的国民党当局也以"清党"为名,大肆屠杀共产党员和革命群众;奉系军阀也在北京捕杀共产党员和进步人士。4月28日,李大钊、范鸿吉、张挹兰等20名革命者被反动军阀施以绞刑,英勇就义。到1930年,被屠杀的工农群众已过百万。

蒋介石集团大肆屠杀共产党员和革命群众,激起了全国人民

---

① 《蒋介石致李济深总参谋长及各总指挥、各军长、师长为奉中央监察委员会会议议决案举发共产党谋叛证据并知照以非常紧急处置案执行电》(1927年4月17日),中共中央党校中共党史教研室编:《中国国民党史文献选编》(1894—1949),1985年,第122页。

② 《国民政府通缉共产党首要令》(1927年4月),中共中央党校中共党史教研室编:《中国国民党史文献选编》(1894—1949),1985年,第123页。

③ 《国民政府通缉共产党首要令》(1927年4月),中共中央党校中共党史教研室编:《中国国民党史文献选编》(1894—1949),1985年,第123—124页。

的公愤。4月20日，中共中央发表宣言，宣布蒋介石"已变为国民革命公开的敌人"、"帝国主义的工具"，号召革命人民为"推翻新军阀蒋介石"、"打倒军事专政"而斗争。①

## 二、国民党广东当局呼应"清党"

紧随蒋介石四一二反革命大屠杀之后，国民党广东当局也于4月15日在广州实施"反共清党"。

还在1927年4月15日以前，国民党就已经对广州的工人运动采取了许多限制措施。北伐战争开始后，桂系军阀留守广州，李济深担任国民革命军上将总参谋长和国民革命军总司令部后方留守主任，并代行总司令职权，此外，李济深还是广东省政府主席、广东省政府军事厅厅长，包揽了广东党政军大权。他打着"北伐"旗号，继续压制、破坏革命运动，以致"目前广东的政治，乃是一种军事独裁的政治，换言之，即军事笼罩一切的政治。"②再加上大量革命者北伐，广东革命势力减弱，广州的工人、农民、市民运动的开展遇到了很多困难，只是此时的国民党广东当局还不敢撕破脸皮。

1927年3月底，蒋介石从南昌给李济深拍来密电，召他和黄绍竑即刻赶赴上海商讨要事。接到电报的李济深和黄绍竑心领神会，明白是为了反共。于是两人交换了一下看法，在反共问题上可谓是所见略同，不谋而合，于是决定取道香港去上海，为了隐

---

① 《中国共产党为蒋介石屠杀革命民众宣言》（1927年4月20日），中央档案馆编：《中共中央文件选集》第3辑（1927），中共中央党校出版社1983年版，第32—36页。

② 叔坚：《北伐声中广东之政治状况》，《向导》第170期，1926年9月10日。

秘行踪，黄绍竑还把留了六七年的络腮胡子剃掉了。①李济深、黄绍竑等人在到达上海的当天即4月2日下午，就立即出席了蒋介石召集的秘密会议，统一反共思想，研究反共对策。李济深在会上陈述了共产党在广东所领导的工农群众运动热火朝天的情形，尤其是彭湃领导的海陆丰农民运动情况，他说："如果不早日清党，早日镇压，其他各县的农民都将起来效尤，广东的局面就无法维持了。"黄绍竑则报告了韦拔群所领导的广西东兰农民运动风生水起的态势，并由此得出"必须早日清党反共"②的结论。会议确立了"反共清党"的方针，桂系军阀头目就此走上了与蒋介石合谋叛变革命的不归路。

4月5日，蒋介石在龙华召集秘密会议，商定迅即在上海发动反共清党，并密令同伙所辖各省采取一致行动。李济深、黄绍竑秉承蒋介石的旨意立马从上海致电广东和广西，"告以'清党'的决策，各嘱所部防范共产党的暴动。"③

4月12日，就在蒋介石于上海大开杀戒的当天，李济深和古应芬火速赶回广州，根据蒋介石的部署，落实在广州发动"反共清党"。

4月14日下午6时，李济深以总参谋长代行总司令职权的身份召集国民党驻广州军、警高级军官举行紧急军事会议，火速研究部署在广州的"清党"行动。参加者有广州警备司令钱大钧、广州市公安局长邓彦华等人。会议决定15日起施行戒严，委任

---

① 黄绍竑：《四一二政变前后秘密反共会议》，《广州大革命时期回忆录选编》，广东人民出版社1986年版，第567页。

② 黄绍竑：《四一二政变前后秘密反共会议》，《广州大革命时期回忆录选编》，广东人民出版社1986年版，第569页。

③ 李宗仁：《清党与宁汉分裂》，《四一二反革命政变资料选编》，人民出版社1987年版，第463页。

钱大钧为广州临时戒严司令，指挥在广州一切海陆军；邓彦华督率所属力量，协同军警，负责在市区搜索并逮捕所有共产党分子；海军负责珠江河面的警戒；第四军第十三师师长徐景唐负责石围塘、芳村、花地一带的警备；第五军军长李福林负责珠江南岸的警备，并密电广东各地同时举行。会后，军警各方立即集合部队，分路行动。①

广州市公安局随即发布布告：

奉总司令训令开，准中央监察委员会咨，请以非常紧急处置各地共产党首要分子，交军警机关看管。本总司令认为有完全接受及迅饬军警执行之必要。为此令仰公安局迅将广州附近共产党分子全行逮捕，并将各工会纠察队勒令解散，如违即行剿办等因，奉此，特饬军警即日严密执行，仰人民一体知照。②

4月15日凌晨2时，钱大钧宣布广州全城戒严。

15日清晨，珠江江面上大小军舰威风以待，市内各重要路口和繁华地段岗哨林立。公安局附近的马路、省政府前、省财政厅前、东堤东川路、沙基、彩虹桥、观音山、西村一带区域都实施了戒严，不准行人通过。各军警机关换发了特别通行口令及通行证，士兵改换白布蓝字布章，如临大敌。一边派军警控制了市电话局、市电报局，饬令军队监视，严禁走漏消息；另一边派警察驻守《广州民国日报》《国民新闻》等新闻单位，严禁通报。

---

① 《钱大钧兼任广州戒严司令》、《总司令之布告》，《广州民国日报》1927年4月16日。

② 《广州公安局关于"清共"之布告》（1927年4月15日），《四一二反革命政变资料选编》，人民出版社1987年版，第265页。

这些部署妥当后，邓彦华派出公安局武装警察及保安大队八百多人，钱大钧、徐景唐派出两个团的步兵，兵分四路：一路开赴广九站，一路开赴石围塘站，一路开赴燕塘四标营，一路开赴东堤，向各工会、工人纠察队和农民自卫军发起突袭。

白色恐怖迅速弥漫了广州市的大街小巷，反动军警伙同各类反共分子倾巢出动，四处搜查工农革命团体，逮捕共产党人和革命群众。先是查抄了榨粉街的省港罢工委员会党团机关和广东区委军委秘密联络点，逮捕了李森、何耀全；紧接着，包围并搜查了文明路75号中共广东区委机关办公楼，逮捕了油印员胡继声、交通员洪达潮；继而包围、搜查了东园省港罢工委员会和苏联顾问住宅，还搜查、封闭了中华全国总工会广州办事处、中华全国铁联会广州办事处、中华海员工会广州分会、广东省农民协会、广东妇女解放协会、济难会、广州工人代表会暨所属工会等二十多处革命团体。广州工人代表会所属二百多个工会统统被解散，工人纠察队一概被缴械，"所有红底白字职工会招牌，一律撤去"。中山大学、省立一中、执信中学等学校也被查抄。国光书店仅仅因为经常出售进步和革命书报，也被国民党广州市党部宣传员会同警察贴上"打倒反动宣传"字样的封条予以查封。

广州工人代表会主席刘尔崧、工委秘书邹师贞等共产党员和各工会领袖及大批工运骨干、农运骨干、妇女运动骨干以及革命群众被捕、被害。国民党广东省特别委员会的报告披露了15日捕杀的情形：

15日上午9时，广东省总工会派出体育队多队，分赴广州洋务工团总工会、酒楼茶室总工会、省港罢工委员会、广州工人代表大会及其他共产党操纵主持之工会机关，逐一搜查，并派队搜索共产党重要人物。结果拿到刘某、李某等数百名,或解交南关戏院之临时收容所,或交警区收押云。又闻军警捕获萧某、容某某、熊某等,在中大学校捕获毕某等三十余人,在一中学校捕获数十人,均交戒严司令部公安局分别看管讯明办理云。①

报告中提到的刘某、李某、萧某、熊某、毕某,即刘尔崧、李森(李启汉)、萧楚女、熊锐(或熊雄)、毕磊。这篇报告还总结了15日捕杀的结果:"共捕二千余人之多,以南关戏院为收容所,有百数十名留押公安局。"②

国民党二大候补中央执行委员、共产党员韩麟符(韩致祥)后来向武汉中央报告广州四一五反革命政变的情形时说:

李济深由上海返粤,就传布16日共产党将攻击沙面的谣言,我们就知道16日必有大大的变动。不料14夜2时,就把罢工委员会、广三工会、广九工会都解散了,中山大学、执信中学、第一中学,他们也尽量破坏。他们是用学生抓学生,工人抓工人,一直大肆逮捕。至次晨,综计被捕同志二千余人,都被禁锢在南关戏院。③

当时的《申报》以《广州大捕共产党分子》为题于1927年4月17日报道了四一五反革命政变的情况:

---

① 《中国国民党广东特别委员会搜捕反革命派详情》(1927年4月21日),国民党广东军事厅政治部编:《革命政治》第1期,第31页。
② 《中国国民党广东特别委员会搜捕反革命派详情》(1927年4月21日),国民党广东军事厅政治部编:《革命政治》第1期,第31页。
③ 武汉中央常务委员会第十一次扩大会议,1927年5月13日速记录,张桂英:《第一次国共合作破裂探原》,1991年中共中央党校博士学位论文,第178页。

广州　14晚起，当局派兵解散共党机关，逮捕共党分子，已详前电。顷续查14晚12时起，军队分往工人代表会、中华全国总工会、铜铁工会、海员工会、酒楼茶室工会等处，缴械解散，致枪声四起。15日上午2时，第四军兵士1连，保安队300名，先到黄沙粤汉路，围缴该路工人枪械，结果，缴枪数十，捕工人二十余，伤毙六十余人。广三路方面，由钱大钧、李福林部各一营，于3时赴石围塘剿办，缴工人枪械二百余支，捕工人十余，伤毙六七人，官兵伤五六名。广九路方面，工人无抵抗，被缴枪数十杆，拿去十余工人。至15日下午2时，计将工人代表会所辖之工会二百余组，完全解散。至三大铁路，则由拥护政府之机器总工会16日接收。

香港　共党被捕六百余人，在南关戏院收容，首要为刘尔崧、邓少铭、雷荣甲、谭其镜、毕磊、萧楚女、沈春雨。另妇女会二十余人；济难会执行委员十余人；攻粤汉路工会时死工人二十余人，是役共死伤百数十人。①

一时间，广州监牢里挤满了共产党人和革命群众，南石头监狱、南关戏院都关满了人。

15日下午，在李济深的主持下，国民党在广东的中央执、监委员，广东省党部执、监委员，广州市党部执、监委员召开联席会议，一致决定将共产党分子"克日扫除"，与武汉国民党中央党部"即日宣布脱离关系"；②决定并成立了国民党"广东省特别委员会"，由国民党中央执行委员李济深、国民党中央监察委

---

① 《广州大捕共产党分子》，《申报》1927年4月17日。
② 《留粤中央执监委员广东省党部执监委员广州特别市执监委员联席会议》、《中国国民党广东省特别委员会五委员之重要通电》，《广州民国日报》1927年4月18日。

员古应芬和李福林、国民党广东省党部委员陈孚木、国民党广州市党部委员邓彦华5人组成，行使处理党务、政治、军事最高全权，主持广东全省范围内的"清党"政务。

紧接着，刚刚成立的国民党广东省特别委员会第一次会议决定：通令广东全省"各级党部于文到三日内，将共产党分子检举，密报本会查办"①。随后，又制定了《肃清共产党分子宣传大纲》，公开提出"打倒中国共产党"；发表《肃清共产党叛徒之重要宣言》以及告农民、工人、商民、军人、学生、海外同胞书，发动全省范围内的"清党"行动。②一场以共产党人和工农组织为杀戮目标的武力"清党"运动，迅速在广东全省铺开。

之后，广州市区"连日戒严"，"省河南北所有舟车行旅，均施检查"，反动军警及黄色工会的队伍四处出动，大肆搜捕共产党人和革命群众，不仅在夜间"派队搜查跨党重要分子住宅"，③还让叛徒站在马路的十字路口辨认过往的路人是否有共产党人和革命群众，稍有嫌疑，反动军警立即喝令搜查、抓人。

黄埔军校更不例外。黄埔军校政治部及入伍生训练队中有许多共产党员，反共分子早就视之如眼中钉肉中刺，必欲除之而后快。14日深夜，国民党黄埔军校当局就将中山舰和西江舰开到黄埔，严密监视军校动态；驻四标营的入伍生约六百人，也被钱大钧派兵包围并缴械。当缴械时，略有抵抗，死伤数人。15日，黄埔军校发布蒋介石的《饬黄埔军校不可妄有发言以及越轨行动令》《黄埔军校停止开会令》，煞有介事地宣称因"少数奸徒，意存

---

① 《特别委员会第一次会议》，《广州民国日报》1927年4月16日。
② 国民党广东军事厅政治部编：《革命政治》第1期，1927年4月21日出版。
③ 中共广东省委党史研究室：《中国共产党广东地方史》，广东人民出版社1999年版，第220—221页。

破坏",故决定"戒严期内不许开会","如敢违反,定予严办"①。16日,蒋介石明示:"彻底清党,不可再允共产分子在校,以维党国。"②

4月18日,军校反动当局认为时机成熟,遂设局将在长洲岛校本部全体学生骗到俱乐部开会,当场逮捕了共产党员二百多名,将他们扣押在中山舰上,然后送到南石头监狱、虎门炮台等地囚禁。在四标营入伍生驻地,又扣押了二百多人。③反动当局在虎门、深圳等入伍生驻地,也分别实施搜捕,将虎门抓捕的学生,关禁在既无水源也无居民、四周均为岩石岸的横档岛牢狱中。

这样,黄埔军校学生和驻广州郊外的军校入伍生八百人几乎同时"悉被缴械"④,政治部主任熊雄、主任教官孙炳文、教官熊锐、萧楚女以及中共广东区委军委秘书麻植等四百多名共产党员和革命群众被逮捕。昔日"怒潮澎湃,党旗飞舞"的黄埔,一片风声鹤唳,完全没有了革命师生的栖身之地。⑤

从15日开始,广州不断有被捕的共产党人和革命群众被用草绳一个串一个地捆绑着,由全副武装的反动军警押送穿过马路,去往关押地点。他们虽然被折磨得衣衫不整,但个个大义凛然,不断地高呼:"反抗国民党屠杀工人、摧残工会!""拥护共产党!""打倒反革命军阀!""拥护孙中山三大革命政策!""工人阶级自由解放万岁!"两旁骑楼围观的群众莫不为之动容。⑥

---

① 《黄埔日刊》第303期,1927年4月18日出版。
② 《方鼎英致蒋校长电及蒋中正批示》(1927年4月16日),台湾"国史馆"馆藏档案。
③ 杨万秀等:《广州通史》(现代卷)(上),中华书局2010年版,第244页。
④ 《广州大捕共产党分子》,《申报》1927年4月17日。
⑤ 曾庆榴:《"清党":黄埔军校的质变》,《同舟共进》2004年第11期,第30页。
⑥ 赖先声(玉润):《在广东革命洪流中——回忆1922—1927年的斗争》,《广东党史资料》第1辑,广东人民出版社1983年版,第106页。

广州四一五大屠杀比上海四一二大屠杀有过之而无不及，在一周之内，二千多名共产党员和革命者被杀害。刘尔崧、萧楚女、李森、何耀全、邓培、熊雄、张瑞成、李亦愚、毕磊、谭其镜、杨其纲、麻植、熊锐、邹师贞等一百多名优秀共产党员相继牺牲在敌人的屠刀下，被捕人数达五千多人。

## 三、广州成为"反革命的巢穴"

四一五反革命政变后，国民党广东当局立即宣布共产党组织为"非法"，加入共产党组织成了最大的"犯罪"。为了彻底摧毁广东革命力量，国民党广东当局还采取了一系列措施对广东工人和进步学生进一步控制和镇压。

对工人，国民党的公安局部门在各地设立了"密告箱"、"特别密告箱"，鼓动告密并奖励告密者，同时派出爪牙和利用工贼组织"改组委员会"，不择手段地以反动工会取代革命工会。他们强占工会办公地点，劫夺工会财产，由反革命的"革命工人联合会"、"广东总工会"、"广东机器总工会"来控制工人群众。广东的资本家则在国民党当局的支持下，与反动当局一唱一和，对工人阶级展开了全方位的进攻。他们撕毁之前工人阶级经过斗争与资本家签订的保障工人权利的各种协议、合同，恣意降低工资、延长工时，别有用心地解雇和开除他们看不顺眼的工人……工人稍有反抗，资本家即通过"改组委员会"将其以共产党的"罪名"论处。

对学生，国民党广东当局唆使"孙文主义学会"及其所属的"士的党"①，手持"黑名单"四处闻嗅，在广州的大中院校中搜寻

---

① 英语音译，手杖的意思。

学生中的共产党员和进步分子，协同军警搜捕镇压学生的革命活动。

为了彻底整肃根除"共党分子"，国民党当局信奉"宁可错杀一千，绝不放过一个"。据日本东洋文库保存的一份国民党"清党"文件中记载，在广州的一次清党中，凡是穿西装、中山装和学生服的，以及头发向后梳的，军警一律予以逮捕。①

面对极其险峻的革命形势，共产党内一些意志脆弱的人对革命前途产生了悲观失望情绪，选择退党，脱离了革命队伍；一些见风使舵的人如曾西盛、冯金高等甚至叛变革命、出卖同志，成了遭革命者唾弃的叛徒。一部分曾经追随共产党的革命群众，面对反革命的疯狂屠杀，心里不免恐惧，并因此产生了畏惧、动摇情绪。原来的中间派，虽然有一些仁人志士不怕牺牲，仍然坚守革命立场，但大部分人则选择与共产党保持距离，生怕落个亲共的嫌疑；有的则因为国民党反动派仍然打着孙中山的三民主义旗帜，因而不能认清楚其真实面目，听信其反共宣传并因此怀疑甚至误会共产党。

为了进一步"清党"，国民党广东当局于6月29日凌晨又进行了第二次大搜捕，突击清查了五十多个工会办公场所，抓捕了近二百人。

一时，广州城内血雨腥风，风声鹤唳，"革命的发源地广州，现在已变成反革命的巢穴了。"②

---

① 《国共合作清党运动及工农运动文钞》，日本东洋文库缩微胶卷，王奇生：《清党以后国民党的组织蜕变》，《近代史研究》2003年第5期，第41页。
② 《广州反革命派摧残工人纪实》，《中国工运史料》，1981年第4期。

表 1-1  四一五反革命政变期间被捕后惨遭杀害的部分革命者

| 姓名 | 生年 | 籍贯 | 主要职务 | 备注 |
| --- | --- | --- | --- | --- |
| 邓培 | 1883 | 广东三水 | 中共三届、四届中央候补委员，中华全国铁路总工会委员长 | 1927年四一五反革命政变中被捕，6月22日被杀害 |
| 刘尔崧（刘尔嵩） | 1899 | 广东紫金 | 中共广东区委委员、工委书记，广州工人代表会执行委员会主席 | 1927年四一五反革命政变中被捕，4月19日被杀害于珠江白鹅潭 |
| 萧楚女 | 1891 | 湖北汉阳 | 国民党中央宣传部干事，广州农讲所专任教员，黄埔军校政治教官 | 1927年四一五反革命政变中被捕，4月23日被枪杀于广州南石头监狱 |
| 李启汉（李森） | 1898 | 湖南江华 | 中华全国总工会执行委员兼组织部长，中共省港罢工委员会党团成员，省港罢工委员会干事局长 | 1927年四一五反革命政变期间在广州被杀 |
| 何耀全 | 1897 | 福建永定 | 中华全国总工会执行委员，省港罢工委员会副委员长 | 1927年四一五反革命政变期间在广州被杀 |
| 张瑞成 | 1894 | 广东新会 | 中华全国总工会教育委员会主任，广东土布工会主席 | 1927年四一五反革命政变期间在广州被杀 |
| 熊雄 | 1892 | 江西宜丰 | 中共广东区委军委书记，黄埔军校政治部代主任 | 1927年四一五反革命政变期间被捕，5月17日被杀害于广州南石头监狱，沉尸珠江 |
| 熊锐 | 1894 | 广东梅县 | 中山大学教授，黄埔军校政治教官 | 1927年四一五反革命政变期间在广州被杀 |

（续表）

| 姓名 | 生年 | 籍贯 | 主要职务 | 备注 |
| --- | --- | --- | --- | --- |
| 谭其镜 | 1904 | 广东罗定 | 黄埔军校入伍生政治部主任，军校特别党部监察委员 | 1927年四一五反革命政变期间在广州被杀 |
| 麻植 | 1905 | 浙江青田 | 中共广东区委军委秘书 | 1927年四一五反革命政变中被捕，4月29日下午被杀害于广州红花岗 |
| 杨其纲 | 1902 | 河北衡水 | 中共黄埔军校特支负责人，黄埔军校政治部中校秘书、党务科长 | 1927年四一五反革命政变期间在广州被杀 |
| 毕磊 | 1902 | 湖南澧县 | 广东大学学生会主席，中共广东区委学生运动委员会副书记 | 1927年四一五反革命政变中被捕，23日被杀于广州南石头监狱 |
| 陈永年 | 不详 | 广东海南 | 国民党中央组织部干事，国民党广东省党部组织部秘书 | 1927年四一五反革命政变期间在广州被杀 |
| 沈春雨 | 1901 | 广东番禺 | 国民党中央组织部干事，广东省党部执行委员 | 1927年四一五反革命政变期间在广州被杀 |
| 韦启瑞 | 1900 | 广西邕宁 | 国民党中央农民部特派员，广东省农协西江办事处书记 | 1927年四一五反革命政变期间在广州被杀 |
| 邹师贞 | 1901 | 广东大埔 | 共青团广州地委执行委员，中共广州地委工委秘书，广东油业工会秘书 | 1927年四一五反革命政变中被捕，6月被枪杀于广州南石头监狱 |

（续表）

| 姓名 | 生年 | 籍贯 | 主要职务 | 备注 |
| --- | --- | --- | --- | --- |
| 李成通 | 不详 | 广西防城 | 中共广东省立第一中学支部书记 | 1927年四一五反革命政变期间被捕，1928年2月11日凌晨被枪杀于广州南石头山岗[①] |
| 张肇志（张远志） | 1906 | 广东海丰 | 中山大学学生，共青团中山大学支部书记 | 1927年四一五反革命政变期间被捕，1928年2月11日凌晨被枪杀于广州南石头山岗 |
| 苏家麒 | 1900 | 广东海丰 | 中山大学学生，中共中山大学医学院支部委员 | 1927年四一五反革命政变期间被捕，1928年2月11日凌晨被枪杀于广州南石头山岗 |
| 彭粤生 | 1899 | 广东番禺 | 共青团香港地委执委兼秘书，省港罢工宣传学校校长 | 1927年四一五反革命政变期间被捕，1928年2月11日凌晨被枪杀于广州南石头山岗 |
| 谭毅夫 | 1904 | 广东高明 | 中共广东区委工委委员，中共广州手车夫工会党团书记 | 1927年四一五反革命政变期间被捕，1928年2月11日凌晨被枪杀于广州南石头山岗 |
| 杨新民 | 不详 | 湖北云梦 | 黄埔军校第四期学生，黄埔同学会组织科科员 | 1927年四一五反革命政变期间被捕，1928年2月11日凌晨被枪杀于广州南石头山岗 |

---

① 《枪决共党重要分子》，《广州民国日报》1928年2月13日，第6版。与李成通一起被杀的革命者共15名，其中郭明生、梁朝栋、丁正时、卢茂等情况不详，邓剑虹是在广州起义中被捕的。

（续表）

| 姓名 | 生年 | 籍贯 | 主要职务 | 备注 |
|---|---|---|---|---|
| 黄锦涛 | 不详 | 不详 |  | 1927年四一五反革命政变期间被捕，1928年2月11日凌晨被枪杀于广州南石头山岗 |
| 胡继声 | 不详 | 不详 | 中共广东区委机关油印员 | 1927年四一五反革命政变中被捕 |
| 洪达潮 | 不详 | 不详 | 中共广东区委机关交通员 | 1927年四一五反革命政变中被捕 |
| 李亦愚 | 不详 | 不详 |  | 1927年四一五反革命政变期间在广州被杀 |

注：本表收录四一五反革命政变期间被捕、遇害的革命者名单，仅限于目前掌握的资料。

## 第二节　共产国际调整对中国革命的政策

1922年7月召开的中共二大通过了《中国共产党加入第三国际决议案》，决议案明确"中国共产党为国际共产党之中国支部"[1]，必须执行共产国际代表大会及其执委会的一切决议。这之后直到1935年的遵义会议，共产国际一直对中国革命担任着指导的角色，其指示和决议对于刚刚成立不久的中国共产党的决定和行动有直接影响。

四一二反革命政变发生后，革命形势急转直下，国共两党已经失去了继续合作的政治基础，革命统一战线破裂。如何认识此时的中国政局并及时制定相应的革命策略以给中国革命正确的指

---

[1] 中央档案馆编：《中共中央文件选集》第1辑（1921—1925），中共中央党校出版社1982年版，第39页。

引，是共产国际必须立即思考和解决的问题。审视现实，共产国际调整了中国革命的政策。

## 一、关于国民党，从吹捧拉拢利用到视为敌对力量

1920年七八月间，列宁在共产国际二大中提出，在"绝对保持无产阶级运动的独立性"的前提下，"共产国际应当同殖民地和落后国家的资产阶级民主派结成临时联盟。"①

在列宁关于民族和殖民地问题理论的影响下，中共中央改变了党的一大文件中关于不同其他党派建立任何联系的规定。在1922年6月15日的一份通告中表示，"要邀请国民党等革命的民主派及革命的社会主义各团体，开一个联席会议"，"共同建立一个民主主义的联合战线，向封建式的军阀继续战争"。②同年7月召开的中共二大则正式决定要"联合全国革新党派，组织民主的联合战线"，"邀请国民党及社会主义青年团在适宜地点开一代表会议"，③但此时中国共产党提出的与国民党联合的方式是两党并排平列的联合。

出于各种因素的考虑，20世纪20年代初的苏联和共产国际

---

① 列宁：《民族和殖民地问题提纲初稿》（1920年6月5日），中共中央党史研究室第一研究部编：《共产国际、联共（布）与中国革命档案资料丛书》第2辑：《共产国际、联共（布）与中国革命文献资料选辑》（1917—1925），北京图书馆出版社1997年版，第118页。

② 《中国共产党对于时局的主张》（1922年6月15日），中央档案馆编：《中共中央文件选集》第1辑（1921—1925），中共中央党校出版社1982年版，第26页。

③ 《中国共产党第二次全国代表大会文件》（1922年7月），中央档案馆编：《中共中央文件选集》第1辑（1921—1925），中共中央党校出版社1982年版，第38—39页。

不断地派出使者到中国寻找同盟者,先后考察过吴佩孚[①]、陈炯明等人,最后确定为孙中山。1921年底至1922年初,共产国际代表马林到南方深入考察各派进步势力,机智地认识到孙中山领导的国民党是最值得共产党联合的"资产阶级民主派",并与孙中山讨论了苏俄与孙中山合作以及国共合作的问题。随后,马林向中共领导人提出了共产党员加入国民党以实现国共合作的建议,但遭到了中共党内大多数领导人的反对。

  1922年7月,马林回到莫斯科并向共产国际执委会提交了关于国共合作的方案[②],得到共产国际的认可。8月,共产国际执委会在一份给中共的指令中,明确提出,"国民党是一个革命组织,它保持着辛亥革命的性质并努力创建一个独立的中华民国。""共产党人应该支持国民党",在国民党内进行工作。[③]1923年1月12日,共产国际执委会在一份决议中又再次肯定了这个方案。共产国际的这个决定对中国革命来说方向是正确的,但显然高估了国民党的力量及其革命性,而低估了中国工人阶级及中国共产党的力量。决议指出:"中国唯一重大的民族革命集团是国民党",

---

  ① 《扬松给加拉罕的电报》(1922年7月10日)、《派克斯给加拉罕的电报》(1922年8月4日)、《越飞给吴佩孚将军的信》(1922年8月19日),都是争取吴佩孚的原始信件。中共中央党史研究室第一研究部译:《共产国际、联共(布)与中国革命档案资料丛书》第1辑:《联共(布)、共产国际与中国国民革命运动》(1920—1925),北京图书馆出版社1997年版,第97—99页。

  ② 马林:《向共产国际执行委员会的报告》(1922年7月11日),中共中央党史研究室第一研究部编:《共产国际、联共(布)与中国革命档案资料丛书》第2辑:《共产国际、联共(布)与中国革命文献资料选辑》(1917—1925),北京图书馆出版社1997年版,第223页。

  ③ 《共产国际执行委员会给其派驻中国南方代表的指令》(1922年8月),中共中央党史研究室第一研究部编:《共产国际、联共(布)与中国革命档案资料丛书》第2辑:《共产国际、联共(布)与中国革命文献资料选辑》(1917—1925),北京图书馆出版社1997年版,第324页。

"由于国内独立的工人运动尚不强大","工人阶级又尚未完全形成独立的社会力量","因此,在目前条件下,中国共产党党员留在国民党内是适宜的";"只要国民党在客观上实行正确的政策,中国共产党就应当在民族革命战线的一切运动中支持它"。[1]

在共产国际的极力促进下,国共合作于1924年1月正式达成。客观地说,国共合作的实现有利于大革命运动的顺利开展。但国共合作实现之后,共产国际轻视共产党的力量,把中国革命的希望全部寄托在国民党身上,显然为大革命的失败埋下了祸根。

代表苏共和共产国际在中国指导革命工作并担任了国民党首席顾问的鲍罗廷,其言论既深刻地影响着苏共、共产国际对中国革命的看法和政策,也在很大程度上代表着共产国际。在鲍罗廷看来,中国无产阶级人数少,力量弱,诞生的时间不长,所以,他不确定中国无产阶级"是否能成就摆在他前面的伟大任务,即关于指导农民与封建残余斗争,与帝国主义斗争等等"[2]。鲍罗廷在1923年的一次答谢持、张继的质疑时甚至说:"中国国民党宗旨最适用,中国尚可应用一百年。假使国民党改为共产党,吾亦不赞成,只有提皮包离广州耳。"[3]其推崇国民党、轻视共产党的态度,可见一斑。不仅如此,在实际工作中,鲍罗廷还把"国共合作"变成了他与孙中山的合作,孙中山逝世后,又变成了他与蒋介石之间的合作,极力吹捧和拉拢国民党、蒋介石。

因为把中国民主革命的希望都寄托在国民党身上,苏共和共

---

[1] 《共产国际执行委员会关于中国共产党与国民党的关系问题的决议》(1923年1月12日),中共中央党史研究室第一研究部编:《共产国际、联共(布)与中国革命档案资料丛书》第2辑:《共产国际、联共(布)与中国革命文献资料选辑》(1917—1925),北京图书馆出版社1997年版,第436—437页。

[2] 《蔡和森文集》,人民出版社1980年版,第825—826页。

[3] 罗家伦主编:《革命文献》第9辑,台北中央文物供应社经售,1955年出版,第84页。

产国际都极力讨好、拉拢国民党，压制中国共产党"听话"，生怕共产党惹翻了国民党。1925年8月21日，联共（布）中央政治局会议指示中共，必须对国民党"避免加剧关系"。根据这个精神，瓦西里耶夫①起草了给中共中央的指示，给出了中国共产党处理与国民党关系应遵循的原则："（1）对国民党工作的领导应当非常谨慎地进行。（2）党团不应发号施令。（3）共产党不应要求必须由自己的党员担任国家和军队的领导职位。"②

1926年2月召开的共产国际执委会第六次扩大会议进一步认定，"广州政府就成为中国人民为独立而斗争的先锋队，同时成为国内将来的革命民主建设底榜样。"③为了争取蒋介石，这次会议还将中国国民党吸收为同情党，增选蒋介石为共产国际执委会主席团名誉委员，胡汉民也成为农民国际主席团成员。

为了能够拉拢、利用蒋介石，共产国际对蒋介石在国民党二大选举、中山舰事件和整理党务案等一系列案件中的恣意妄为，都采取了妥协、让步甚至纵容的态度和政策。对于中山舰事件的起因，共产国际认为是"由于俄国同志即军事顾问和政治顾问以及军队中工作的共产党人在军事工作中所犯的错误而加速和激化了。""对中国将领的过多监督、共产党人的过于突出、他们过多地占据重要职位，以及对中国将领，包括对蒋介石本人，常常

---

① 共产国际东方部政治书记。
② 《共产国际执委会给中共中央的指示草案》（1925年9月28日），中共中央党史研究室第一研究部译：《共产国际、联共（布）与中国革命档案资料丛书》第1辑：《联共（布）、共产国际与中国国民革命运动》（1920—1925），北京图书馆出版社1997年版，第695页。
③ 《共产国际执行委员会第六次扩大会议中国问题决议案》（1926年2月17日—3月15日），中央档案馆编：《中共中央文件选集》第2辑（1926），中共中央党校出版社1983年版，第22页。

采取没有分寸的'同志式的'无礼行为。"① "指导国民党左派整个政策的广州共产党人的错误大大促进了'三二〇事件'的发生,这是一些原则性的错误。"②

1926年11—12月,共产国际执委会第七次扩大会议的决议则正式肯定了《整理党务案》,认定蒋介石是"中派",强调"要巩固左派,并建立密切合作,共产党人不要在其中谋求领导地位"。在共产国际看来,共产党人不能做革命的领导者,只有国民党才有能力当领导者。

到了1927年3月,以蒋介石为首的国民党新右派的反革命趋向已比较明显之时,共产国际仍然没有放弃对他的幻想和利用,坚持认为当前的首要任务是团结包括蒋介石在内的革命力量进行反对帝国主义和北洋军阀的斗争。共产国际领导人及其机关刊物甚至不断地发表社论、文章,替蒋介石背书。3月24日、31日,共产国际机关刊物《国际新闻通讯》连续发表文章,不遗余力地为蒋介石的反共活动辩护,"蒋介石这样的革命家,是决不会同反革命张作霖实行合作的",还在幻想把蒋介石留在统一战线内。③到了4月5日,斯大林还对蒋介石不死心,他在莫斯科党的积极分子大会上居然还说:"蒋介石也许并不同情革命,但是他在领

---

① 《穆辛关于中国共产党在广州的任务的提纲》(1926年4月24日),中共中央党史研究室第一研究部译:《共产国际、联共(布)与中国革命档案资料丛书》第3辑:《联共(布)、共产国际与中国国民革命运动》(1926—1927)(上),北京图书馆出版社1998年版,第210页。

② 《共产国际执行委员会远东局使团关于广州政治关系和党派关系的调查结果和结论》(1926年9月12日),中共中央党史研究室第一研究部译:《共产国际、联共(布)与中国革命档案资料丛书》第3辑:《联共(布)、共产国际与中国国民革命运动》(1926—1927)(上),北京图书馆出版社1998年版,第484页。

③ [美]罗伯特·诺思、津尼亚·尤丁编著,王淇等译:《罗易赴华使命》,中国人民大学出版社1981年版,第60—61页。

导着军队,他除了反帝而外,不可能有其他作为。……因此,要充分利用他们就像挤柠檬汁那样,挤干以后再扔掉。"[1] 斯大林想要将柠檬挤尽最后一滴汁,蒋介石则将欺骗进行到最后一刻。就在4月初,蒋介石还请求共产国际派代表团到中国去见他,共产国际也的确打算派出代表团。[2] 直到4月12日,蒋介石举起了屠刀,共产国际才不得不放弃蒋介石。指导中国革命的共产国际不能认清中国国情并制定正确的策略,必然使中国共产党和中国革命陷于危局。

当共产国际执委会获悉四一二大屠杀消息后,立即开会商讨应对策略。4月14日,共产国际执委会分析了政变前后的中国形势及蒋介石的所作所为,认定蒋介石已经被帝国主义收买,"已经成为中国革命和中国人民的叛徒,成为全国反革命势力的核心。""我们怀着极大的义愤和对刽子手的满腔仇恨宣布:蒋介石是革命的叛徒,是帝国主义强盗的同伙,是国民党革命派的敌人,是工人运动的敌人,也是共产国际的敌人。"[3] 这表明共产国际对中国革命的形势、对蒋介石的看法有了质的转变。4月21日,斯大林在《真理报》上的一篇文章中进一步明确了对四一二大屠杀后中国政局的看法:"蒋介石的政变表示民族资产阶级退出革命,国内反革命中心已经产生,国民党右派已同帝国主义勾

---

[1] 郭恒钰:《共产国际与中国革命》,生活·读书·新知三联书店1985年版,第274页。

[2] 《第三国际代表团为帝国主义威吓武汉及蒋介石背叛宣言》(1927年4月22日),中共中央党史研究室第一研究部编:《共产国际、联共(布)与中国革命档案资料丛书》第5辑:《共产国际、联共(布)与中国革命文献资料选辑》(1926—1927)(上),北京图书馆出版社1998年版,第335页。

[3] 《共产国际执行委员会就蒋介石发动反革命政变告全世界无产者和农民以及一切被压迫民族书》(1927年4月14日),中共中央党史研究室第一研究部编:《共产国际、联共(布)与中国革命档案资料丛书》第5辑:《共产国际、联共(布)与中国革命文献资料选辑》(1926—1927)(上),北京图书馆出版社1998年版,第316页。

结起来反对中国革命。"①

共产国际执委会清楚地认识到，蒋介石的叛变使得中国社会的主要阶级力量必然要进行重新整合，所以，共产国际和中国共产党也要从新的形势出发调整政策和策略。"资产阶级既背叛了民族革命运动，成了反革命的积极势力，不能再与他统一，妥协或联合。"②1927年5月20日，共产国际执委会进一步分析说："中国工农运动的巨大发展使以叛徒蒋介石为首的一些资产阶级阶层脱离了革命，这意味着中国革命进入了最高阶段。反对封建主义和帝国主义的资产阶级民主革命，只能在同已经成为反革命阶级的中国资产阶级的斗争中来完成。"③

这样，共产国际对国民党的策略由吹捧、拉拢、联合、利用转变为视其为革命的叛徒、敌人。

## 二、关于武装斗争，从只抓政治工作到要建立自己的军队

"武装的革命反对武装的反革命，这是中国革命的特点之一，

---

① 斯大林：《中国革命问题》（1927年4月21日），《真理报》1927年4月21日第90号。中共中央党史研究室第一研究部编：《共产国际、联共（布）与中国革命档案资料丛书》第6辑：《共产国际、联共（布）与中国革命文献资料选辑》（1926—1927）（下），北京图书馆出版社1998年版，第80页。

② 《共产国际第八次执行委员会全体会议关于中国问题决议案》（1927年5月），中央档案馆编：《中共中央文件选集》第3辑（1927），中共中央党校出版社1983年版，第110页。

③ 《共产国际执行委员会第八次全会给中国共产党的电报》（1927年5月20日），中共中央党史研究室第一研究部译：《共产国际、联共（布）与中国革命档案资料丛书》第4辑：《联共（布）、共产国际与中国国民革命运动》（1926—1927）（下），北京图书馆出版社1998年版，第259页。

也是中国革命的优点之一。"① 这是关于中国革命毫无疑义的理论,无论是中国的革命者还是指导中国革命的共产国际从一开始就有了充分的认识。但是究竟要武装谁?又由谁来领导武装革命呢?中国共产党要不要建立自己的军队?共产国际的指导策略在四一二反革命政变前后是迥然不同的。

第一,关于武装谁的问题。在苏联、共产国际看来,蒋介石、冯玉祥才是中国最有感召力的人物。蒋介石统率下的广东国民党军队是一支革命军队,"是中国工农争取自己解放的极重要的因素"②,冯玉祥的国民军是人民军队,这两支军队才是建立中国民族民主革命军的基础。基于这种认识,当然是只需要武装蒋介石、冯玉祥了。

对国民党,苏联和共产国际非常注重帮助其建立和发展军队,给予大量的人力、物力、财力支持,包括:一是创办黄埔军校。1923年夏,应孙中山的要求,第一批苏联军事顾问团来到中国,以帮助孙中山建立一支"富有战斗力的军队,训练革命的指挥人员"③,创办黄埔军校就是建立这支军队的重要组成部分。二是资金援助。在1924—1926年间,苏联政府先后提供过六百万左右卢布的军事资金,其中用于黄埔军校建设常费及组建军校的经费约为二百万卢布,购买与提供各种军事物质的经费约为四百万卢布。④

---

① 中国社会科学院近代史研究所翻译室编译:《共产国际有关中国革命的文献资料》(1919—1928)第1辑,中国社会科学出版社1981年版,第67页。
② 《列宁斯大林论中国》,人民出版社1953年版,第140页。
③ [苏]А.И.卡尔图诺娃著,中国社会科学院近代史研究所翻译室译:《加伦在中国》(1924—1927),中国社会科学出版社1983年版,第27页。
④ 周兴樑:《苏联对孙中山黄埔办校建军的资金和军械援助》,《中山大学学报(社会科学版)》2011年第4期,第101页。

对冯玉祥，共产国际和苏联采取了一系列实实在在的举措帮助其扩充实力：一是让中国共产党帮助国民军，"帮国民军成为民众抵抗帝国主义与反动军阀之有力的武装，并须从中造成一部分真正的国民革命的武装势力。"[①] 二是派遣了两个军事顾问组：1925年5月，在张家口建立了一个包括炮兵、工兵、骑兵、战车、战术、政治等方面的顾问及工作人员在内约有三十人的顾问组；6月初，又在开封建立了一个由43人组成的军事顾问团。三是给予了大批的军事援助，从1925年3月到1926年7月，苏联一共援助了冯玉祥国民军步枪55800支，大炮、山炮共50门，机枪230挺，手榴弹一万多枚，子弹5820万发以及大量药品、一大批马刀、少量的飞机等军事装备等等。[②] 直到1927年6月冯玉祥决定与南京政府合作，苏联才放弃与冯玉祥的合作。

对中国共产党，共产国际觉得没有必要在军事上给予指导和援助，认为共产党的任务就是组织群众运动，但又没有认识到武装工农群众的重要性。

1926年春，苏联输送了一批军事物资给国民党。陈独秀知道消息后，想争取5000支枪武装广东农民，鲍罗廷却不同意，理由是"武装农民不能打陈炯明和北伐，而且要惹起国民党的疑意及农民反抗国民党"[③]。

北伐开始后，谭平山曾代表中共中央向共产国际请示有关武装工农的问题，共产国际都不屑搭理他。其实，共产国际非常清

---

① 《中央特别会议》(1926年2月21日—24日)，中央档案馆编：《中共中央文件选集》第2辑（1926），中共中央党校出版社1983年版，第34页。

② 王承璞：《共产国际和中国共产党对国民军的策略》，《北京师范大学学报》1987年第4期，第13页。

③ 唐宝林：《重评共产国际指导中国革命的路线》，《历史研究》2000年第4期，第92页。

楚处于秘密状态下的中国共产党经费有多窘迫，赫梅廖夫曾在一份报告中汇报了这一情况："纠察队和农民游击队的武器难以解决，而且农民游击队在多数情况下有武器没有子弹"，"完全缺少积极开展工作的经费"。①

到了1927年3月，形势已经越来越不利于革命了，共产国际才致电中共中央："必须实行武装工农、把各地农民委员会变成拥有自卫武装等的实际政权机构的方针。"②这是共产国际第一次明确提出要武装工农。

四一二反革命政变后，联共（布）、共产国际才领悟到应该加强中国共产党的军事力量。1927年5月26日，联共（布）中央政治局决定，"允许中国委员会从其经费中每月拨给安德烈③同志1000美元用于军事组织工作。""为了给特种部队（炮兵、空军、通讯兵、装甲兵等）培训共产党干部，从中山大学今年毕业生中挑选100名共产党员和共青团员，委托军事部门保证对他们进行培训。中国委员会要向下次会议提出必需的经费预算。"④6月9日，联共（布）中央政治局决定："从共产国际经费中为中

---

① 《赫梅廖夫就中共中央军事部的工作给别尔津的书面报告》（1927年5月6日），中共中央党史研究室第一研究部译：《共产国际、联共（布）与中国革命档案资料丛书》第4辑：《联共（布）、共产国际与中国国民革命运动》（1926—1927）（下），北京图书馆出版社1998年版，第241页。

② 《联共（布）中央政治局秘密会议第89号（特字第67号）记录》（1927年3月3日），中共中央党史研究室第一研究部译：《共产国际、联共（布）与中国革命档案资料丛书》第4辑：《联共（布）、共产国际与中国国民革命运动》（1926—1927）（下），北京图书馆出版社1998年版，第135—136页。

③ 时任中共中央军事委员会顾问的谢苗诺夫。

④ 《联共（布）中央政治局会议第105号（特字第83号）记录》（1927年5月26日），中共中央党史研究室第一研究部译：《共产国际、联共（布）与中国革命档案资料丛书》第4辑：《联共（布）、共产国际与中国国民革命运动》（1926—1927）（下），北京图书馆出版社1998年版，第275页。

共中央拨出2.2万卢布，用于头3个月的报纸出版工作"，"从中国委员会的经费中每月为中共中央拨出1200墨西哥元，用于在驻华外国军队中开展革命宣传工作"。①但这一点点经费对于迫切需要扩大工农武装的中国共产党来说，是解决不了什么问题的。

第二，关于由谁来领导武装的问题。共产国际认为，共产党的任务就是要全力帮助国民党建立国民革命军，由国民党来领导军队，共产党没有必要另外建立自己领导的工农武装。斯大林在共产国际第七次执委会上指出："中国共产党人在军事方面的任务，仅仅是在国民党军队中。第一，应当尽力加强军队中的政治工作，防止把腐化作风带入军队；第二，学好军事，以便逐渐前进并在革命军队中担任某些领导职务。"

为此，联共（布）向中国共产党推荐了一条自认为很成功的经验：在军校和部队中设置由共产党员担任的"党代表"、"政治部主任"，也就是说，中国共产党的任务就是加强军队中的政治工作。这显然是不符合中国国情的生搬硬套，因为苏共是在执掌全国政权的情形下向军队派遣政委，通过政委控制军权，达到"党指挥枪"的目的。但是在国共合作的形式下，共产党员是以个人身份加入国民党因而在国民党中并不占优势，更不可能掌控国民党，真正掌握中国军队的是新旧军阀，他们甚至凌驾于国民党和国民政府之上。所以，中国共产党按苏联经验往其中派出的"党代表"、"政治部主任"只能顺着长官的意志办事，而不能

---

① 《联共（布）中央政治局会议第110号（特字第88号）记录》（1927年6月9日），中共中央党史研究室第一研究部译：《共产国际、联共（布）与中国革命档案资料丛书》第4辑：《联共（布）、共产国际与中国国民革命运动》（1926—1927）（下），北京图书馆出版社1998年版，第312页。

违反长官的意志,更不要说掌握军队的领导权了。① 当然,联共(布)、共产国际本来就不想要共产党去掌握军队的领导权,反过来,他们很害怕共产党去争军队中的领导权。1925年8月,共产国际执委会东方部专门下发的指示草案在谈到中共军事工作与国民党的关系时,这样规定:"共产党的所有军事工作人员在形式上一般都应按国民党的组织系统调动(在个别情况下共产党员要隐瞒自己的共产党身份)。共产党军事部的工作同国民党有关部的协调应当通过国民党军事部机关党的工作人员来实现。"②

1926年4月,共产国际曾明确指示中国共产党说:"应该准备取消军队中独立的共产党支部","决不允许突出共产党人,让共产党人占据太重要的职位,试图取代最高指挥人员和政工人员"。③ 当共产国际了解到中共广东党组织在军队中的工作开展得有声有色时,还曾批评他们说:"广东的共产党人也染上了这种迷恋于军事的通病,这证明他们的共产主义思想不够坚定。"④

到了1926年11月,共产国际第七次执委扩大会议上,斯大林还强调说:"中国共产党人应当对军队工作予以特别的注

---

① 唐宝林:《重评共产国际指导中国大革命的路线》,《历史研究》2000年第2期,第93页。
② 《共产国际执委会东方部关于中国共产党军事工作的指示草案》(早于1925年8月21日),中共中央党史研究室第一研究部译:《共产国际、联共(布)与中国革命档案资料丛书》第1辑:《联共(布)、共产国际与中国国民革命运动》(1920—1925),北京图书馆出版社1997年版,第658页。
③ 《穆辛关于中国共产党在广州的任务的提纲》(1926年4月24日),中共中央党史研究室第一研究部译:《共产国际、联共(布)与中国革命档案资料丛书》第3辑:《联共(布)、共产国际与中国国民革命运动》(1926—1927)(上),北京图书馆出版社1998年版,第217页。
④ 《共产国际执行委员会远东局委员会关于广州局势问题的初步结论》(1926年8月9日),中共中央党史研究室第一研究部译:《共产国际、联共(布)与中国革命档案资料丛书》第3辑:《联共(布)、共产国际与中国国民革命运动》(1926—1927)(上),北京图书馆出版社1998年版,第374页。

意,……中国共产党人应当以一切办法加强军队中的政治工作。"①

直到1927年3月3日,蒋介石在南昌开始公开反共反革命,联共(布)中央政治局听取并讨论了中国问题后,提出了9条建议,其中关于军队方面,建议中国共产党:"必须坚决加强提拔国民党左派和共产党员担任军队、军校、重要军事技术等部门干部职务工作","必须坚持把军队从个别军阀的雇佣军变为革命政府的、联系群众的常备军的方针;实行掌握军队中重要职位的政策,在可能的地方着手建立特别忠于革命的部队"。②这个决定表明,联共(布)和共产国际已经认识到中国共产党掌握军队领导权的重要性。

1927年5月,共产国际执委会第八次全会关于中国问题的决议中,第一次严肃地向中共提出了建立忠于革命武装力量以及掌握军队的任务:"改编军队的问题,编制绝对委身于革命的队伍,军队与工农组织间之联络,建立军队中干部,改编佣兵为革命之常备军,在目前特别需要。"③

这显然是共产国际对中国革命策略的一个重大转变。但这个时候让共产党员去改造国民革命军、掌握军队领导权,岂不是与虎谋皮?国民党新军阀怎么可能拱手让共产党取代他们对军队的领导呢?他们用"礼送出境"和屠杀给出了自己的回答。

---

① 中国社会科学院近代史研究所翻译室编译:《共产国际有关中国革命的文献资料》(1919—1928)第1辑,中国社会科学出版社1981年版,第267页。

② 《联共(布)中央政治局秘密会议第89号(特字第67号)记录》(1927年3月3日),中共中央党史研究室第一研究部译:《共产国际、联共(布)与中国革命档案资料丛书》第4辑:《联共(布)、共产国际与中国国民革命运动》(1926—1927)(下),北京图书馆出版社1998年版,第135—136页。

③ 《共产国际第八次执行委员会全体会议关于中国问题决议案》(1927年5月),中央档案馆编:《中共中央文件选集》第3辑(1927),中共中央党校出版社1983年版,第120页。

第三，关于要不要建立自己的军队，共产国际对这个问题的认识出现过矛盾和反复。1925年7月21日，瓦西里耶夫在给中共中央的亲笔信中是主张中共建立自己的武装的，他说，"中国共产党在组织中国民族解放运动武装力量方面要有特别认真的态度和坚持不懈地做工作。"[1] 在信中，他根据俄国军队建设的经验并结合中国实际对中国共产党如何组建武装力量以及如何保证共产党对武装的领导，给予了具体的指点。但在7月28日的联共（布）中央政治局中国委员会会议上，关于在中国组建"红色部队"问题的决定却是："眼下仍不作决定，将来不放弃加以实现。"[2] 过了2个月，瓦西里耶夫的态度也改变了，他批评中国共产党过于"用心研究军事和外交问题"，指示"共产党不应当要求一定由自己的党员担任国家和军队的一切领导职位，相反，它应当竭力广泛吸引不是共产党员的国民党员参加负责工作。"[3]

由于没有认识到共产党应该建立自己的军队，没有认识到发展、扩充中共直接领导的军事力量的重要性，所以中共掌握的叶挺独立团，从广州出发北伐的时候是1个团，在打败吴佩孚、孙传芳等军阀的情况下，本来完全可以扩编成1个师甚至是1个军

---

[1] 《瓦西里耶夫给中共中央的信》（1925年7月21日），中共中央党史研究室第一研究部译：《共产国际、联共（布）与中国革命档案资料丛书》第1辑：《联共（布）、共产国际与中国国民革命运动》（1920—1925），北京图书馆出版社1997年版，第638页。

[2] 《俄共（布）中央政治局中国委员会会议第4号记录》（1925年7月28日），中共中央党史研究室第一研究部译：《共产国际、联共（布）与中国革命档案资料丛书》第1辑：《联共（布）、共产国际与中国国民革命运动》（1920—1925），北京图书馆出版社1997年版，第643页。

[3] 《瓦西里耶夫给季诺维也夫的信》（1925年9月21日），中共中央党史研究室第一研究部译：《共产国际、联共（布）与中国革命档案资料丛书》第1辑：《联共（布）、共产国际与中国国民革命运动》（1920—1925），北京图书馆出版社1997年版，第678页。

的，可是叶挺独立团到达华中后还是1个团！①

四一二反革命政变给了中国共产党也给了共产国际一个深刻的教训，那就是：无产阶级必须建立自己的军事力量。1927年4月30日，共产国际代表团团长罗易在中共五大上提出："要武装农民，保卫土地革命的胜利果实"，"在巩固的社会基础上组成一支革命军队"。②

共产国际在给中国共产党发出的五月指示中提出了建立军事力量的目标："必须根除对不可靠的将军们的依赖性。动员两万左右的共产党员，加上湖南、湖北约五万的革命工农编成几个新军，用军官学校的学生来充当指挥人员，组织一支可靠的军队。"③虽然这个指示在当时的环境下无法实现，也没有能够挽救中国革命的危局，但它对中国共产党之后确立武装反抗国民党反动派的方针、确立党对军队的绝对领导原则还是有着深刻的影响。④

## 三、关于土地革命，从依靠国民党到由无产阶级直接领导

早在1920年7月，列宁就指出：东方落后国家的无产阶级

---

① 《鲍罗廷在老布尔什维克协会会员大会上所作的〈当前中国政治经济形势〉的报告》（1927年10月23日），中共中央党史研究室第一研究部译：《共产国际、联共（布）与中国革命档案资料丛书》第4辑：《联共（布）、共产国际与中国国民革命运动》（1926—1927）（下），北京图书馆出版社1998年版，第486页。

② 罗易：《中国革命问题和无产阶级的作用》（1927年4月30日），中共中央党史研究室第一研究部编：《共产国际、联共（布）与中国革命档案资料丛书》第5辑：《共产国际、联共（布）与中国革命文献资料选辑》（1926—1927）（上），北京图书馆出版社1998年版，第384页。

③ 《斯大林全集》第10卷，人民出版社1954年版，第31—32页。

④ 张静星：《试析大革命失败后共产国际关于中国革命政策的转变》，《复旦学报（社会科学版）》1987年第6期，第102—103页。

政党"不同农民运动发生一定的关系,不在实际上支持农民运动,就能在这些落后国家里实行共产主义的策略和共产主义的政策,那就是空想"①,这非常明确地把落后国家的无产阶级革命与农民、农民运动紧密地联系在一起。1922年11月至12月,共产国际四大进一步强调:"东方各落后国家的革命运动,如果不依靠广大农民群众,就不可能取得胜利。"共产国际在四大的决议中指示东方各国的革命党:"必须明确制定自己的土地纲领","必须宣布坚决改变土地所有制的基础"。②中国就是一个农民占全国人口绝大多数的落后东方国家,所以,共产国际明确指示说,"在中国,任何一个旨在反对外国帝国主义争取建立民主制度的革命,如果没有农民的参加都是不可思议的。"③斯大林后来也说过,"土地革命是中国资产阶级民主革命的基础和内容。"④

但是依靠谁去开展土地革命、解决农民的土地问题并发动农民参加反帝反封建的民主革命呢?大革命失败前后,共产国际的指导策略是截然不同的。

国共合作之初,共产国际认为中国应该依靠国民党解决农民问题,"共产党必须不断地推动国民党支持土地革命"。在共产国际看来,刚刚成立的中国共产党人数少、力量弱,自然不如有

---

① 中国社会科学院近代史研究所翻译室编译:《共产国际有关中国革命的文献资料》(1919—1928)第1辑,中国社会科学出版社1981年版,第21页。

② 《关于东方问题的总提纲》(1922年),中共中央党史研究室第一研究部编:《共产国际、联共(布)与中国革命档案资料丛书》第2辑:《共产国际、联共(布)与中国革命文献资料选辑》(1917—1925),北京图书馆出版社1997年版,第359页。

③ 《青年共产国际执委会给中国社会主义青年团中央委员会的信》(1923年5月31日),中共中央党史研究室第一研究部译:《共产国际、联共(布)与中国革命档案资料丛书》第1辑:《联共(布)、共产国际与中国国民革命运动》(1920—1925),北京图书馆出版社1997年版,第257页。

④ 《斯大林全集》第9卷,人民出版社1954年版,第479页。

十多年历史又具有广泛影响的国民党更有能力组织实施解决农民问题，所以认为只有国民党才能完成土地革命的任务。

1923年5月，共产国际给即将召开的中共三大发出的指示中告诫中共说："在中国进行民族革命和建立反帝战线之际，必须同时进行反对封建主义残余的农民土地革命"，"全部政策的中心问题乃是农民问题"。如何解决农民的土地问题呢？共产国际认为："没收地主土地，没收寺庙土地并将其无偿分给农民"；"建立农民自治机构，并由此机构负责分配没收的土地"。那么，在开展农民土地革命的过程中共产党做什么呢？共产国际说，"共产党必须不断地推动国民党支持土地革命。在孙中山军队的占领地区，必须实行有利于贫苦农民的没收土地政策，并采取一系列其他革命措施。"[①] 这封指示信几经迂回曲折，7月18日才送达中共中央手上，此时中共三大已经结束差不多1个月了，中共中央当然不可能按共产国际指示来制定相应的政策开展土地革命，但这一指示显然对之后的中共中央的决策有很大的影响。

1923年9月2日，以蒋介石为团长的"孙逸仙博士代表团"到访莫斯科，共产国际方面与代表团重点交谈了修改国民党党纲尤其是"民生主义"的问题。11月28日，即代表团回国的前一天，共产国际执委会主席团通过了一项决议。决议称国民党为"民族政党"，一方面"满意地指出"了三民主义中值得肯定的地方，另一方面认为，国民党"必须向缺乏土地的广大农民群众说明，应当把土地直接分给在这块土地上耕种的劳动者，消灭不

---

[①] 《共产国际执行委员会给中国共产党第三次代表大会的指示》（1923年5月），中共中央党史研究室第一研究部编：《共产国际、联共（布）与中国革命档案资料丛书》第2辑：《共产国际、联共（布）与中国革命文献资料选辑》（1917—1925），北京图书馆出版社1997年版，第456—457页。

从事耕作的大土地占有者和许多中小土地占有者的制度"。决议还承诺说:"共产国际曾经而且还将指示中国共产党、工人阶级和劳动农民,必须全力支持国民党,因为它所进行的反对外国帝国主义和本国封建主义的斗争,将有助于工人阶级的解放、成长和壮大,因为它将在使用土地和管理国家方面,把农民从封建专制的条件下解放出来。"① 这就非常清楚地表明了共产国际的核心思想:中国国民党是中国土地革命的领导者,共产党只是这场革命的协助者。

孙中山同意对旧有的封建土地制度实行某种变革,国民党改组后也重新解释了三民主义,又提出了"耕者有其田",但说到底,国民党代表的是资产阶级、地主阶级的利益——改组后的国民党党内也还存在着不少的地主、军阀和官僚政客,地租剥削是其身家性命,哪里就舍得给了农民?其阶级利益与农民的阶级利益是冰炭不投的。共产国际对国民党成分的复杂性认识不足,想要依靠国民党来领导土地革命,实现农民对土地的要求,是不切实际的。

1926年7月北伐战争开始,北伐军一路向北,能够所向披靡,离不开农民的大力支持,农民参与革命的热情越高对土地的期许就越高,无论是中国共产党还是共产国际都充分认识到了这一点。1926年11—12月间召开的共产国际执委会第七次扩大会议重点讨论了中国革命问题。会议认为:"中国民族革命运动的发展,着重在土地革命"②,"对于这个基本问题持坚决态度并能给予

---

① 《共产国际执委会主席团关于中国民族解放运动和国民党问题的决议》(1923年11月28日),中共中央党史研究室第一研究部编:《共产国际、联共(布)与中国革命档案资料丛书》第2辑:《共产国际、联共(布)与中国革命文献资料选辑》(1917—1925),北京图书馆出版社1997年版,第549页。

② 《共产国际与中国革命资料选辑》(1925—1927),人民出版社1985年版,第142—147页。

彻底回答的那个阶级,将成为革命的领导者"。也就是说,谁能解决农民土地问题,谁就是中国民主革命的领导者。这个认识是符合中国国情的。会议决议要求中国共产党和国民党立即采取一系列措施,以鼓励农民参加革命,其中包括:把反动军阀的土地,同国民党国民政府进行内战的买办、地主和土豪的土地以及寺庙与教堂的土地收归国有。由谁以及如何贯彻落实这些措施呢?决议却仍然主张通过自上而下、由政府即由国民党政府来领导实施,"利用政权机关没收土地","在政府内部实行一种能由政府本身发动土地革命的政策"[①];共产党人的任务是"深入到新政府机构中去","就是要使广东政府实行上列的办法",推动政府实行土地纲领,"使武汉政府成为中国农民土地革命的政府"。[②]

但是,日益高涨的农民运动必然会触动封建地主、土豪劣绅、国民党右派以及北伐军军官家属的利益,他们联合向农民发难,污蔑农民运动是"痞子运动、惰农运动",并最终背叛了工农。这样,共产国际试图依靠国民党国民政府解决农民土地问题的愿望再次落空。

蒋介石叛变革命后,斯大林认为中国无产阶级的同盟者只有农民和小资产阶级知识分子了,"蒋介石的政变表明革命已进入其发展的第二阶段,已开始从全民族联合战线的革命转变为千百万工农群众的革命,转变为土地革命,中国革命将加强和扩大反帝国主义、反土豪劣绅和封建地主、反军阀和蒋介石反革命

---

① 中国社会科学院近代史研究所翻译室编译:《共产国际有关中国革命的文献资料》(1919—1928)第1辑,中国社会科学出版社1981年版,第325页。
② 《斯大林全集》第9卷,人民出版社1954年版,第227页。

集团的斗争。"①但直至1927年5月,共产国际仍然抱住国民党不放。在共产国际看来,蒋介石叛变了,国民党还有汪精卫。共产国际第八次执委会全体会议指示说:"农民革命(没收土地和国有土地包括在内),这是中国革命中新阶段之主要的社会经济内容。使千百万农民从下面以'平民式'的直接斗争实行土地革命;共产党站在前线,指导这个运动,在目前最为重要。同时共产党必须在政府内努力,使政府促进土地革命之爆发扩大。"②但是,以汪精卫为代表的所谓"左派国民党"在蒋介石叛变革命后,已经迅速右转。联共(布)、共产国际对急速变化的中国政局不够了解,仍然把共产党放在辅助者的位置、继续依靠国民党领导土地革命,结果当然是助长了国民党右派的反革命气焰。

直到汪精卫叛变革命后,共产国际才调整了土地革命的策略,要求中国共产党全力以赴开展土地革命,"用在无产阶级领导之下的工人、农民、城市贫民联盟之革命行动,为完成资产阶级民主革命而斗争。"③这一策略调整虽然没有能够挽救中国革命,但帮助到了中共八七会议上土地革命方针的制定。

## 四、关于政权建设,从反对提苏维埃口号到广泛宣传苏维埃思想

早在共产国际二大上,列宁就已经明确了包括中国在内的东

---

① 斯大林:《中国革命问题》(1927年4月21日),《真理报》1927年4月21日第90号。中共中央党史研究室第一研究部编:《共产国际、联共(布)与中国革命档案资料丛书》第6辑:《共产国际、联共(布)与中国革命文献资料选辑》(1926—1927)(下),北京图书馆出版社1998年版,第80页。

② 《共产国际第八次执行委员会全体会议关于中国问题决议案》(1927年5月),中央档案馆编:《中共中央文件选集》第3辑(1927),中共中央党校出版社1983年版,第113页。

③ 《共产国际与中国革命资料选辑》(1925—1927),人民出版社1985年版,第535页。

方落后国家进行民族民主革命的最初阶段要建立的权力机关应该是"农民苏维埃"、"劳动者苏维埃"。他认为,在一切殖民地和落后国家不仅"应该立即宣传组织农民苏维埃",而且"在先进国家无产阶级的帮助下,落后国家可以不经过资本主义发展阶段而过渡到苏维埃制度,然后经过一定的发展阶段过渡到共产主义。"①

1924年1月,列宁逝世后,苏联共产党中央委员会总书记、苏联部长会议主席斯大林提出了关于中国革命的"三段论"的理论。这个理论将中国革命划分为三个阶段:第一阶段是工人、农民、小资产阶级、民族资产阶级为革命动力的"全民族联合战线的革命";第二阶段是工人、农民、小资产阶级联合战线的"资产阶级民主革命";第三阶段是工人、农民的"苏维埃革命"阶段。②斯大林的"三段论"直接影响着苏共和共产国际对建立中国革命政权性质的认识和策略,包括中国现阶段要不要建立苏维埃。

最初,苏共和共产国际认为中国目前的革命目标不是苏维埃。1926年2月共产国际执委第六次扩大会议讨论关于政权建设问题,会议一方面肯定中国革命要"以争取国家独立和建立人民政权为口号",另一方面则明确反对"力图越过运动的民主革命阶段,直接解决无产阶级专政和苏维埃政权的任务"。同时,会议还认为国民党在广州建立的革命政府"乃是中国人民争取独立的斗争中的先锋队,成为未来的国内民主建设的典范",③也是共产党

---

① 中国社会科学院近代史研究所翻译室编译:《共产国际有关中国革命的文献资料》(1919—1928)第1辑,中国社会科学出版社1981年版,第22—23页。
② 赵崇华:《1926—1927年共产国际对建立中国革命政权指导思想的演变》,《西南大学学报(人文社会科学版)》2006年第3期,第145页。
③ 中国社会科学院近代史研究所翻译室编译:《共产国际有关中国革命的文献资料》(1919—1928)第1辑,中国社会科学出版社1981年版,第138、第136页。

在民主革命阶段应为之奋斗的政权。很显然，这时候的苏共和共产国际是反对在中国建立无产阶级专政的苏维埃政权的。①

四一二政变之后，共产国际仍然认为还不到建立苏维埃的时候。4月21日，斯大林在一份发给宣传员的提纲中批评反对派说，"苏维埃不是任何时候都可以成立的"，"苏维埃不是为了空谈而成立的"，"反对派提出在目前成立苏维埃的口号是有利于中国革命的敌人的"，"是在人为地移植'莫斯科的苏维埃化'"。②

1927年5月，共产国际第八次执行委员会也认为："在目前提出工农代表苏维埃的口号是不适宜的；这个口号没有别的意思，（在武汉政府统治区域内），只可作为布告苏维埃政权解释。"也就是说，在这个时候，"苏维埃政权"只是作为一个发展前途的目标，而不是目前要实施的政策，决议案解释说："在中国革命进展目前的阶段中，即刻成立工农兵苏维埃，必然被认为是两个政府，是推翻武汉政府的路线，是越过国民党这个群众的组织及国家的政权，直接拿苏维埃政权作为中国无产阶级专政的国家政权。"③斯大林后来批评说：这个时候"把苏维埃作为当前口号提出来，这就是冒险，就是乱叫乱嚷的冒进。"④"要建立苏维埃，

---

① 赵崇华：《1926—1927年共产国际对建立中国革命政权指导思想的演变》，《西南师范大学学报（人文社会科学版）》2006年第3期，第145—146页。

② 斯大林：《中国革命问题》（1927年4月21日），《真理报》1927年4月21日第90号。中共中央党史研究室第一研究部编：《共产国际、联共（布）与中国革命档案资料丛书》第6辑：《共产国际、联共（布）与中国革命文献资料选辑》（1926—1927）（下），北京图书馆出版社1998年版，第82—83页。

③ 《共产国际第八次执行委员会全体会议关于中国问题决议案》（1927年5月），中央档案馆编：《中共中央文件选集》第3辑（1927），中共中央党校出版社1983年版，第119—120页。

④ 斯大林：《时事问题简评》（1927年7月28日），中共中央党史研究室第一研究部编：《共产国际、联共（布）与中国革命档案资料丛书》第6辑：《共产国际、联共（布）与中国革命文献资料选辑》（1926—1927）（下），北京图书馆出版社1998年版，第278页。

同时又要求共产党人参加执政党即参加国民党——这种蠢事是再蠢的人也想不出来的。"①

可见，此时的共产国际仍然认为在中国提工农苏维埃的口号是不适宜的。

七一五反革命政变后，急转直下的中国革命形势迫使共产国际由之前反对中国建立苏维埃政权而改变为中国应该在现实中成立苏维埃。7月26日，《真理报》在社论中指出："国民党业已出现的重大危机已将建立苏维埃的问题提到了议事日程之上。共产党员应当毫不迟疑地着手宣传苏维埃思想，以便一旦争取国民党的斗争失败，出现新的革命高潮时能动员号召群众成立工农兵代表苏维埃。"②共产国际在给中国共产党发来的指示信中更是明确地说："武汉政府底革命作用已经完结了，现在它变成了反革命的力量了"，"中国共产党人需要刻不容缓地公开宣布退出武汉政府"。③这表明共产国际打定主意彻底放弃国民党，另起炉灶——建立苏维埃。

7月28日，斯大林在《真理报》上发表的《时事问题简评》中表示，目前"应当在广大劳动群众中间极广泛地宣传拥护建立苏维埃的思想"，在当前革命发展阶段上，如果出现新的强大的

---

① 斯大林：《对反对派的批评意见》（1927年9月27日），中共中央党史研究室第一研究部编：《共产国际、联共（布）与中国革命档案资料丛书》第6辑：《共产国际、联共（布）与中国革命文献资料选辑》（1926—1927）（下），北京图书馆出版社1998年版，第291页。

② 安徽大学苏联问题研究所、四川省中共党史研究会编译：《苏联〈真理报〉有关中国革命的文献资料选编》第1辑，四川省社会科学院出版社1985年版，第528页。

③ 《共产国际执委会关于中国目前形势的决定》（1927年7月），中央档案馆编：《中共中央文件选集》第3辑（1927），中共中央党校出版社1983年版，第211—212页。

革命高潮，那么，"成立苏维埃将是一个完全成熟的问题。"①之后，斯大林在共产国际执行委员会和监察委员会联席会议上所作的报告中，总结并解释了七一五政变之后的中国革命是不是应该建立苏维埃以及谁来领导苏维埃的问题："现在，当国民党人因为勾结反革命而声名狼藉、威信扫地的时候，在运动获得进展的情况下，苏维埃就能成为而且事实上就要成为把中国工人和农民团结在自己周围的基本力量。谁来领导苏维埃呢？当然是共产党人。"②

大革命失败前后，共产国际关于中国革命的政策和策略的这些转变，从总体上来说是因应了中国革命的具体实际，这些转变明确了中国革命的一些基本问题，对大革命失败后的中国共产党人探索新的革命道路有一定的指引作用。共产国际的理论指导和斗争实践的经验教训促使中国共产党对资产阶级、武装斗争、土地革命以及政权建设都有了更加深刻的认识，这些都是中国共产党走向土地革命和武装反抗国民党反动派的必要积淀。

## 第三节　广东为什么能率先反蒋？

继蒋介石在上海发动大屠杀之后，国民党广东当局在广州发动了四一五反革命政变，在全省大肆捕杀共产党员和革命群众，白色恐怖笼罩整个广东。面对国民党反动派的血腥大屠杀，英雄

---

① 斯大林：《时事问题简评》（1927年7月28日），中共中央党史研究室第一研究部编：《共产国际、联共（布）与中国革命档案资料丛书》第6辑：《共产国际、联共（布）与中国革命文献资料选辑》（1926—1927）（下），北京图书馆出版社1998年版，第277页。

② 斯大林：《对反对派的批评意见》（1927年9月27日），中共中央党史研究室第一研究部编：《共产国际、联共（布）与中国革命档案资料丛书》第6辑：《共产国际、联共（布）与中国革命文献资料选辑》（1926—1927）（下），北京图书馆出版社1998年版，第292页。

的广东人民并没有被吓倒，他们从地上爬起来，率先举起反蒋旗帜。广东为什么能率先反蒋呢？

## 一、有优良的革命传统

### （一）广东始终站在反帝反封建的前沿

1840年6月，鸦片战争在广东爆发，英国侵略者炮轰中国国门，广东首当其冲，同时也成为反侵略斗争的前沿。虎门保卫战、三元里人民抗英斗争都狠狠地打击了侵略者的嚣张气焰，展现了广东人民英勇无畏、同仇敌忾反抗外来侵略的决心和气魄。1842年《南京条约》规定五口通商，广州位列第一，但广州人民并没有屈服，进行了长达十多年的反入城斗争。在列强通过战争一步步把中国推入半殖民地半封建社会深渊的过程中，广东人民一直没有停止过反侵略斗争，并且始终站在斗争的最前沿，从没有退缩过丝毫，其反抗之激烈在当时中国首屈一指。

在反对封建主义斗争中，广东也走在了最前列。辛亥革命的主要领导人孙中山、廖仲恺等都是广东人；辛亥革命前期的宣传、组织以及大部分的武装起义都是在广东发动和进行的，革命先行者孙中山等人正是通过广东这个演练场，不断将民主革命推向全国。特别是1911年4月发生在广州的黄花岗起义，加快了革命高潮的到来，是武昌起义的先声。谈到广东在近代革命中的地位和作用时，孙中山说，"吾粤之所以为全国重者，不在地形之便利，而在人民进取性之坚强；不在物质之进步，而在人民爱国之心勇猛。"[①]

### （二）广东是全国革命的中心

广东是全国建立共产党组织最早的地区之一，1921年3月，

---

① 《孙中山全集》第4卷，中华书局2011年版，第478页。

广州共产党小组成立,这是中国共产党成立前国内最早建立的六个早期组织之一。7月23日至8月初,中国共产党第一次全国代表大会在上海召开,广州的共产党早期组织派的代表是陈公博、包惠僧。陈公博向大会报告广州党组织成立经过及主要工作。党的一大后,广州早期党组织的名称改为中国共产党广东支部。到1922年6月,广州的共产党员有32人,中共广东支部则改称为中共广东区执行委员会。

1923年6月,中共三大在广州东山恤孤院路后街31号(现恤孤院路3号)召开。这次会议解决了争执很久的"党内合作"问题,正式确定了共产党员以个人身份加入国民党、与国民党进行党内合作的策略方针,从而推动了第一次国共合作的实现,同时也有力地促进了广州以至广东地区共产党组织的发展,拓宽了共产党活动的政治舞台,推动了国民革命运动在南方的迅速兴起,对广州革命中心的形成,具有非常重要的意义。

1924年1月,国民党一大召开。孙中山解释了国民党一大为什么要在广州召开,他说:广州是"(辛亥)革命的起点,广州是革命党的发源地","我们想重新再造民国,还要拿这个有光荣的地方做起点","再来建设中华民国,为中华民国开一个新纪元"。[①]大会通过的宣言重新解释了三民主义,新三民主义包含了新的内容和新的革命精神;会议确认了共产党员以个人身份加入国民党的原则。这样,国民党一大的召开,标志着第一次国共合作的正式形成。这无论对中国国民党还是对中国共产党,都有极其重要的意义和深远的影响。

---

① 孙中山:《在广州商团及警察联欢会的演说》(1924年1月13日),《孙中山全集》第9卷,中华书局2011年版,第61页。

以此为起点，在国共两党齐心协力之下，大革命运动急速地从中国的南部发展到中部、北部，从国共两党扩展到各个社会阶层，革命力量从五湖四海聚集起来，很快形成了以广州为中心的波澜壮阔的反对帝国主义和封建军阀的革命新局面。

大革命时期，中共很多领导人都在广东从事过革命活动，对广东省的省情有一定程度的认识，结合现实条件，自然把它作为起义地点的重要选项。

## 二、有深厚的群众基础

### （一）工人群众基础

我国第一代产业工人就诞生在广州，早期的广州工人在反帝反封建的斗争中留下了浓墨重彩的一笔。中国共产党自诞生后，就以主要精力从事工人运动，工人运动开始在全国各地逐步兴起。在中共广东支部的推动和组织下，广州地区的工人罢工斗争蓬勃发展。广州万余名机器工人举行罢工，要求增加工资。粤汉、广九、广三等铁路工人声援机器工人罢工。先后坚持3天，经地方当局出面调停，厂主同意增加工资20%—50%。

1922年1月，香港中国海员为改善待遇，提高工资，举行罢工并离港回省。海员罢工实际领导者是苏兆征和林伟民。苏任香港海员工会代理会长，林任总干事，罢工总办事处设在广州。中共广东党组织发动广大党、团员以及广州各工会克服各种困难，为罢工工人提供住处和生活费用。一个星期内，罢工海员达6500人。由于港英当局和轮船资本家拒不接受海员提出的正当要求，在香港打工的中国工人在2月底举行总同盟罢工。3月初，罢工人数增加到十万多，罢工浪潮覆盖了整个香港。经过56天的斗争，香港海员罢工取得了胜利。这场斗争后来成为中国共产党领导的工人运动第一次高潮的起点。罢工的胜利，灭了英帝国主义的威风，极大地鼓舞了中国工人阶级尤其是广东的工人群众，也为工人运动积累了大量宝贵的经验。

1922年5月1日至6日，经中共中央局决定、由中国劳动组合书记部筹备组织并得到孙中山和广州政府支持的第一次全国劳动大会在广州召开，与会代表来自12个城市共173人，代表着一百一十多个工会和34万有组织的工人。这是中国工人阶级第一次全国性的盛会。大会接纳了中国共产党提出的"打倒帝国主义"、"打倒封建军阀"的政治主张，通过了《八小时工作制案》《罢工援助案》《尊重劳动节及儆戒工界虎伥案》等10项决议案。大会还决定，在全国总工会成立以前，中国劳动组合书记部作为全国工人组织的总通讯机关。会后，中国劳动组合书记部广东分部负责人冯菊坡、阮啸仙、周其鉴、刘尔崧等人联合广州各工会团体，于10月间成立爱群通讯社；1923年2月，在广州成立了中国共产党领导的广东工会联合会，张瑞成为负责人。

国共合作后，在中国共产党的倡议和促进下，国民党中央执行委员会成立了工人部，廖仲恺任国民党中央工人部部长，冯菊坡担任秘书，刘尔崧、施卜等为干事，刘尔崧后来还兼任国民党广东省党部工人部部长。中国共产党利用国共合作的有利条件和廖仲恺的大力支持，推动国民党和国民政府发布有利于开展工人运动和建立工人组织的法令，中共广州地委派许多干部从事工人运动，使广州的工人运动逐步得到恢复和发展。

1924年5月1日，广州召开工人代表会议，有一百六十多人出席了会议，他们代表着70个工会和十多万名工人。会议宣告广州工人代表会成立并决定成立工人代表会议执行委员会，由刘尔崧、鲍武、黄天伟、周祯、麦锦泉任常务委员，刘尔崧任主席，孙律西任秘书,杨殷为顾问。广州工人代表会的成立,标志广州工会开始由职业组织走向产业组织,由分散走向统一,为广州工人运动的发展奠定了组织基础。

1924年6月,英国借口法国驻越南总督马尔兰在广州沙面遇刺(未遂,英领事认定凶手是华人,事后查明此案为越南范鸿泰所为),于7月初,强行颁布沙面"新警律十二条",其中规定:从8月1日起,沙面华仆出入概须携带执照,照上须贴主人照片;每晚9时后,华人非携带执照,不能入境两次。以此限制中国人自由出入沙面。为了反抗英帝国主义强加于中国人的侮辱性条例,中共广州地委派刘尔崧、施卜、穆青、周文雍到沙面组织发动洋务工人罢工。在中共广州地委及广州工人代表会的组织下,沙面三千多洋务工人于7月15日宣告罢工,沙面租界的华人巡捕纷纷加入,广州市民大力支援,踊跃捐款。罢工坚持了32天,最终迫使英帝国主义取消"新警律"。沙面罢工不仅轰动了广州和香港,而且震撼到了省内外其他地区,显示了中国工人在反帝斗争中的伟大力量,进一步鼓舞、坚定了工人阶级的斗志。

1925年5月,由广州工人代表会、中华海员工业联合总会、汉冶萍总工会、全国铁路总工会四大团体联合发起,在广州召开第二次全国劳动大会。到会代表277人,代表全国165个工会54万会员。大会宣布成立中华全国总工会,"全总"的成立进一步推动了广州工人运动高潮的到来。

1925年6月,为了支援上海人民五卅反帝爱国运动,广州和香港发起了有25万人参加的省港工人大罢工,此次罢工由共产党人邓中夏及苏兆征领导,罢工历时1年零4个月,是20世纪80年代以前世界工运史上时间最长的一次大罢工。罢工委员会运用罢工、排斥英货、封锁香港三项有力武器与英帝国主义作斗争,使香港一度成了"臭港"、"饿港"、"死港",有力地打击了英帝国主义在香港的统治。

蓬勃发展的工人运动,将广大的工人群众紧密地团结在共产党的周围。工人们在一次次的罢工斗争中经受考验、得到锻炼、提高觉悟、迅速成长,这就为广东率先揭起反蒋大旗,造就了坚实的工人群众基础。

### (二)农民群众基础

早在1922年6月,彭湃就开始在家乡广东省汕尾市海丰县赤山约①开展农民运动。7月,彭湃发动5位青年农民和他一起,成立了赤山约第一个秘密农会——六人农协。农会成立后,他们在贫苦农民中进行宣传发动工作,号召农民参加农会,组织起来为自己的利益开展斗争;他们带领农民打击土豪恶霸的剥削,取消苛捐杂税,逐渐获得了农民的信任。到10月下旬,赤山约所属二十多个村庄都建立了农会,有会员五百多人。10月25日,赤山约农民协会成立,还宣布了宣言和章程。随后,彭湃又不辞劳苦地往来奔走于海丰县其他乡村,宣传和组织农会。到1923年1月1日海丰县总农会成立的时候,海丰县已有12个约、98个乡建立了农会,有2万户会员,自然人口近十万人,占全县总人口的1/4。②

之后,彭湃又辗转奔波于陆丰、惠阳两县开展农民运动。到1923年5月,海丰、陆丰、惠阳3县共有七十多个约、一千五百多个乡建立了农会,有会员二十多万。在1923年的五一劳动节时,3个县的农会举行庆祝大会,发表《海、陆、归三县农会"五一"

---

① "约"是清代南方农村的行政建制,相当于后来大的"乡"一级建制。
② 中共中央党史研究室:《中国共产党历史》第1卷(1921—1949)上册,中共党史出版社2011年版,第96页。

宣言》①。海陆丰农民运动为后来全省乃至全国大规模农民运动播下了革命的种子，提供了宝贵的经验。

国民党一大后，国共两党都重视开展农民运动。国民党中央执行委员会还成立了农民部，共产党员林祖涵担任中央农民部长，彭湃担任秘书。彭湃还担任国民党广东省党部农民部长。在中国共产党的推动下，1924年3月，国民党中央执行委员会又成立了农民运动委员会，谭平山、廖仲恺等任委员；还初步确定农民运动计划：在广东各地组织农民协会，选定交通方便，在政治上、军事上有重要意义及农民运动有一定基础的地方，派出农民运动特派员21人赴各地指导工作。②

为了加强对农民运动的领导，中共广东区委决定不再由青年团而是由党委直接领导农民运动③，中共广东区委之下成立农民运动委员会，统一协调和指挥国民党中央农民部、广东省党部农民部、广东省农民协会、中共各地方农委等在广东的农运机构和农民运动特派员。④

为了培养农民运动干部，经彭湃等人提议，1924年7月至1926年9月，共产党以国民党中央农民部的名义，在广州连续举办了六届农民运动讲习所。彭湃、罗绮园、阮啸仙、谭植棠、毛泽东先后担任过主讲，为广东、广西、湖南、江西、湖北等20个省培训了797名学员。学员毕业后，三分之一担任中央农民部

---

① 《彭湃文集》，人民出版社1981年版，第28页。海、陆、归三县，"海"，指海丰县；"陆"，指陆丰县；"归"，指惠阳县。惠阳旧称归善。

② 中共广州市委党史研究室编：《中共广州地方史（新民主主义革命时期）》，广东人民出版社1995年版，第64页。

③ 《延年致中夏信》（1924年10月28日），中央档案馆、广东省档案馆编：《广东革命历史文件汇集》甲1，1983年印，第506页。

④ 中共广东区委：《广东农民运动报告》（1926年10月），中央档案馆、广东省档案馆编：《广东革命历史文件汇集》甲6，1983年印，第271页。

特派员,到各地指导农民运动;三分之二分赴各县从事农民运动的组织领导工作,他们大都成为开展农民运动的骨干,有力地促进了全国农民运动的开展。

与此同时,广东党组织为了培养更多的农运干部,加速领导发动各地的农民运动,先后在海丰、广宁、汕头、雷州和海南岛等地举办讲习所,见下表:

表1-2 中共广东党组织在广东各地举办讲习所情况

| 时间 | 地点 | 名称 | 主办人 | 效果 |
| --- | --- | --- | --- | --- |
| 1925年4月 | 海城镇 | 海丰农民运动讲习所 | 彭湃 | 共产党员吴振民等担任教员,为东江各县培养了四十多名农运干部 |
| 1926年夏 | 汕头 | 东江农民运动养成所 | 彭湃 | 为汕头地区培训农运干部 |
| 1926年4月 | 海康县城 | 雷州宣传讲习所 | 中共雷州特别支部 | 黄学增、韩盈、黄杰、薛文藻、陈荣位等先后到该所讲课。为遂溪县培养了大批农运干部 |

广东各地讲习所的开办,为党培养了一大批拥护党的政治路线、立志献身于革命的农运干部,他们毕业后在全省各地宣传农民,发动农民,组织农民,建立农会,组织农民自卫军,开展农民革命斗争。广东的农会组织和农军力量也因此得以迅速发展壮大。

到1925年4月,广东省共有22个县建立了农会,入会人数达到了二十一万多(有的县入会人数是以户为单位计算的)。[①]

---

[①] 《工农两大会开幕志盛》,《广州民国日报》1925年5月5日。

在这个基础上，5月1日，广东省第一次农民代表大会在广州举行，大会正式成立了广东省农民协会，选出了以共产党员彭湃、阮啸仙、周其鉴等人组成的省农会执行委员会，这是全国第一个省农会。

1925年10月，国民党广东省第一次代表大会通过了彭湃、阮啸仙起草的《关于农民运动决议案》，决议案对广东农民运动的深入发展起了指导和推动作用。彭湃被大会选为国民党广东省党部农民部部长。1926年1月，广东省农民协会为了推动各地的农民运动，在全省各地设立了6个办事处[①]，详见下表：

表1-3 广东省农民协会在全省六大办事处

| 办事处名称 | 地点 | 主任 | 所辖区域 |
| --- | --- | --- | --- |
| 潮梅海陆丰办事处 | 汕头 | 彭湃 | 17个县 |
| 惠州办事处 | 惠州府城 | 朱祺 | 8个县 |
| 西江办事处 | 肇庆 | 周其鉴 | 14个县 |
| 北江办事处 | 韶关市 | 丘鉴志 | 11个县 |
| 南路办事处 | 梅菉，后迁高增 | 黄学增 | 15个县 |
| 琼崖办事处 | 海口 | 冯平 | 13个县 |

这六大办事处再根据农民运动的实际需要，相继派出自己所属特派员下到更基层的地方发动农民运动。正是在这些特派员的引导带领下，广东农民拥有了自己的组织，可以有发声的地方，逐步认识到自身的力量，改变了"一盘散沙"的旧状态，在当地的政治及社会生活中发挥着越来越重要的作用。

除了这六个办事处之外，广东中路地区（包括广州市郊、番

---

[①] 《犁头》第4期，1926年3月5日，广州农民运动讲习所旧址纪念馆编：《广东农民运动资料选编》，人民出版社1986年版，第270页。

禺、南海、花县、从化、顺德、中山、新会等 17 个县）的农民运动在省农民协会的直接领导下，有组织地开展了减租减息、废除苛捐杂税、反对民团地主的斗争，并积极参与援助省港大罢工、统一广东革命根据地等各项革命运动。

随着国民革命运动的发展，广东农民运动进入迅速高涨的时期。从 1925 年 6 月到 1926 年 5 月即广东省第二次农民代表大会召开的 1 年时间里，全省有 177 个区、4216 个乡建立了农民协会，建立农民协会的县从 22 个猛增到 61 个，即全省约有 2/3 的县建立了农民协会；农会会员由 21 万人猛增到 626457 人，农会会员占到全省人口的 3/5，约可占全国农会会员 98 万余人的近 2/3。广东一时成了全国农民协会的楷模。

1925 年 6 月至 1926 年 5 月，广东各地农民协会创办情况及会员数详见下表：[①]

### 表 1-4 广东各地农民协会及会员数
（1925 年 6 月至 1926 年 5 月）

| 地区 | 县农会数 | 区农会数 | 乡农会数 | 会员人数 |
| --- | --- | --- | --- | --- |
| 中路 | 13 | 40 | 876 | 101298 |
| 惠州 | 5 | 16 | 324 | 28297 |
| 潮梅 | 12 | 62 | 1872 | 352367 |
| 南路 | 9 | 13 | 144 | 10093 |
| 琼崖 | 6 |  | 83 | 8864 |
| 西江 | 11 | 36 | 706 | 110136 |
| 北江 | 5 | 10 | 211 | 15402 |
| 共计 | 61 | 177 | 4216 | 626457 |

---

[①] 杨万秀等：《广州通史》（现代卷）（上），中华书局 2010 年版，第 148—149 页。表格形式和内容有改动。

至 1927 年 3 月，全省有 73 个县建立了农会，拥有会员 80 万人，[①] 农民自卫军数万人。这数以万计的坚决拥护共产党的农民群众正是之后揭竿反蒋的重要力量。

## 三、有一定的党掌握的革命武装

随着大革命的深入开展，中国共产党在反帝反封建革命斗争的实践中，越来越认识到革命武装的重要性，开始重视对军事运动的领导，并在实际斗争中建立由党直接领导的工农武装和正规军事武装。

### （一）成立中国共产党的第一个军委

1924 年冬，中共广东区委决定成立领导军事工作的专门机构——军事运动委员会（简称军委，又称军事部），周恩来、张伯简、熊雄先后担任书记（部长），徐成章、李富春、聂荣臻、黄锦辉等人任委员。这是中国共产党成立的第一个军委，是较早的军事领导机构，它在训练军事干部、创建党掌握的正规武装和工农武装、探索党领导武装斗争经验等方面，都发挥了重要作用。1925 年 9 月，中共中央成立军事运动委员会（后改为军事部），随后在广州设立分会，分会主任谭平山。

### （二）组建工团军和农团军

1924 年 8 月，为了反击受英国帝国主义指使的广东商团叛乱，中共广州地委决定成立工团军和农团军。8 月 27 日，在刘尔崧、冯菊坡等人的组织领导下，广东工团军正式成立。工团军由刘尔崧等在工代会所属的各工会中挑选的三百多名青壮工人组成，编

---

[①] 广州农民运动讲习所旧址纪念馆编：《广东农民运动资料选编》，人民出版社 1986 年版，第 511 页。

成三十多个分队,共产党员施卜担任团长。工团军以工会为单位进行编队,设立分队、小队、中队、大队。工团军各级指挥员多由工代会举办的各种工人训练班训练出来的工人骨干担任,其任务是"辅助革命政府,镇压反革命行动,尤其注重保护工人,防御海盗之侵略"。[①]这是我党领导的第一支工人武装。

为了保障农民运动的发展,1924年8月27日,广东农团军成立。农团军由第二届农讲所二百多名男学员组成。彭湃亲自担任团长(后由罗绮园担任主任),徐成章任指挥,聘请西江讲武堂的多名学生当教官。农团军下设26个分队,每分队10人。

广东工团军、农团军是中共广州地委直接领导和掌握的第一支工农武装。在平定商团叛乱的战斗中,冲锋陷阵,浴血奋战,有几十名战士牺牲。10月27日,广州工人代表会鉴于商团已被平定,决定结束工团军。11月初,第二届农讲所结业,学员们分赴各地开展农民运动,农团军也随即结束。广东工团军和农团军存在的时间不到三个月,但它是中共广州党组织建立工农武装的一次大胆探索,在支持孙中山平定商团叛乱的战斗中,充分显示了工人阶级和农民阶级的革命觉悟和力量,很多成员后来成为省港罢工工人纠察队、各地农民自卫军的重要成员。

## (三)创办农军学校和建立农民自卫军

一是创办农军学校。为了训练和培养从事农民运动的骨干,区党委从黄埔军校调派共产党员赵自选、朱云卿、卢德铭、游步仁等人到西江、东江、北江等地区任教官。1926年11月,北江农军学校在韶关市创办。朱云卿等黄埔军校毕业生讲授军事课;中共北江特委和省农会北江办事处领导干部卓庆坚、侯凤池、甄博亚等人教政治课。

---

[①] 《广州民国日报》1924年8月29日。

学员来自北江各县农会,其中许多人是共产党员或共青团员。学校中设有党团组织,根据革命斗争的需要和农民武装斗争的特点,对学员教授军事知识,进行战术训练。到1927年4月,该校共办了两期,培训学员三百余人。毕业后的学员们不仅成为北江地区农民运动的骨干,领导县、区、乡各级农会和农民自卫军开展斗争,有的后来还参加了南昌起义、秋收起义和广州起义,成为我党我军的优秀干部。①

二是建立农民自卫军。为了在全省各地组建农民自卫军,广东区党委派出大批党员干部奔赴各县展开工作,见下表:

表1-5 中共广东区党委派出党员干部一览表

| 地点 | 领导者 | 建立农协和自卫军时间 | 斗争内容 |
| --- | --- | --- | --- |
| 花县 | 阮啸仙、黄学增、侯凤池 | 1924年7月 | 开展减租、废除苛捐杂税等项斗争 |
| 中山县 | 梁桂华 | 1924年12月 | 将合法斗争与非法斗争相结合 |
| 广宁县 | 周其鉴、陈伯忠、罗国杰 | 1924年10月 | 打击了地主武装,保障了减租运动的顺利进行② |
| 清远县 | 韦启瑞、宋华、赖彦芳、赖松柏、刘兴、林焕文、钟耀初、钟耀生、刘清 | 1925年5月 | 抓住阶级斗争激化的时机,开展农民运动 |
| 英德县 | 刘裕光、王蔚垣 | 1926年7月 | 发动组织铁路沿线的农民与铁路工人并肩战斗 |

---

① 陈万安:《第一次国内革命战争时期的广东农民运动》,《华南师院学报(哲学社会科学版)》1980年第1期,第30—31页。

② 中共广宁县委党史研究室:《中共广宁地方史》,中共党史出版社2004年版,第37—38页。

（续表）

| 地点 | 领导者 | 建立农协和自卫军时间 | 斗争内容 |
| --- | --- | --- | --- |
| 广东南路地区 | 黄学增、苏其礼、何　毅、王会东、廖华卓 | 1925年11月 | 宣传发动组织农民、渔民，成立农会和渔民协会，建立农民自卫军 |
| 遂溪县 | 黄广渊 | 1926年4月15日 | 全县农会会员发展到二万八千多人，农民自卫军一千余人，长短枪五百五十余支[①] |
| 东江和潮汕地区 | 周恩来、彭　湃、李劳工、杨其珊、吴振民、林道文 | 1925年 | 复建了农会，并训练和扩大农军，配合东征军作战 |
| 饶平县 | 杜式哲 | 1926年5月 | 成立上饶区农民协会，发展农民武装，建立农民自卫军大队 |

到1926年5月，广东省已经拥有三万多农民自卫军，这支强大的农民革命武装在党组织的领导下，广泛活跃于广东的县、村，批斗地主，攻打民团，对抗军阀，清剿土匪，保卫农会，厉行减租，维持治安，在与地主进行武装斗争、保卫农民协会、促进农民运动发展中发挥了极为重要的作用。农民自卫军还积极参加援助广东革命政府的军事斗争、参加援助五卅惨案大示威、援助省港大罢工、参加第二次东征战事、参加南路战争，[②]到处都显示出农民的革命积极性和潜在的伟大革命力量。

在配合革命军作战的过程中，农军经受了实战的锻炼和考

---

[①] 中共湛江市委党史研究室：《中共南路党史大事记》，广东人民出版社1996年版，第6—10页。

[②] 《第一次国内革命战争时期的农民运动资料》，人民出版社1983年版，第133页。

验，军事素质和作战能力都有了极大提升，数量上也得到了发展，不仅如此，他们还从溃败的军阀队伍手中收缴枪支弹药，武装了自己。

### （四）建立正规武装和培养军事骨干

首先，积极参与黄埔军校的创建和运作。1924年春，在共产国际、苏联和中国共产党的大力帮助下，孙中山在广州黄埔创办了中国国民党陆军军官学校。中国共产党积极参与了军校的创办工作，毛泽东就是代表国民党上海执行部负责上海地区的招生和考生复试工作。

为了利用军校的条件，大力培养党的军事人才，中共中央先后发出了两个通告：1925年11月发布《中国共产党通告第六十二号》，1926年3月发布《钟字第二十二号通告》，用隐语要求各地党、团组织认真组织选拔出色党团员和国民党左派分子报考军校："望各地迅速多选工作不甚重要之同学，少校[①]同学及民校[②]左派同学。自备川资和旅费，前往广州投考，以免该校为反动派所据。此事关系甚大，各地万勿忽视。"[③]

各地党组织遵照这个指示，挑选了一批表现突出的党、团员和进步青年到该校学习。1924年2月，青年团广州地委也选派了三四名同志赴考，"预备将来干军人运动"[④]。

由于共产党的重视和积极发动，在黄埔军校第一期学员中，共产党员和青年团员比重比较大。正如周恩来后来回忆说的："当

---

[①] 即共青团。

[②] 即国民党。

[③] 《中国共产党通告第六十二号》（1925年11月），广东革命历史博物馆编：《黄埔军校史料》（1924—1927），广东人民出版社1982年版，第70页。

[④] 《张善铭、沈厚垄给社会主义青年团中央的报告》（第七号），《广东区党、团研究史料》（1921—1926），广东人民出版社1983年版，第66页。

时黄埔军校有600学生,大部分是我党从各省秘密活动来的左倾青年,其中党团员五六十人,占学生的1/10。"①

黄埔军校开办时,承继了苏俄注重政治教育的传统,专门设了政治部,并由首任政治部副主任、共产党员张申府主抓政治教育。1924年11月,周恩来来广州后接任黄埔军校政治部副主任,不久接任主任。因国民党缺乏搞政治工作的人才和经验,中共两广区委便先后抽调一批优秀干部如聂荣臻、恽代英、萧楚女、熊雄、包惠僧、张秋人、高语罕、熊锐、鲁易等到军校担任领导工作,以至于时人称黄埔是"国民党的军校,共产党的政治教育"。

除了中共党组织直接派来的学员外,许多军校学员在共产党人的熏陶下纷纷向中共党组织靠拢或加入共产党,从1924年至1927年夏天,黄埔军校及其分校的毕业学员总共是一万余名,其中共产党员、共青团员就有二千多名。

其次,组建我党领导的正规武装。1924年11月,中共广东区委出资,征得孙中山同意,在广州筹建编制为136人的"建国陆海军大元帅府铁甲车队"(简称铁甲车队)。从黄埔军校毕业的共产党员徐成章、周士第、赵自选分别担任队长、副队长和军事教官;中共两广区委选派的政工干部廖乾五、曹汝谦分别担任铁甲车队的党代表和政治教官。中共广东区委从各地选拔了130名优秀工人、农民和青年学生为铁甲车队队员。

周恩来从苏俄援建黄埔军校的军事物质中,提取了一百余支步枪、10支驳壳枪和3挺手提机枪②装备铁甲车队;还为车队装备了一列有5节车厢的铁甲车,其中第五节车厢装有3个旋转炮

---

① 《周恩来选集》上卷,人民出版社1980年版,第115—116页。

② 即冲锋枪。

塔、1挺重机枪。①

1924年12月上旬,"建国陆海军大元帅府铁甲车队"的牌子在广州大沙头一幢四层楼高的洋房门口正式挂出。这是中国共产党直接领导的第一支正规武装。铁甲车队在执行保卫以孙中山为首的广东革命政府的任务、支援广宁农民运动、东征军阀陈炯明、平定滇桂军阀叛乱、肃清反革命武装、支援省港大罢工以及改造飞机掩护队等一系列活动中,充分显示了实力,立下了赫赫战功。

为了扩建共产党直接领导的武装,1925年11月,中共广东区委决定,以铁甲车队为基础,合并了飞机掩护队,由区委出资、出干部和招募士兵,创建一支武装力量,1925年11月在广东肇庆成立,番号为国民革命军第四军第三十四团。第三十四团的军官小部分来自原铁甲车队,大部分来自黄埔军校毕业的共产党员和进步青年;士兵则是从湖南、广西的一些贫苦农民中招募而来。由叶挺任团长,周士第任参谋长。1926年该团改称"国民革命军第四军独立团",即叶挺独立团。全团设有3个营、2个直辖队,拥有二千一百多人。中共党组织可以自主决定该团的干部任免、调动和人员补充,这表明,该团实际上已经是共产党独立领导和掌握的武装。

## 四、有坚强扎实的党组织

中共一大后,中国共产党在广东的地方组织叫作中国共产党广东支部。到1922年6月,改称为中共广东区执行委员会。这

---

① 黄河:《铁甲车队:中共直接领导的首支正规武装》,《炎黄春秋》2018年第8期,第13页。

时的广东党组织尚处于地下状态，区委机构不是太健全。

1924年2月，中共中央为了适应国共合作后的形势发展，决定撤消广东区委，改设直属中共中央局领导的中共广州地方执行委员会（简称中共广州地委），领导广州和香港两个地区的党组织，由中央驻粤委员谭平山具体指导。

随着国民革命的风起云涌，广东很快成为大革命的中心。中共中央陆续派遣了瞿秋白、邓中夏、罗亦农、周恩来、陈延年、林伯渠、恽代英、张太雷、穆青等重要干部到广州加强广东革命运动的领导。广东和广州的党组织也进一步得到发展。这样，再以中共广州地委来领导广东党的工作，就难以适应革命形势的需要。1924年10月中下旬，中共中央决定恢复中共广东区执行委员会，又称两广区委或粤区委。由周恩来担任委员长兼管宣传部。[①]秘书兼组织部负责人由陈延年担任，工人运动委员会由冯菊坡、刘尔崧负责，农民委员会由阮啸仙负责，妇女运动委员会由蔡畅负责，领导广东、广西、闽南、云南、香港等地的党组织。广州市的各基层党组织直接受中共广东区委领导，广州没有设市一级的领导机构。

---

① 金冲及：《周恩来传（1898—1949）》，人民出版社、中央文献出版社1989年版，第83页。

## 表1-6　中共广东党组织沿革及活动区域
（1921年7月至1927年8月）[①]

| 时间 | 名称 | 领导 | 活动区域 |
| --- | --- | --- | --- |
| 1921年7月至1922年6月 | 中共广东支部 | 隶属中共中央局领导，谭平山为书记，陈公博负责组织，谭植棠负责宣传 | 广州 |
| 1922年6月至1924年2月 | 中共广东区执行委员会（粤区委） | 谭平山、冯菊坡先后为书记 | 广州、佛山、顺德 |
| 1924年2月至10月 | 中共广州地方执行委员会 | 冯菊坡、阮啸仙、彭湃 | 广州、香港 |
| 1924年10月至1927年5月 | 中共广东区执行委员会（两广区委或粤区委） | 周恩来、陈延年、冯菊坡、刘尔崧、阮啸仙、蔡畅 | 广东、广西、闽南、云南、香港 |
| 1927年6月至8月 | 中共广东特委 |  | 广东各地 |

1925年5月，为了克服中央局距离广东比较远、指导工作不方便的问题，中共中央决定成立中共中央广东区临时委员会，由谭平山、周恩来、罗亦农、陈延年、鲍罗廷组成，近距离指导广东的各项工作。临委存在的时间不长，广东地区党的工作，仍由中共广东区委负责。在中共广东区委的努力下，广东党的组织有了很大的发展，区委组织机构也日臻完善。

---

① 中共广东省委组织部、中共广东省委党史研究室、广东省档案馆编：《中国共产党广东省组织史资料》上册，中共党史出版社1994年版，第51页。表格形式和内容有改动。

### 表 1-7 中共广东区委机构表[①]

| 部委、名称 | 负责人 | 秘书 | 备注 |
| --- | --- | --- | --- |
| 组织部 | 陈延年（兼部长）、（后穆青） | 饶卫华 | |
| 宣传部 | 罗亦农（后张太雷、任卓宣） | 罗明 | |
| 军事运动委员会 | 周恩来（后张伯简、熊雄） | 黄锦辉 | 委员：周恩来、徐成章、李富春、聂荣臻、恽代英、张伯简、熊雄 |
| 职工运动委员会 | 冯菊坡（后刘尔崧、黄平） | | 委员：冯菊坡、刘尔崧、黄平、周文雍、邹师贞、苏兆征 |
| 农民运动委员会 | 阮啸仙（后彭湃、罗绮园） | | 委员：阮啸仙、彭湃、罗绮园、周其鉴、蔡如平 |
| 青年运动委员会 | 黄居仁（后杨善集） | | 委员：黄居仁、杨善集、郭寿华 |
| 妇女运动委员会 | 蔡畅（后邓颖超、区梦觉） | | 委员：蔡畅、邓颖超、区梦觉、高恬波 |
| 学生运动委员会 | 恽代英（后沈宝同） | | |
| 监察委员会 | 林伟民 | | 委员：林伟民、杨殷、杨匏安、梁桂华 |
| 省港罢工委员会党团 | 邓中夏（后李森） | | |
| 驻国民党中央党团 | 谭平山 | | |
| 《人民周刊》 | 张太雷 | | |

1926年9月，中共中央对广东区委评价说："粤区有两年多

---

[①] 杨万秀等：《广州通史》（现代卷）（上），中华书局2010年版，第181—182页。表格形式和内容有改动。

的工作经验，负责同志亦甚得力"，"区委已健全，故指挥工作尚不费力"。①

随着组织机构的健全，广东党组织也得到相应的发展，1926年9月，广东区的党员人数居于全国各省区之首，成为中国共产党当时最大的地方组织。

### 表1-8 广东中共党员人数发展概况表
（1925年10月至1927年4月）

| 时间 | 党员人数 | 备注 |
| --- | --- | --- |
| 1925年10月 | 928 | 占全国党员总数的26.7% |
| 1926年4月 | 3700 | 占全国党员总数的33.6% |
| 1926年5月 | 4200 | |
| 1926年6月 | 4558 | |
| 1926年9月 | 5039 | 其中工人占42.68%；农民占30.14%；知识分子及其他占27.4% |
| 1927年2月 | 8000 | |
| 1927年4月 | 9027 | |

广州市的党组织建设情况：从1924年底至1925年6月省港大罢工爆发前，广州市的中共党支部有粤汉铁路、广九铁路、广三铁路、海员、自来水厂、石井兵工厂、电话局、汽车、内河轮渡、驳载、码头、邮务、印务、油业、建筑、钢铁、酒楼茶室、人力车、车衣、理发、店员、洋务、卫生、手工业、农协、商协、市郊、中山大学、妇女等三十多个党支部，党员四百多人。②中共广东区委还派遣党员到一些县、市开展建党活动：

---

① 《中央局报告》（1926年9月20日），《中共中央政治报告选辑》（1922—1926），中共中央党校出版社1981年版，第85页。

② 中共广州市委党史研究室编：《中共广州地方史（新民主主义革命时期）》，广东人民出版社1995年版，第58—59页。

表 1-9　中共广东区委派遣党员开展建党活动表

| 领导人 | 时间 | 地点 | 支部名称 |
| --- | --- | --- | --- |
| 阮啸仙 | 1924 年 11 月 | 顺德 | 中共顺德支部 |
| 周其鉴 | 1924 年 11 月 | 广宁 | 中共广宁支部 |
| 梁复燃 | 1924 年冬 | 南海大沥 | 党小组 |

通过不懈努力，广东各地党组织逐渐建立和发展起来。到 1925 年 10 月，广州地区以外，有佛山、顺德、东莞、花县、新会（含江门）、鹤山、清远、宝安、广宁、四会、海丰、陆丰、惠阳、汕头、大埔、五华、潮阳、龙川、电白等县、市，先后建立了党组织。共产党员广泛活跃在广大农村，成为农会和农军的中坚力量。

中共广东党组织的工作成效得到了中共中央的多次肯定和表扬。1926 年 12 月，中共中央指出："本党在广州的组织已是民众运动的核心及政治变动的一个重要原素。"[①]

## 第四节　广东党组织领导的英勇斗争

面对穷凶极恶的反革命大屠杀，广东党组织并没有被吓倒、被征服，他们在极其艰险的条件下领导广东的共产党人和革命群众勇敢应对，率先走上了武装反抗蒋介石国民党反动派的道路。

### 一、反抗四一五大屠杀

就在 1927 年 4 月上旬，中共广东区委先后两次接到中共中央的指示："革命形势正在发展，重大政策问题待大会讨论决定，

---

[①]《中央局报告》（1926 年 12 月 5 日），《中共中央政治报告选辑》（1922—1926），中共中央党校出版社 1981 年版，第 121 页。

不要有任何轻举妄动","时局正在紧张发展中,应准备秘密机关布置,保持地下工作活动"。①结合广东面临的严峻形势,广东区委决定采取几个方面的应对措施:(1)设立党的秘密机关,做好转入秘密活动的准备。要求区委的每个部门立即租两处比较隐蔽的房屋,一处作负责同志的住所,一处作为接头机关。(2)要求已经公开活动的区委负责人,如李森、何耀全、刘尔崧、罗绮园等继续分管所负责的工作,白天照常工作,晚上隐蔽起来,以防不测。(3)区委派专人建立秘密交通网,以便遇到紧急情况时能够保持区委与各地党组织的联系。(4)组织地下秘密赤卫队。在各工会中的中共支部挑选忠诚可靠而又有斗争能力的党员,作为赤卫队十人小组的核心,建立各工会中的赤卫队基干;然后逐步吸收各工会中积极可靠有斗争性的工友参加,在各工会群众中逐步发展赤卫队十人小组,组长由工人党员担任,再逐步在各工会中扩展赤卫队组织。②

中共广东区委准备应变的措施刚刚发出,又获悉蒋介石与李宗仁、白崇禧、黄绍竑、李济深等人在上海举行秘密会议的消息,估计他们"必定对C.P.和民众施行高压政策"③,便立即发出党内紧急指示:要求全省各地党组织和农民自卫军加紧做好准备工作,对付国民党反动派叛变革命,准备在5月初举行全省总暴动,并安排特派员奔赴各地组织发动。派罗绮园、周其鉴到北江,黄学增到西江,杨善集到琼崖,黄居仁到潮梅,何友逖到惠州,中区由区委直接指挥,还派专人送信到海陆丰地委。但除派往北江

---

① 赖先声(玉润):《在广东革命洪流中——回忆:1922—1927年的斗争》,《广东党史资料》第1辑,广东人民出版社1983年版,第101页。
② 郭昉凌:《杨殷传》,广东人民出版社2012年版,第174页。
③ 《海陆丰苏维埃》,1928年。

的人员已经出发外，其余特派员都还未来得及起程，上海就发生了四一二反革命大屠杀。

由于广东区委和中共中央之间没有秘密电报通讯，情报工作也不健全，区委领导人直至4月13日早晨，才从报纸上知道四一二政变的消息。中共广东区委预感到了血腥风暴即将刮到广东，但却苦于无法得到上级指示。在此前，区委主要领导人和其他方面的重要干部陈延年、邓中夏、苏兆征、彭湃等赴武汉参加党的五大，留下的穆青、赖玉润（即赖先声）、杨殷、刘尔崧、冯菊坡等广东区委领导人当晚立即在广大路横巷头区委负责人赖玉润家召开紧急会议，决定以区党委、区团委和各工农团体联名发表反抗上海四一二大屠杀宣言，还决定负重要责任的同志停止公开办公，隐蔽起来，由尚未暴露的人员负责日常工作。同日，区委在农讲所召开党团员秘密会议，要求大家提高革命警惕。杨殷在十八甫路"龚寓"召集广东铁路工会的党员干部开会。在会上，杨殷首先通报了4月12日在上海发生的反革命大屠杀事件，他再三强调事态随时都会在广东发生，要做好心理上和行动上的准备，指示各工会负责人立即转移住地，把党内文件烧毁或隐藏起来。最后宣布决定：在第二天采取行动，捣毁机车锅炉，拆毁部分铁轨，以阻止敌人调兵。14日上午，刘尔崧在越秀南路惠州会馆召集广州工人代表大会下属各工会干部一百多人开会，研究紧急应变措施。晚上，刘尔崧、李森又再次召集这些工会骨干开会，决定各工会发动工人罢工、工人实行武装自卫。在中共广东党组织的发动和领导下，广州工人进行了反抗大屠杀的英勇斗争。

4月15日凌晨2点多，国民党第四军派3个连的步兵及机关枪兵小队，在几百名黄色工会广东机器工会体育队员配合下，向黄沙的粤汉铁路总工会进发。由于粤汉铁路工人纠察队早已经做好了随时迎接敌人的准备,当敌军逼近黄沙时,正在巡逻的工人马上鸣枪警告,其他工人赤卫队员及路警听到枪声立即赶来参加战斗,"施放手枪、抛掷炸弹、手榴弹,与军警激战。"①附近的南海农民自卫军听见枪声,也立刻派出几百人前来增援。参加战斗的工农武装共有一千多人,致使敌军屡攻不下,伤亡颇重。凌晨5时,敌军两个连长及二十多名士兵被击毙,六十多个士兵负伤。工人纠察队也伤亡一百多人。这时,广州戒严司令部又命令第五军派步兵1个营、机关枪兵1个连赶来增援。广东机器工会派出汽艇2艘,运载体育队员驶至黄沙江面,从背后攻击工人。激战到上午10点钟,工农武装最终寡不敌众,不得不向西撤退,却在西村附近遭遇敌人重兵堵击而被打散。敌军收缴枪支二百多支,杀害工人六十多人,逮捕二十多人。

15日凌晨3点,第五军1个营和第四军第二十师1个营包围了石围塘的广三铁路总工会。工人纠察队奋勇抵抗,与敌人鏖战一个多小时,毙伤敌人五六人。敌人越来越多,广东机器工会体育队也过来围攻,工人纠察队员们被迫往南海大沥方向突围。敌军收缴枪支二百多支,杀害工人六七名,并逮捕了工人纠察队总队长陈濂等十多人。

当敌军进攻广九铁路总工会时,工人纠察队员拼死抵抗,但因寡不敌众,总工会被敌人占领。敌军缴枪几十支,逮捕了十多名工人。

15日凌晨3点半,反动军警包围了越秀南路中华全国总工会广州办事处和东园省港罢工委员会。敌军在门前架起机枪,但省港罢工工人纠察队奋力反击,双方发生激烈交战,全城轰动。后

---

① 《广州大捕共产党分子》,《申报》1927年4月17日。

敌军在强大火力掩护下，冲进了大门，逮捕了工会职员和纠察队员二十多人，抄没了全部军械。

当敌人进攻中国济难会南方办事处时，职员们坚闭铁门，持枪进行抵抗。敌人不能从正门攻入，只得爬上瓦面企图居高临下射击，但职员们已乘机突围而去。

驻扎在芳村谢家祠一带的由省港罢工工人纠察队改编的财政部缉私卫商保卫团，在团长徐成章等人率领下也奋勇反击国民党反动派的进攻，但终因势单力薄，被包围打散。

广州工人武装反抗四一五政变的斗争虽然失败了，但一定程度上打击了反动派的嚣张气焰，唤起了广大人民群众的斗志，撤出重围的工人武装，成了扑不灭的革命火种，几个月后，成为广州起义的主力军之一。

## 二、调整广东党组织

针对急剧变化的形势，为保存领导力量，更好地进行革命斗争，1927年4月17日，中共广东区委在广州西堤东桥对面糖绢公司三楼召开了紧急会议，穆青、赖玉润、杨殷、冯菊坡、罗绮园、周文雍、吴毅等区委领导成员参加了会议。会议分析了四一五政变后的广东局势，重点研究了对策，决定采取一系列紧急措施：（1）区委机关暂时撤离广州迁往香港，在广州另成立中共广州市委；（2）挑选过去不大露面，忠实可靠，斗争性强的同志担任各党支部书记；（3）以各工会党支部和赤卫队十人小组为基本队伍，重新掌握各工会领导的工人群众；（4）发表反抗四一二、四一五反革命政变的宣言和举行罢工；（5）营救被捕的同志。会后，杨殷即赴香港筹建区委机关。正在农村养病的阮啸仙毅然返回广州，协助赖玉润工作。

为了应对突如其来的反革命政变，按照会议决定，中共广东区委迁往香港（后来改为中共广东省委），并于4月22日成立中共广州市委，留在广州接续领导革命斗争。

4月22日，穆青召集了新成立的中共广州市委第一次会议，宣布吴毅担任市委书记，麦裕成、周文雍、徐彬如分别担任组织部长、工委书记和宣传部长，再加上季步高、罗登贤、何振武组成广州市委，市委机关设在广大路广大二巷四号。会议还决定：（1）重新整顿市区各党支部、各工会组织工作和斗争活动问题；（2）依照中共广东区委会议决定积极进行工作，在省港罢工和广州市各工会中重新整顿和发展斗争队伍；（3）在五一劳动节时，举行短时纪念集会；（4）营救被捕同志和工友。

5月中旬，中共中央常委讨论了广东党的工作和组织问题，决定陈延年不再回广东工作，由彭湃、穆青、黄平、赖玉润、阮啸仙等负责筹组广东省委。8月中旬，被中央临时政治局任命为广东省委书记的张太雷到达广东后，召开了省委会议，改组了省委。

## 三、发动广东各地武装暴动

面对国民党反动派的血腥大屠杀，经历过大革命洗礼的中共广东党组织，以大无畏的革命精神，领导广大党员和革命群众，以革命暴动反对反革命暴动，在全国率先扛起了武装反抗国民党反动派的革命旗帜。

国民党广东当局"清党"后，中共广东省委认为广东的政权已经被军阀豪绅资产阶级所把持，工农劳苦大众继续遭受他们的压迫和剥削，政治上和社会上没有任何地位。局势上，国民党广东当局与南京政府的冲突更加厉害，在广东将有更大的战争爆发，为此，中共广东区委及时决策，决定分头行动，派出干部分赴各地，发动工农群众起来暴动反蒋，分工情况见下表：

**表 1-10　中共广东区委派出干部组织武装暴动分工表**

| 时间 | 地点 | 派出干部 | 工作 |
| --- | --- | --- | --- |
| 1927年4月中旬 | 韶关 | 周其鉴等 | 指导北江地区的武装斗争 |
| 1927年4月下旬 | 东江 | 彭湃、杨石魂、张善铭等 | 组成中共东江特别委员会，指导东江地区的武装暴动 |
| 1927年7月中旬 | 琼崖 | 冯平任总司令，杨善集任党代表 | 琼崖特委将所辖各县革命武装统一改编为琼崖讨逆革命军，领导琼崖地区的武装斗争 |

中共广东特委指出：各级党组织务必坚定地发动组织农民进行武装暴动，即使是环境非常困苦的地方，也务必想方设法建立农民组织，开展对敌斗争。在中共广东党组织的领导下，从1927年四一五大屠杀到八一南昌起义以前，广东人民举行了一系列的讨蒋起义。

### （一）澄海农军反蒋起义

蒋介石在上海发动四一二大屠杀的同时，就密令广东汕头当局，大肆捕杀共产党人和左派分子，廖伯鸿、李春涛（国民党汕头党部执委）都惨遭杀害。4月15日，中共澄海县部委成立了由中共汕头地委委员、组织部长陈国威和中共澄海县部委代理书记黄琪以及何丹成、邹克英等组成的起义总指挥部，领导东江地区的澄海农军打响了广东反蒋起义第一枪。参加暴动的有澄海县七个区的农军五千多人，全县三万多的农会会员、妇女会员、工会会员、学生及童子团也加入起义队伍。起义队伍控制了通往县城、樟东水陆交通，在二、三、六、七区组织收缴警署、民团的枪支弹药，向土豪劣绅筹枪、筹粮、筹款，并宣布约法，收缴枪支数百支，土炮几十门，充实了农军的武器装备，安定了农村的秩序。

经过缜密的准备工作，18日，围攻澄海重镇樟东和反动派驻地澄城的战斗打响。按照计划，由陈澄、李铭铨、许泽藻、曾身章等人领导攻打西线澄城，投入战斗的农军二千多人；由王绍杰、余斯仁、詹天锡、张福海等领导攻打东线樟东，投入的农军二千多人。攻破这两个乡镇后，再联合攻打澄海县城。起义农军将这两个乡镇围困近一个月。期间，各区农军先后拘捕了一百多个反革命分子并将其中罪大恶极的几十个人当场处决，极大地鼓舞了革命群众的斗争热情。5月中旬，国民党潮梅警备司令部从漳州、梅县、汕头调来援军围攻农军，为了保存实力，起义农军不得不停止围攻。中共澄海县部委将参加暴动的党团员及二百多名农军转移到青岚山地区坚持斗争。

**（二）饶平暴动**

四一五反革命政变后，国民党饶平县反动当局密令抓捕共产党员和农会骨干，中共饶平县特派员林逸响先后到山美、西陂等村安排农会干部收集敌人情报，再召集党团干部联席会议，筹划反击国民党反动派的残酷杀戮。

1927年5月5日，在中共饶平县党组织的领导下，林逸响等人率领上饶农军和一千多农会会员，发动第一次武装起义，攻打饶城，并成功攻陷了县城。起义农军砸开监狱，释放被囚禁的革命者，严惩了十多个土豪劣绅，但随后遭到反动军警的报复。为了保存革命力量，党组织被迫率领武装队伍撤退到二祠、岭案、上善地区继续坚持斗争。7月，中共饶平县委员会在祠东大陂楼成立，林逸响被选为县委书记，继续筹划扩大各乡赤卫队和建立工农革命军东路第十四团。

**（三）紫金四二六武装暴动**

为了反抗国民党反动派屠杀工农群众的暴行，1927年4月

21日晚，时任东江各属巡视员刘琴西奉命潜回紫金，召集紫金县党团农会领导成员开会，研究和部署发动紫金暴动的行动计划。在中共紫金特支领导下，成立了紫金县武装暴动委员会。4月26日，起义正式打响。紫金一千多农军在刘琴西等人领导下，兵分三路包抄、攻打紫金县城，先后攻下4座城楼，守楼士兵见势不妙，丢下枪支逃之夭夭。随后，农军活捉了李济深的嫡系和亲戚、紫金县县长郭民发，收缴其反动武装、长缨、大印、文卷、财产；打开监狱牢门，释放了一百七十多名在押人员。

武装暴动初战告捷后的第二天，紫金武装暴动委员会指挥部发布了第一号通告，昭告天下："因为蒋介石、李济深很坏，郭民发也很坏，他们要杀我们，所以我们要暴动，要把郭民发捉起来，把他的枪械缴过来，把他的政权夺过来，建立人民的政权。"

4月28日，紫金县暴动委员会发出第二号通告，宣布成立紫金县工农革命军总指挥部和紫金县工农革命军大队部[①]，将紫金农军整编为工农革命军，这在当时是一个伟大的创举。

5月1日，刘琴西在紫金县城天后坪主持召开群众大会，庄严宣告紫金县人民政府成立，随即发布了告全县民众书，公布了十项施政纲领。

5月8日，国民党军队及地方反动武装三千余人开始反扑，中共紫金县党、政、军机关主动撤出县城，转移到紫金炮子乡建立农村革命根据地。

紫金暴动比八一南昌起义早三个多月，紫金人民在中国共产党的领导下，以英勇无畏的开拓精神，使紫金县成为全国最早组织农民暴动的地方之一、最早组建工农革命武装的地区之一、最

---

① 《紫金党史资料》第2辑，1993年印，第21页。

早创建农村革命根据地的地区之一。

### （四）东江暴动

为了统一领导东江各县工农的武装暴动，中共广东区委成立了中共东江特别委员会。1927年5月上旬，东江特委在陆丰县新田区将二千多人的农军整编成惠潮梅[①]农工救党军。东江地区先后有16个县举行了18次武装起义，其中有8个县攻下了县城，有9个县建立起革命政权。

从四一五反革命政变的当天打响反蒋第一枪，之后的三个半月时间里，在中共广东党组织的领导下，广东的中山、澄海、五华、英德、紫金、惠来、梅县、海丰、陆丰、惠阳、郁南、丰顺等县，都发生了农民武装暴动。当时广东省所辖的95个县市级行政区中，有34个县市先后举行了46次武装起义，共建立了11个县级革命政权。从城镇到农村，从沿海到内地，反对国民党反动派的怒号声一浪高过一浪，武装暴动的枪声响彻南粤大地。参加暴动的各界群众达八万多人，工农武装超过六万人，设立过普宁、英德、海丰、紫金、梅县、大埔、饶平和陵水等县级革命政权。

广东各地的反蒋武装暴动遍及全省，震撼全国，北京、上海、广州等地很有影响的报刊都曾大量报道过这些暴动。1927年5月21日，北京《晨报》发表《野火烧不尽，春风吹又生——广东共产派之农民军蜂起讨蒋》一文，热情歌颂广东党组织领导的农民反蒋武装暴动。

所有的这些武装暴动，都是广东人民在中国共产党领导下武装反抗国民党反动派的壮举，显示了共产党人和革命群众敢于斗争、敢于胜利的大无畏气概，标志着中国共产党已经在艰难中奋

---

① 即惠（州）、潮（州）、梅（县）。

起。广东各地武装暴动虽然先后都遭到强敌镇压，但已经给反革命派沉重打击，为八七会议制定武装反抗国民党反动派的总方针提供了成功的实践案例，对中国共产党走上独立领导武装斗争、探索武装夺取政权的道路，做了有益的尝试。不仅如此，连绵不断的暴动在延续了数月之后，逐步汇聚成一股巨大的红色浪潮涌向珠江。

# 第二章　广州起义的筹划与准备

从蒋介石发动四一二反革命政变时起，广东党组织就开始策划在广州发动武装起义，在全省组织农民暴动，领导广东人民开展反抗国民党反动派的斗争；共产国际和联共（布）也给予南昌起义南下部队及广州起义以人力、物力的支持，并派人直接参加广州起义的策划和领导。在中共中央的领导下，广东党组织时刻准备着，等待时机，发动起义。

## 第一节　广州起义的早期筹划

南昌起义打响了武装反抗国民党反动派的第一枪，随后，起义部队南下广东，准备进攻广州，在广州建立革命政权。这极大地鼓舞了广东革命群众的斗争精神，广东省委积极领导广东各地工农武装开展武装斗争，并积极筹备广州起义。南昌起义部队在潮汕地区失利，中共中央暂停广州起义的计划后，广东省委仍不断开展工人运动和农民暴动，为在广州发动起义作准备。

### 一、广东省委领导工农再掀武装起义高潮

南昌起义后，广东省委即按照中共中央的指示，组织广东各地发动武装起义，配合南昌起义军的武装斗争，广东掀起了新的

武装反抗国民党大屠杀的高潮。

在海丰，工农武装攻下县城，建立革命政府。8月中下旬，海丰党组织和农民武装在南昌起义军南下广东的消息鼓舞下，增强了胜利信心，广东省委制定的暴动大纲又使他们明确了斗争方向。9月16日凌晨，海丰党组织领导农民武装发动武装暴动，总指挥刘琴西、副总指挥林道文指挥工农讨逆军兵分四路进攻海丰县城。当天晚上，国民党军队弃城逃亡惠阳。17日，海丰人民在党的领导下，第二次夺取了政权，成立了海丰县临时革命政府，宣布镇压反革命，没收地主土地分给农民。9月底，南昌起义部队在汤坑战斗失利，10月9日，叶挺部第二十四师一千三百多人在董朗率领下抵达海陆丰，受到海丰人民的热烈欢迎。东江革命委员会对这支部队进行了整编，改为中国工农革命军第二师第四团。10月下旬，中共海丰县委利用李济深与张发奎混战之机，拟定暴动计划，发动了第三次武装起义，海丰农军在中国工农革命军第二师第四团的配合下，打败了前来进攻的海丰守敌陈学顺部，至10月30日，各区农军纷纷占领区所在地。国民党守敌见大势已去，于11月1日凌晨逃离海丰县城。海丰人民再次攻占县城，夺取政权，取得了第三次武装起义的胜利。彭湃由香港回到海丰主持东江特委工作。11月13日至16日，陆丰县召开工农兵代表大会，成立陆丰县苏维埃政府；11月18日至21日，海丰县工农兵代表大会在海城红宫召开，成立海丰县苏维埃政府，通过了《没收土地案》《改良工人生活案》《妇女问题案》《取消苛捐杂税案》等决议案，并决定扩充军队，建立了中国工农革命军第二师师部，董朗任师长，颜昌颐任党代表。海陆丰人民在党的领导下，坚持斗争。1928年2月底，在国民党海陆军队的联合进攻下，陆丰、海丰县城先后失守，革命遭到严重挫折。

在郁南，农民自卫军奋起反抗地主武装。1927年10月25日，郁南县地主民团联合国民党严博球部及封川等地反动军队数百人，进攻庙门一带农民自卫军。农民自卫军在龙师候、钟炳枢的带领下，与敌激战十昼夜，弹尽粮绝，撤往山区继续斗争。

在汕头，工农武装攻占汕头，建立革命政权。9月23日，杨石魂率领汕头工农武装五百多人，攻进汕头市区，在工人的配合下，占领市警察局和各区警察署，发布安民告示，迎接南昌起义军的到来。24日，南昌起义军和前敌委员会、革命委员会进驻汕头，潮汕人民热烈欢迎起义军。随后汕头市工农兵学商各界召开代表大会，宣告成立汕头市革命政府，赖玉润任汕头市长，宣布废除封建制度，实行耕者有其田，成立东江工农自卫军，彭湃为总指挥，协助起义军作战，并维持革命秩序。9月23日晚，澄海县农民武装大队及农会骨干在徐成章、邹克英的率领下攻打澄海县城，攻下县警察局，但在敌人的反扑下被迫撤退。24日，徐成章到汕头向南昌起义军求援，起义军派出一个连的兵力开赴澄海，澄海县武装大队扩编为广东工农革命军东路军第四独立团，邹克英任团长。26日，起义军和独立团在农会的配合下，一举攻占县城。28日，澄海县革命政府宣告成立，邹克英任县长。然而，9月30日，潮州、汕头失守，起义军转向揭阳，中共澄海县部委也率独立团转向农村。

在遂溪县，农军展开反"清乡"斗争。9月20日，遂溪河头警署陈河林率兵包围水妥村，农军仓促应战，部分人成功突围。不久，因为反动势力疯狂地进行"清乡"，乐民农军一百多人难以在陆上立足，在陈光礼、薛经辉的带领下，转移到合浦海境内的斜阳岛。在岛上，陈光礼教育、改造了盘踞岛上的数十名武装人员，扩大了农军。随后，这支农军以斜阳岛为基地，多次打回陆地，打击土豪劣绅，开仓济贫，坚持对敌斗争长达五年之久，农军队伍曾发展到四五百人。

在广东省委的领导下，广东各地不断爆发农民暴动，"据不完全统计，自1927年8月至12月广州起义爆发之前，广东全省共有30多个县、市先后举行60多次武装起义，参加起义的工农武装5万多人次，群众1万人以上，并一度占领了16个县城（市），建立11个县级的工农革命政权及一批区、乡革命政权，形成了广东的第二次工农武装起义的高潮。"[①] 这些武装斗争有力地打击了国民党反动派和广东各地地主武装，极大地鼓舞了人民群众的革命斗志，形成了热烈的革命氛围，为广东省委组织和发动广州起义创造了条件，打下了革命基础。

## 二、响应南昌起义军南下广东筹划广州起义

中国共产党开始计划在广州组织武装起义是在1927年4月蒋介石发动四一二反革命政变后，至广州起义真正爆发，前后历时近八个月，共筹划三次。第一次是国民党广东当局发动四一五反革命政变时，广东党组织当机立断，决定发动起义，但未及发动而失败。第二次是南昌起义后，中共中央指示广东省委待南昌起义南下部队到来时发动起义，并派张太雷南下指挥，开始了广州起义的第二次筹划，到10月初，随着叶挺、贺龙部队在潮汕失利，中共中央决定暂停在广州发动起义的计划。第三次是1927年11月粤桂战争爆发之际，革命时机成熟，而革命力量将要面临巨大损失，中共中央和广东省委随即决定起义。广州起义的主要领导

---

① 中共广东省委党史研究室：《1927年4月至1928年夏广东工农武装起义综述》，中共广东省委党史研究室编：《广东工农武装起义——1927.4—1928.6广东工农武装起义学术讨论会文集》，广东人民出版社1991年版，第10页。

人黄平曾总结说,"起义的组织工作并非在爆发前一两个星期内才进行的,而是早在四月十四日以前,也就是说早在李济深在广州采取反革命行动之前,就已开始酝酿。但是,在起义爆发以前,李济深就得手扼杀了它,随后,广州工人指望靠武汉政府的军队筹备起义。而当这个政府转向反革命一边时,他们又期望贺龙和叶挺的军队开进广州。但是,这也落空了,广州工人终于懂得了等待外援终归是徒劳,而应当依靠自己的力量。"[①] 在四一五反革命政变期间,广东党组织就决定派人到广东各地策动武装起义,形成5月总暴动,反击国民党反动派的大屠杀,但因为敌人行动迅速,广州戒严,5月总暴动未能实现。南昌起义爆发后,广东党组织在中共中央领导下,在广东各地再次掀起武装暴动高潮,并积极策划在广州发动武装起义,响应南昌起义南下部队进军广州。

1927年7月15日,汪精卫也背叛了革命,在武汉大肆逮捕和屠杀共产党人和革命群众,大革命失败。追随汪精卫的第二方面军总指挥张发奎为了抢占地盘,以东征讨伐蒋介石的名义,7月中旬,以所属叶挺第二十四师和贺龙第二十军为先头部队,沿长江南岸,出师江西。嗅到了叶挺和贺龙所部军队中共产党气息的汪精卫和张发奎,密谋在江西九江一带解决叶挺和贺龙所部军队。为了保存力量,中国共产党决定立即在南昌发动武装暴动,制定了起义后向广东撤退,沿东江赴广州,建立工农政权的计划,派周恩来、彭湃、恽代英到南昌组成前敌委员会,领导起义。8月1日,在周恩来等领导下,叶挺和贺龙部队以及朱德率领的部

---

[①] 《黄平在共产国际第六次代表大会第三十二次会议上关于广州起义的发言》(1928年8月16日),中共中央党史资料征集委员会等编:《广州起义》,中共党史资料出版社1988年版,第350页。

队在南昌发动起义，按照计划，3日，起义部队撤出南昌，向广东转移，9月中旬到达广东大埔县，随后进军潮汕地区。

广州是大革命的中心，广东是大革命的根据地，有着良好的群众基础和革命形势，中国共产党广东党组织在工农群众中有很好的威望。在大革命失败之际，中共中央一直关注广东形势，希望借助广东的有利条件，在广州发动武装起义，夺取广东，恢复广东革命根据地，举行北伐。中共中央在决定南昌起义时，南昌起义属于湘鄂粤赣秋收暴动的一部分，据《中央通告第十三号——为叶贺失败事件》，"中央在宣布与国民党的武汉政府破裂之后，立刻决定民众武装暴动的新政策，规定湘鄂粤赣的四省秋收暴动的计划，而叶贺军队的南昌暴动，便是这一民众暴动，推翻'军阀国民党'的政权之总政策中的一个计划。"[1] 广州起义前，广东省委在筹划广州起义的过程中发布的通告第十四号也说，"中央七月底对于南昌暴动的决议，其意义完全为以前决定之四省暴动整个计划中的一部分。"[2] 在7月底决定南昌起义时，有人主张起义军撤出南昌后向湖南进发，将来与秋收起义部队会合，但在周恩来、张国焘、加伦与罗明纳兹四人讨论起义计划的会议上，加伦提出南下路线，即起义军撤出南昌后赴东江，与农民运动结合，夺取广州的进军路线。这与中共中央借助广东良好的革命条件、建立广东革命根据地的策略是一致的。中共中央也一再指示广东省委，响应南昌起义军，在广州发动起义，夺取广东政权。

---

[1] 中央档案馆编：《中共中央文件选集》第3辑（1927），中共中央党校出版社1983年版，第329页。

[2] 《中共广东省委通告（第十四号）——关于最近工作纲领》（1927年10月15日南方局、省委联席会议通过），中共中央党史资料征集委员会等编：《广州起义》，中共党史资料出版社1988年版，第64页。

因此，从南昌起义开始，广东省委在中共中央领导下，积极筹划广州起义，准备待南昌起义军到来时，随时发动起义。但9月底至10月初，叶、贺部队在潮汕接连失利，损失严重，失去了进军广州的可能，被迫分散进入海陆丰和粤北。因为叶、贺部队失利，无法到达广州，中共中央立即指示广东省委，暂停在广州发动武装起义。而到12月，广州起义爆发后，起义军撤至花县，也曾想与在韶关活动的南昌起义军朱德部会合，但因为朱德所部已经转到湘南，无法取得联系，广州起义军只能转赴海陆丰。

南昌起义、秋收起义和广州起义是中国共产党在大革命失败后领导的反击国民党反动派的三大武装起义。但历史事实表明，在1927年10月初之前，南昌起义还是和广州起义联系在一起的，广东省委的工作重心也是按照中共中央的指示，即作好起义准备，待叶、贺军队靠近广州时发动起义。因此，南昌起义部队南下广东可以看作广州起义的开端。①

南昌起义爆发后，8月3日，中共中央制定了《关于湘鄂粤赣四省农民秋收暴动大纲》，要求湘、鄂、粤、赣四省于秋收时节举行武装暴动，提出了六条暴动的战略，对四省的秋收暴动工作作了统一部署，并特别要求广东举行暴动，以策应南昌起义军，夺取县政权，进而夺取广东全省。随后，中共中央致信广东省委，认为广东"农民暴动的准备亦好，更须加紧"，并明确告知，中共中央的决议是"令粤省委即刻以全力在东江接应"南昌起义南下部队，中央组织了由周恩来、李立三、恽代英、彭湃组成的前敌委员会，负责指挥前敌一切事宜，要求广东省委与之取得联系，

---

① 钱听涛也认为中共中央对南昌起义部队"南下广东这一决策当时几乎认为是不必讨论的。这一决策应该作为广州起义的开端来研究。"钱听涛：《有关广州起义若干史实的考证》，《纪念广州起义80周年学术研讨会论文集》，广州出版社2008年版，第563页。

强调"我们军事的成败在此一举,请粤省特别注意,并迅速进行为要"。①从这里开始,广东省委的中心任务,就是"配合南昌起义军进入广东发动各地起义"②,党组织派赖玉润到汕头,组织汕头革命委员会,领导汕头市暴动,接应起义军进占潮汕。中共中央对广东省委的工作更加重视,一方面加强广东省委的领导力量,另一方面不断对广东暴动计划和准备工作作出指示。

1927年8月7日,中共中央在汉口召开了八七会议,张太雷当选为中共中央临时政治局候补委员。中共中央为了加强对广东、广西工作的领导,选派周恩来、张太雷、张国焘、陈权、恽代英、黄平、彭湃到广东,以张国焘为书记组成中共中央南方局。南方局下设军事委员会,以周恩来为主任,负责管理广东、广西、闽南和南洋一带的特支。在周恩来到职前,先组织临时南方局,成员包括张太雷、杨殷和黄平三人。临时南方局的职权"在于准备并指导上述区域之暴动及一切政治军事事宜",中央临时政治局还任命张太雷为广东省委书记。③8月19日,张太雷和黄平到香港,20日召开广东省委会议,张太雷传达了八七会议精神,会议通过了"拥护中央紧急会议之决议案",决定了广州暴动计划,改组了广东省委并组织广州、西江、北江暴动委员会,派人到各地工作;22日,张太雷致信中央,汇报了20日会议情况,并提出广州起义的计划:在叶、贺部队进攻

---

① 《中共中央致广东省委信》(1927年8月4日),中共中央党史资料征集委员会等编:《广州起义》,中共党史资料出版社1988年版,第22页。

② 中共中央党史资料征集委员会等编:《广州起义》,中共党史资料出版社1988年版,第1页。

③ 《中共中央给广东广西省委及闽南临时委员会的信——关于成立南方局》(1927年8月11日),中共中央党史资料征集委员会等编:《广州起义》,中共党史资料出版社1988年版,第24页。

增城石滩时,"沿三条铁路之工农及市内罢工工人,工代会工人同时动作",并认为"定可成功也。"①在张太雷致信中央的同一天,中共中央致信南方局转广东省委,询问"暴动的工作是否已经准备到可以即时发动?"并表示"中央对此悬念甚切。"中共中央在信中对叶、贺部队所面临的军事处境作了估计,对广东省委作出了接应叶、贺部队的指示,指出张发奎和黄琪翔有可能南下进攻叶、贺部队,而叶、贺部队离开南昌后的情形,中央完全不清楚,为接应叶、贺部队,中共中央指示广东省委:叶、贺部队要迅速占领东江,如果能控制东江两个星期,即可进击敌军,夺取广州;在东江地区立即开始大规模的暴动,响应叶、贺部队;在西江和南路也必须要有军事动作和农民暴动,以牵制李济深、黄绍竑部队;并要求广东省委派出人员与叶、贺部队取得联系,为他们作向导。最后,中央强调我们的工作要做最坏的打算,"我们要假定在南伐(张发奎南下,与李济深、黄绍竑的军队合围南昌起义军——笔者注)的可能之下,敌人对我们的围攻,而以敏捷的进取的战略消灭敌人",并要求广东省委"特别注意"。②为了声援广东,中共中央也加紧督促湘鄂暴动尽快实现。从信中部署看,中共中央要求广东省委以广州为中心,在东、西、南几个方向同时组织暴动,接应叶、贺部队或减轻他们的军事压力。这一切都显示了共产国际和中共中央对叶、贺部队胜利的重视与希望,希望他们到广州,即发动广州起义。

---

① 《张太雷致中央常委信——广东当前形势及暴动计划等问题》(1927年8月22日),中共中央党史资料征集委员会等编:《广州起义》,中共党史资料出版社1988年版,第27页。

② 《中共中央致南方局转广东省委的信(南字第一号)——对敌人进攻叶贺军队的估计和对策》(1927年8月22日),中共中央党史资料征集委员会等编:《广州起义》,中共党史资料出版社1988年版,第25—26页。

9月初，在南昌起义军入粤途中，周恩来致信中共中央，提出"望电知粤省委另召东江潮汕工农响应一切，以巩固工农政权及其武装"，①明确提出希望广东省委组织、发动潮汕地区工农暴动，来响应南昌起义部队。南昌起义部队也正按照中共中央的部署向广州进发。

9月9日，中共中央再次致信南方局并转广东省委，催促广东省委尽快组织广州暴动，"中央对于你们的暴动计划均大致同意，惟须立即开始，不要等待贺、叶军队到来"，指示"技术上并可参照两湖暴动计划"，并提醒广东省委，张发奎"已经是我们公开的敌人，我们与他已毫无妥协之可能"，要求"前委应坚决的不犹豫的执行中央的策略，同时，我们势力所及之地执行中央政治任务决议案，不能对这些政策及决议案发生不同的意见"。②广东省委按照中共中央的指示，加紧暴动的准备工作，9月12日，张太雷返回香港后召开省委会议，决定了广州工作大纲，派黄平到广州指挥工运工作，派杨殷到广州专门指导暴动预备工作，派黄锦辉到广州去做军事工作。9月16日，张太雷致信中央，报告了叶、贺部队在潮汕的战斗情况和敌军的部署，同时报告："自九月七、八日起，潮梅各县，已相继起事"，广州市及周边粤汉、广三等铁路线已经开始了破坏活动，"并同时准备将来军队到石滩时之大暴动。"③张太雷向中央表示，广州暴动已经从对铁路

---

① 《周恩来给中共中央的信——向潮汕进军的问题》（1927年9月），中共中央党史资料征集委员会等编：《广州起义》，中共党史资料出版社1988年版，第38页。

② 《中共中央致南方局并转广东省委信》（1927年9月9日），中共中央党史资料征集委员会等编：《广州起义》，中共党史资料出版社1988年版，第36页。

③ 《张太雷给中央的报告——关于南方敌我军事情况》（1927年9月16日），中共中央党史资料征集委员会等编：《广州起义》，中共党史资料出版社1988年版，第40—41页。

的破坏等开始着手准备，待叶、贺部队到增城石滩时即可发动。9月20日，张太雷与纽曼商定，按照中央的指示，由张太雷赴潮汕接应叶、贺部队。

9月22日，中共广东省委向全省各地发出"暴动各区、县目前应注意之十件事"的指示，即通告第九号——"暴动的策略"，明确要求按照中央的指示，在西江、潮梅、海陆丰、惠州各区暴委下及琼崖、南路各县须设立革命委员会，广州市暴动委员会改为广州市革命委员会。要求各地在暴动前要有计划，暴动中、暴动后要首先注意武装工农工作，坚决消灭反革命势力等。9月23日，中共广东省委根据中共中央发布的《中国共产党现在的任务与政策》，发布了《我们目前的任务与政策》，断言"中国革命的前途，只有靠革命主观上之正确的革命政策与英勇的革命斗争来决定"，指出在目前革命发展的进程中，"中国共产党实负着极大的任务，就要在一切客观上有可能的地方，都立刻准备组织革命的暴动，认清自己的任务是推翻资产阶级军阀的政权"，强调"暴动确是一种艺术，不是一种儿戏"，各地暴动的首要条件是"自己武装的准备和破坏敌人的武装"，立刻开始工农兵代表苏维埃的宣传；为加强对暴动的指导，省委要求各地应立刻建立革命委员会，并根据中共中央的指示，修改了广东省委会议制定的"暴动后各县市工作大纲"，规定：暴动后革命委员会为当地最高临时指挥机关；对帝国主义暂时采取"对于租界、关税、教堂及一切外人生命财产不加妨碍"的防御政策；对国民党采取"联合左派分子重组各地国民党部"，及"工农可用团体名义尽量加入国民党"等政策，提出了新政权的组织办法和工人的经济要求，没收反革命、土豪劣绅、大中地主等土地以及没收土豪劣绅、贪官污吏及一切反革命财产的经济政策等内容，① 这一文件为广东各地的农民暴动提供了详细的政治指导和革命斗争原则及方向。

9月26日，南方局在汕头召开南方局会议，推选张太雷为书记。27日，张太雷向中央报告叶、贺部队在汕头的活动情况。28日，南方局召开会议，增选李立三、恽代英为南方局委员，以罗琦园为秘书，等待中央批准。10月初，中央致信南方局及广东省委，认为叶、贺部队在潮汕失利，原因是"只想在汕头就成立政府，并且没有充分发展全省农民暴动"，致使敌人可以从容集中兵力，四面围剿红军。所以，中央要求"极广泛的尽可能的发动农民暴动"，夺取民团和驻军的枪械，在农村建立农民协会，在县城建立工农贫民代表会议，歼灭豪绅，没收土地，以"耕者有其田"为主要口号，并强调"此等暴动农军应取积极的进攻策略"，各地农民暴动都应该组织起来，并"以围攻广州为主要目标。"对于叶、贺部队，中央指示，"叶、贺军应与农民军合起，直奔广州，沿途不能濡滞观望"，并指出此时观望犹豫，结果势必完全失败，要求叶、贺部队尽可能拿多余枪械，沿途武装农民，扩充军队，"一直杀去"。在叶、贺部队失败的情况下，中央还是要求广州起义尽快发动，指示广东省委，"广州城内，即须准备暴动，勇猛的号召工人、手工工人、一般贫民起来，夺取驻军、警察武装，以建立工农平民代表会议的政府为主要口号。"中央指示，广州暴动成功后，应当召集各路暴动的农民和工人团体代表召开会议，选出中国临时革命政府，尽可能多加入工农分子，设常务委员会，以陈独秀、周恩来、苏兆征为主要干部。在信中，中央最后强调，"上述农民暴动的大爆发，即使叶、贺完全败退（如

---

① 《我们目前的任务与政策》（通告第十号）（1927年9月23日），中共中央党史资料征集委员会等编：《广州起义》，中共党史资料出版社1988年版，第49—54页。

报载回闽消息），也须积极进行。"①这封信表明，中共中央在叶、贺部队失败后，还在积极推动广州起义，并总结叶、贺部队失败的教训，更加强调农民暴动的重要性，不仅指示叶、贺部队要和农民军结合，武装农民，扩充军队，也强调广州暴动时，"广州附近的农民尤须注意"，并指示：即使叶、贺部队完全败退，广东的农民运动也要积极进行。

然而，因为南昌起义部队的失利，中共中央很快改变了广州起义的决定。

1927年10月12日，中共中央发出"关于叶、贺军队失败后广东的工作及善后问题"的函给南方局并转广东省委，明确指出："中央认为叶、贺既已溃散，在最短时间暴动夺取广东全省政权的计划，暂时已经不可能，因叶、贺之溃败而停止各地之暴动。"叶、贺部队的失利和海陆丰农民暴动的成功，推动中共中央改变了对农民和农民暴动的态度，中央的函不仅明确"广州暴动的计划应即停止"，而且总结了南昌起义部队失利的原因在于没有充分发动农民起来，因而指出："要矫正从前以农民为副力等待叶、贺军队到来的错误观念，相信农民为暴动的主力，坚决的领导他们继续不断的暴动，夺取县政权，杀土豪劣绅、政府官吏，抗租抗税，分配土地，一直到推翻整个的反动统治，夺取全省政权。"并指示："叶贺之残余部队应积极拥护农民暴动，剩余之枪支尽数武装农民，不可靠之部队以农民改编。"同时，要求保留下来

---

① 《中共中央常委致南方局暨广东省委的信》（1927年9（10）月），中共中央党史资料征集委员会等编：《广州起义》，中共党史资料出版社1988年版，第58—59页。此信日期不详，从内容"得你们二日的信，潮汕失去之后的形势"看，省委致信中央是10月2日，中央回信，应为10月2日之后；此信中还对广州暴动作了具体指示；而10月12日，中共中央致信南方局和广东省委，要求"广州暴动的计划应即停止"，据此，此信的时间应为10月2日后、10月12日前。

的叶、贺部队"无论退到何地,必须坚守二个宗旨:第一不投降敌人,第二是尽力帮助农民暴动。不得已时图向湘南发展,最后失败始上山。"① 中共中央的函不仅说明南昌起义后中央将南昌起义南下部队作为广州起义的必要力量,而且也清楚显示,随着南下部队失利,中国共产党已经认识到农民是中国革命的主力军;而且在大革命失败和南昌起义、秋收起义失败后,中共中央也已经意识到中国革命的出路只有"上山",表明中国共产党的革命路线开始摆脱"城市中心论"的束缚,逐步转向以农民为革命主力军、到农村去建立革命根据地的革命新路线。

中共中央致南方局转广东省委的函还指出,在广州暴动计划停止后,要防止张发奎以欺骗手段获得广州工人的拥护,因此指示广东省委,我们的应对策略是快速组织工人开展大规模示威活动,争取真正的集会、言论、出版、罢工的权利和自由以及人身权利,并要求给省港罢工工人工作、工厂改善经济条件,包括减少工作时间、增加工资等,中共中央的函同时指示"整个的广东工作,以后交南方局及广东省委指挥。"② 从中央的指示中可以看出,中共中央要求广东省委在广州暴动计划停止后,在城市应集中精力组织工人开展斗争,主要是改善工人待遇、保障政治权利。在农村则是持续不断地暴动,夺取政权。

10月15日,张太雷在香港主持南方局、广东省委联席会议,张太雷明确表示:"必须抛弃过去的错误观念,全力以赴的贯彻

---

① 《中共中央致南方局转广东省委函——关于叶、贺军队失败后广东的工作及善后问题》(1927年10月12日),中共中央党史资料征集委员会等编:《广州起义》,中共党史资料出版社1988年版,第60页。
② 《中共中央致南方局转广东省委函——关于叶、贺军队失败后广东的工作及善后问题》(1927年10月12日),中共中央党史资料征集委员会等编:《广州起义》,中共党史资料出版社1988年版,第61页。

执行党的新政策。"他还指出,"将来的方针将和过去很不相同",这种不同一方面是对待地主的方针不同了,原来只没收大地主和中等地主的土地,土地少于五十亩的不没收,他认为:"这确是土地革命的一大障碍,以后,每个地主(包括小地主)的土地都必须全部没收。"这种改变是符合八七会议精神的。另外在旗帜问题上,张太雷指出,过去我们用国民党的旗帜来号召民众,"以后将不再用它,我们改用红旗。"而且军队也必须真正在中国共产党南方局参谋团的指导下,全部转变为工农革命军,避免出现单纯军事冒险的行动,"军旗改为红旗"。在苏维埃的宣传上也和以往不同,"过去我们不宣传苏维埃,此后我们将名不虚传地成立工农兵代表委员会"。张太雷的讲话反映了中国共产党八七会议在土地革命路线和革命旗帜问题上的变化,表明中国共产党在起义的旗帜、土地革命的路线、方法及建立苏维埃问题上的政策越来越清晰,体现了共产国际对中国革命指导方针从国共合作的统一战线策略到建立苏维埃策略的转变,也反映了中国共产党逐渐摆脱国民党的影响、开始独立领导武装斗争的巨大转变,是中国共产党探索适合中国国情的革命道路的重要里程碑。在这次会议上,张太雷还说:"各地仍应积极准备,一有机会就发动起义。"这表明,在中共中央停止了广州起义的计划之后,中共南方局和广东省委坚决贯彻执行中共中央(八七会议)的决定和方针政策,暂时停止在广州发动起义,转而以农民为革命的主力军,并积极准备,随时抓住时机,发动起义,显示了广东省委在起义问题上的决心,正如张太雷说的,"仅仅是改用红旗一点,就足以显示我们不可动摇的决心。"[①]

---

① 《未来的课题》(1927年10月15日),中共中央党史资料征集委员会等编:《广州起义》,中共党史资料出版社1988年版,第62—63页。

在这次会议上，还通过了《关于最近工作纲领》。纲领分析了形势，认为虽然叶挺、贺龙率领的军队斗争失利，但国民党政府出现派系斗争，广东的李济深、黄绍竑和张发奎的冲突也愈演愈烈，"火拼之期愈近"，而民众却在不断掀起革命斗争，广州海员举行了大示威活动；琼崖农民占领数个县，开始建立工农政权；海陆丰农民还有很大的实力。因此广东省委认为"广东土地革命运动仍是高涨，暴动的计划仍应继续实现，现在的暴动还不应停止，而应努力扩大。"鉴于这种形势，纲领决定：因为国民革命军已经成为军阀军队的代名词，共产党领导的军队一律改称工农革命军，一律废除青天白日旗，改用红旗；工农的力量才是土地革命的主力军，应扩大土地革命和建立工农兵政权的宣传，使工农与兵士都能明确了解土地革命；各地军队的责任是唤起广大的农民革命的力量，军队应与农民的革命力量打成一片，工农革命军所到地方，"应有拼死绝不反顾的决心，尽死力发动农民武装起来争夺土地与政权。"在叶、贺部队失利的形势下，纲领还指出，各地工农要打破等待军队胜利的依赖思想，"既然我们广东的暴动完全是独立的行动，当然决不能因叶贺军队之失败而取消之"，各地的暴动必须"以工农群众自己的斗争，扩大到夺取政权"。[①] 广东党组织已经认识到，只有广大的工农群众自己起来参加革命运动才是革命胜利的真实基础，这个纲领明确了广东各级党组织在当时的形势下，应避免单纯的军事斗争，依靠自己的力量开展工农运动的基本方针，确定了通过组织农民起来没收地主土地，建立农民武装，逐渐发展到夺取政权的土地革命步骤。

---

① 《中共广东省委通告（第十四号）——关于最近工作纲领》（1927年10月15日南方局、省委联席会议通过），中共中央党史资料征集委员会等编：《广州起义》，中共党史资料出版社1988年版，第64—68页。

香港南方局和广东省委联席会议后，张太雷到中央，提交了广东省委的工作计划。中共中央认为，这个计划"仍带有偏重军事的倾向，而未能完全把暴动主力建筑在农民身上"。因此决定中央另起草一个计划交广东省委，并要求，工农的武装合称工农革命军，用工农的红旗，包括叶挺率领的南昌起义部队也要改名易旗。[①]

10月14日，广州市委领导的、以海员为主的广州工人举行大规模示威运动，近二万工人打着红色的斧头镰刀旗，挫败了反动工贼的破坏，决定各工会的群众自动脱离反动领袖，驱逐工贼，加入革命的工人代表会，夺回工代会和省港罢工委员会的会所。17日，广州工人召开工人代表大会，工人提议："青天白日旗是白色恐怖的旗子，……我们从此要打倒这白色恐怖的旗子，而应该用我们工农的镰刀斧头红色旗"，获得大会通过。张太雷认为："中国革命的旗子已由广州市工人代表会十七日大会正式通告改换了红色旗，这是广州这次工人运动在中国革命运动上最重大之意义"，并借工人代表大会上工人的话，宣布"青天白日是白色恐怖的旗帜，我们的革命旗帜是工农的镰刀斧头红色旗。"[②] 在广州起义之前，广州的工人就已经决定革命要打出斧头镰刀的红旗了。

叶挺和贺龙率领的南昌起义部队受挫后，中共中央决定暂停在广州发动以城市为中心的武装暴动，代之以农民为主、以农村暴动为重心的武装斗争，而以张太雷为首的广东省委一方面按照

---

① 《中共中央致南方局并广东省委》（公函南字第八号）（1927年10月23日），中共中央党史资料征集委员会等编：《广州起义》，中共党史资料出版社1988年版，第72页。

② 张太雷：《广州工人十月十四日的大示威》（1927年10月19日），中共中央党史资料征集委员会等编：《广州起义》，中共党史资料出版社1988年版，第71页。

中共中央的指示发动广东各地的农民运动和武装暴动,同时组织工人运动,积极开展起义的各项准备工作,等待时机发动起义。

## 第二节　共产国际和联共（布）对起义的支持与援助

1927年下半年,斯大林与托洛茨基、季诺维也夫为首的反对派的斗争更加激烈,斯大林需要中国革命的胜利证明托洛茨基中国革命观点的错误。斯大林和共产国际都认为南昌起义部队只有到广东这种具有良好群众基础的地方才能取得胜利。因此,共产国际代表建议南昌起义部队南下广东,在东江与农民运动相结合,夺取广州。联共（布）中央也认为起义军在汕头等待共产国际援助是对的。从南昌起义军南下广东到后来广州起义爆发,共产国际和联共（布）在人力、物力和革命理论上都给予南昌起义部队和广州起义以大力支持。

### 一、物质援助

七一五反革命政变后,24日,中共临时中央决定依靠自己控制和影响的部分国民党部队,在南昌发动起义。在武汉的中央委员张国焘、周恩来和共产国际驻华代表伯纳和加伦[①]开会,加伦提议:起义后,部队撤出南昌,由赣东经寻邬直取东江,与农民运动相结合,守住海口,接受国际援助,然后夺取广州。中央同意了加伦的提议,并要求共产国际经由汕头迅速提供军火和物资

---

① 伯纳即共产国际驻华代表罗明纳兹,中文名伯纳;加伦即布柳赫尔,也译作布留赫尔,在中国化名加伦,国民政府首席军事顾问,在俄国称为乌拉尔斯基。

接济。会后，加伦立即将起义计划向联共（布）中央作了汇报。7月25日，联共（布）中央征询政治局委员意见后，致电在武汉的伯纳和加伦，给了一个模棱两可的意见，"如果有成功的把握，我们认为你们的计划（南昌暴动和向广东进军的计划）是可行的。否则，我们认为更合适的是让共产党人辞去相应的军事工作并利用他们来做政治工作。"[①] 这表明联共（布）中央对南昌起义其实是没有抱太大希望的，但是在斯大林与托洛茨基的矛盾日益尖锐之际，他确实需要中国革命取得一个胜利，来证明自己指导中国革命的路线是正确的，所以，7月29日，联共（布）中央政治局会议还是决定，"立即给伯纳和乌拉尔斯基寄去30万美元。"[②] 几天后，这笔钱就到了远东银行上海分行，联共（布）中央指定由加伦负责支配。但因为渠道问题，这笔钱却无法送到南下的起义军手里。8月5日，联共（布）中央致电加伦，"我们不怜惜钱，我们已经给您寄去了，但在上海被截留了。糟就糟在没有寄送的渠道。"为了尽快将这笔钱送到起义军手里，联共（布）中央要求加伦提供渠道，"请告诉我们渠道，一切都会就绪。我们将尽一切可能去办。"电报中，联共（布）中央对于加伦提出的起义军南下广东、占领潮汕、等待国际援助的计划，表示"我们认为都是正确的"。同时，联共（布）中央指示加拉罕，"立即跟加马尔尼克商谈，并从海参崴派遣一名可靠的秘密工作人员带去30

---

① 中共中央党史研究室第一研究部译：《共产国际、联共（布）与中国革命档案资料丛书》第7辑：《联共（布）、共产国际与中国苏维埃运动》（1927—1931），中央文献出版社2002年版，第17页。

② 中共中央党史研究室第一研究部译：《共产国际、联共（布）与中国革命档案资料丛书》第7辑：《联共（布）、共产国际与中国苏维埃运动》（1927—1931），中央文献出版社2002年版，第17页。

万美元。"①到8月11日,为了增强南昌起义军的装备,尽快攻取广州,建立政权,联共(布)中央政治局会议决定,"认为有必要满足乌拉尔斯基同志打算装备大约一个军的请求。为此目的拨给15000支步枪、1000万发子弹(算在库伦储备物资账上)、30挺机关枪和4门山炮,带2000发炮弹,总金额110万卢布。"为了建立渠道,尽快将经费和武器装备送到汕头,联共(布)中央还指示米高扬同志"要紧急弄清楚在汕头设立商务代表处或另外一种经济机构的可能性。"②随后,因为加伦回国,8月18日,联共(布)中央政治局会议决定,"鉴于乌拉尔斯基同志已离开,取得所需经费和支配基金的权利授予伯纳同志",并指示远东银行将"远东银行上海分行的30万美元划在伯纳名下"。同时,为了加快建立物质和经费的运送渠道,联共(布)中央"责成加拉罕和米高扬同志在24小时内商定派工作人员去汕头的问题,以便在那里设立商务代表处或我们的其他某种经济机构,并紧急通过政治局的相应决定"③。从联共(布)中央的决定来看,其对进军广东的南昌起义军的支援是十分急迫的,为了尽快付诸实施,还采取了特殊措施。8月25日,联共(布)中央又决定:"由革命军事委员会在两周内在海参崴集中500万发步枪子弹和1000发炮弹。由财政人民委员部立即给军事主管部门拨款54.9万卢布

---

① 中共中央党史研究室第一研究部译:《共产国际、联共(布)与中国革命档案资料丛书》第7辑:《联共(布)、共产国际与中国苏维埃运动》(1927—1931),中央文献出版社2002年版,第18页。

② 中共中央党史研究室第一研究部译:《共产国际、联共(布)与中国革命档案资料丛书》第7辑:《联共(布)、共产国际与中国苏维埃运动》(1927—1931),中央文献出版社2002年版,第16页。

③ 中共中央党史研究室第一研究部译:《共产国际、联共(布)与中国革命档案资料丛书》第7辑:《联共(布)、共产国际与中国苏维埃运动》(1927—1931),中央文献出版社2002年版,第20页。

用来补偿已耗费的物资。由劳动国防委员会预备庭审议军事主管部门支付这笔经费的程序问题。"① 从会议主题"关于中国问题"和内容及时间看，这批物质应该是运往汕头援助叶、贺部队的，这表明，对于加伦提出的紧急援助南下广东起义军的军火问题，联共（布）中央非常重视，不仅紧急落实了具体的援助物质清单，而且明确了援助物质的运输路线，开始付诸实施。

在广州起义的准备过程中，联共（布）中央也组织人员直接带经费到广州，据回忆，纽曼和罗明纳兹来华时，乘坐远洋轮船到香港，再从香港乘火车转广州，把一笔经费交给了中共广州支部的负责同志，这说明联共（布）中央曾经直接支援广州起义所需经费。

## 二、人力支持

中国共产党成立后，共产国际和联共（布）中央一直派驻代表和军事、政治人员，帮助中国共产党制定革命策略、指导军事活动。联共（布）中央设立了中国委员会和东方书记处，苏联著名革命活动家、广州国民政府军事顾问团团长加伦、共产国际代表罗易、苏联代表鲍罗廷等都参加了大革命失败时期中国革命的许多重大活动，除此之外，他们还想方设法，向起义部队派遣政治和军事干部，深入一线指导起义。

南昌起义计划确定后，加伦即向联共（布）中央汇报并请示，7月25日，联共（布）中央致电回复加伦，一方面表示，"你们的计划是可行的"，但同时又明确指示，"乌拉尔斯基和我们其

---

① 中共中央党史研究室第一研究部译：《共产国际、联共（布）与中国革命档案资料丛书》第7辑：《联共（布）、共产国际与中国苏维埃运动》（1927—1931），中央文献出版社2002年版，第24页。

他著名的合法军事工作人员参加是不能容许的"。随后，联共（布）中央一方面批准可以装备一个军的大量军用物资和经费，急于设立使这些物质和经费到汕头的渠道，但同时又明确要求苏联军事人员不得参加南昌起义。7月29日，联共（布）中央甚至"建议乌拉尔斯基同志去养病"①。联共（布）中央之所以在南昌起义爆发前后出现这种犹豫和矛盾的态度与措施，是因为这个时期不仅在国际上，而且在中国国内都形成了反共反苏的浪潮。1927年4月6日，张作霖控制的北京政府派军警突袭了苏联驻北京大使馆，逮捕了二十多名中国雇员和十多名苏联工作人员，并搜查出大量被认为苏联政府暗中鼓动和支持中国革命以及从事军事间谍活动的证据；5月，英国警察也突然搜查了苏联驻英国商务大楼和贸易公司，指责苏联商人从事间谍活动，随后英国内阁作出了与苏联断交的决定，而美国则公开支持英国政府的决定。国际社会的压力迫使苏联极力阻止军事人员参与中国的革命活动。同时，中国发生了四一二和七一五反革命政变，各派军阀纷纷举起屠刀，大肆屠杀共产党员和革命群众，他们反共的同时也纷纷采取了反苏的政策，但在大革命已经失败的情况下，斯大林不愿承认对华指导政策的失败，对国民党仍然抱有幻想，指示中国共产党尽一切努力使国民党革命化和民主化，斯大林和共产国际对国民党的幻想也使莫斯科必然阻止苏联军事人员参加南昌起义。8月8日，联共（布）中央还致电罗明纳兹和加伦，"乌拉尔斯基发表政治声明，我们认为是多余的。如果没有安全保证，我们建议乌拉尔

---

① 中共中央党史研究室第一研究部译：《共产国际、联共（布）与中国革命档案资料丛书》第7辑：《联共（布）、共产国际与中国苏维埃运动》（1927—1931），中央文献出版社2002年版，第17、第18页。

斯基返回莫斯科。"① 从这里可以看出，联共（布）中央反对加伦发表政治声明，是担心这份声明会成为苏联支持中国革命的证据，会因此为苏联引来国际上更大的压力。同时这封电报也表明，苏联和共产国际驻华代表的环境是堪忧的，可能面临生命危险。

但事实上，苏联和共产国际从来没有真正停止对中国革命的人力支持。虽然南昌起义爆发前夕，大部分苏联军事顾问都收到禁止参加南昌起义的电报而选择离开工作的中国军队，甚至回国。但在贺龙第二十军中担任军事顾问的库曼宁却因为没有收到电报，不仅参加了南昌起义，还为制订南昌起义计划作出了贡献，并一直随军打到汕头。

南昌起义爆发后不久，联共（布）中央和共产国际就开始不断向广东增派人员了。8月22日，经征询政治局意见，联共（布）中央决定"派维伊曼同志去中国工作。"② 维伊曼即纽曼，取代鲍罗廷成为共产国际驻中国代表。8月25日，联共（布）中央政治局会议决定，批准原在广东革命政府任军事顾问的斯切潘诺夫和尼洛夫作为派往广东工作的人选，并决定"由中国委员会确定派往南昌部队的下列专业人员：联络员、机枪手、炮手和工兵以及五名不分兵种的师级首长"。这些人就是真正的军事人员了，不仅有一线的战斗员，而且有高级别的军事指挥员，政治局还决定批准派施塔尔曼和弗兰克到中共中央军事委员会顾问谢苗诺夫

---

① 中共中央党史研究室第一研究部译：《共产国际、联共（布）与中国革命档案资料丛书》第7辑：《联共（布）、共产国际与中国苏维埃运动》（1927—1931），中央文献出版社2002年版，第19页。

② 中共中央党史研究室第一研究部译：《共产国际、联共（布）与中国革命档案资料丛书》第7辑：《联共（布）、共产国际与中国苏维埃运动》（1927—1931），中央文献出版社2002年版，第25页。

那里，协助谢苗诺夫工作。①在叶、贺部队南下广东、进军广州的过程中，共产国际和联共（布）中央一直关注其命运，并继续给予人员的支持。9月15日，联共（布）中央政治局会议听取了温施利赫特、加拉罕、布哈林的汇报后，斯大林等决定："责成亚沃尔斯基（即温施利赫特）同志在三周内准备好向中国派遣两名高级军事人员和十名中级军事人员，要注意到这些军事人员应受过政治训练，应把自己不仅看作是军事顾问，而且看作是政治方面的顾问。"从决定的内容和中国的形势看，联共（布）中央要求三周内准备好向中国派遣的军事人员应该是派往广东的，并要求这些军事人员应该经过政治训练，能胜任政治工作，这就表明联共（布）中央不仅已经改变了苏联军事人员不容许参加南昌起义的决定，而且加大了向叶、贺军队进行人员支持的力度。同时，联共（布）中央还决定"将呆在库伦的41名中国人分成几个小组派往广东，听候H部队革命委员会的调遣。"②这里的H部队即贺龙率领的南昌起义军南下部队。

9月24日，正在南昌起义接连取得胜利、广州积极准备暴动迎接南昌起义军时，青年共产国际驻中国代表希塔罗夫从汕头到上海，在上海致信青年共产国际执委会，认为"整个广东燃遍了农民战争的火焰"。在广州，虽然革命的群众运动遭到镇压，"成百上千的同志被处决，其中很多是青年"，广州的青年组织"几乎失去了同中央，有时甚至同省委的一切联系"，致使青年组织

---

① 中共中央党史研究室第一研究部译：《共产国际、联共（布）与中国革命档案资料丛书》第7辑：《联共（布）、共产国际与中国苏维埃运动》（1927—1931），中央文献出版社2002年版，第23—24页。

② 中共中央党史研究室第一研究部译：《共产国际、联共（布）与中国革命档案资料丛书》第7辑：《联共（布）、共产国际与中国苏维埃运动》（1927—1931），中央文献出版社2002年版，第70—71页。

"由于追捕和不知所措而开始缩小和解体",但希塔罗夫认为,只要和广州的青年联系上,给他们以切实的指示,他们就会满怀热情地开始工作,甚至创造出真正的奇迹。希塔罗夫满怀激情地表示,广州青年"现在已经在切实地帮助党准备干'大事'",这里的"大事"显然指的是广州暴动。他还说"关于其他省的情况,我没有什么新的东西可说",并认为,"你们自然会同意,现在一切一切的中心在南方。"信的最后,他以"你们不妨给我寄点钱来。现在 good bye!"①这种包含激动和兴奋的话语结束,显示了他对中国革命形势特别是南昌起义军南下广州和在广州发动起义的乐观和期待。

9月29日,联共(布)中央政治局会议听取了温施利赫特、加拉罕、洛佐夫斯基的报告后,决定,"责成亚沃尔斯基同志根据政治局今年9月15日决定着手派11名军事人员去广东。"联共(布)中央政治局同时还决定,"立即从孙逸仙大学学生中选出10名最坚强和最忠实可靠的共产党员,派他们经欧洲去广州。"②但很快,叶、贺部队在潮汕失利,一部分由朱德率领经韶关转湘南,一部分赴海陆丰,与彭湃领导的农民运动相结合,继续坚持斗争。叶、贺部队在潮汕失败的消息传到莫斯科,10月14日,希塔罗夫在致沙茨金的信中说道,"广东的基础对于夺取政权,对于建立苏维埃(这是我们在得到上面最后批准前就决定了的)是最有利的。"这就表明:在南昌起义前讨论起义计划时,加伦主张南

---

① 中共中央党史研究室第一研究部译:《共产国际、联共(布)与中国革命档案资料丛书》第7辑:《联共(布)、共产国际与中国苏维埃运动》(1927—1931),中央文献出版社2002年版,第89—91页。

② 中共中央党史研究室第一研究部译:《共产国际、联共(布)与中国革命档案资料丛书》第7辑:《联共(布)、共产国际与中国苏维埃运动》(1927—1931),中央文献出版社2002年版,第97—98页。

昌起义军撤出南昌后南下广东,目的就是利用广州在大革命中奠定的有利条件,创建苏维埃。可遗憾的是"事情已经搞坏了。"但他仍然认为,"在许多省,首先在广东,准备武装暴动仍是当前任务,这项准备工作就是发展农民游击战。"①南下部队失败,联共(布)中央和共产国际向广东派遣军事人员的计划并没有完全实现,但从南昌起义爆发前开始,联共(布)中央和共产国际就是把南昌起义和广州起义联系在一起,把南昌起义南下部队作为广州起义的一部分来支持和援助的。虽然南昌起义南下部队失败,但他们对在广州发动起义仍然抱有很大的期望。

共产国际和联共(布)内支援广州起义的呼声一直持续到广州起义爆发后。1927年12月13日,别尔津致信索洛维约夫,分析了广东各派军阀的武装力量与部署及对广州的军事威胁,列举了革命武装力量的构成,提出了对广东形势的看法,认为:"工农政权有被广东反革命势力和香港武装力量摧毁的危险。只有工农英勇抵抗以及我们及时给以武器、经费和人力支援才能挽救局面。"他提出,"必须立即从我们方面派教官给以支援。首先应利用我们的驻外人员(3人);必须用上海现有的经费给以支援;必须用武器给以支援;必须立即动员全世界工农舆论,以对抗帝国主义者可能发动的武装干涉。"②除此之外,他还提议,让共产国际执委会、工会国际和农民国际发出号召书,号召全世界支援广州的工农政权。可惜,他的提议来不及讨论,广州起义失败

---

① 中共中央党史研究室第一研究部译:《共产国际、联共(布)与中国革命档案资料丛书》第7辑:《联共(布)、共产国际与中国苏维埃运动》(1927—1931),中央文献出版社2002年版,第133页。

② 中共中央党史研究室第一研究部译:《共产国际、联共(布)与中国革命档案资料丛书》第7辑:《联共(布)、共产国际与中国苏维埃运动》(1927—1931),中央文献出版社2002年版,第195页。

的消息就传到了莫斯科。

## 三、参与起义的决策

南昌起义爆发后不久,联共(布)中央和共产国际就不断派军事专家到广东和广州,参加军事斗争,指导武装起义。1927年9月15日和29日,联共(布)中央政治局重申并决定要向广东派出军事人员,表明联共(布)中央不止一次决定要派人员支持和参加南昌起义部队南下广东、组织广州起义。事实上,这时共产国际和联共(布)已经有一些军事顾问在广州,如谢苗诺夫等。随后,共产国际暴动专家纽曼也来到广州,成为广州起义的主要决策者和领导者。

实际上,参加广州起义的筹备和组织实施的联共(布)军事专家和共产国际军事专家,主要是共产国际代表纽曼、军事顾问谢苗诺夫和苏联驻广州领事馆总领事波赫瓦林斯基及副领事哈西斯等人。

起义前,11月29日,在广东省委致中央的信中,张太雷说,"二十六晚平、毅、煜、沈青、王强亚及我和毛子决定了准备夺取广州政权的问题。"[①] 这里的"毛子"指的是纽曼。12月5日,广东省委致中央的"广东政治报告"中说,11月18日的群众大会后,"在粤之毛子对省委的意见认为暴动是不应该的,他即召集张善铭、吴毅、贺昌等开会。"[②] 这里的"在粤之毛子"指的

---

① 《中共广东省委给中央信——转录张太雷同志十一月二十八日关于广州暴动问题致省委函》(1927年11月29日),中共中央党史资料征集委员会等编:《广州起义》,中共党史资料出版社1988年版,第94页。

② 《广东政治报告(二)》(1927年12月5日),中共中央党史资料征集委员会等编:《广州起义》,中共党史资料出版社1988年版,第102页。

是共产国际驻中共中央军事委员会顾问谢苗诺夫,他认为汪精卫派代表国民党左派,是革命的,主张与汪精卫派的张发奎、黄琪翔谈判。苏联领事馆领事波赫瓦林斯基也主张与张发奎、黄琪翔谈判,11月29日,波赫瓦林斯基致电联共(布)中央反对发动起义,认为拒绝与张发奎、黄琪翔谈判是错误的,这也说明苏联驻广州领事馆总领事是反对马上发动起义的。从这些电报和广东省委的信中,可以认定,不论是共产国际驻中国代表还是苏联驻广州领事馆人员都参与了广州起义计划的酝酿和讨论。

但在起义策略和时机的选择上起决定作用的还是纽曼。纽曼,又译作诺依曼,德国人,生于1902年,曾任德共中央委员、政治局和书记处委员,1927年任共产国际驻华代表,11月下旬,经香港到广州。据聂荣臻回忆,"当时,共产国际派了代表来指导起义。为首的是德国人诺伊曼,是个'钦差大臣',也是个十足的主观主义和教条主义者,他不懂得军事,没有实战经验,连打败仗的经验都没有,对中国的情况和广州的情况全不了解,又听不进我们的意见,只是靠本本,生搬俄国城市暴动的模式。"纽曼对广东省委提出的晚上发动起义、趁敌人熟睡时突然袭击的起义方式也不同意,而是主张按照俄国共产党革命的模式,像当年列宁格勒那样,举行总同盟罢工,从罢工发展到示威游行,进而发动城市暴动,夺取政权,成立城市苏维埃。对发动起义的时间,纽曼竟主张在白天,这是发动总同盟罢工和示威游行的需要。在聂荣臻记忆中,"还有一个苏联人叫霍希思特,是位将军。他不公开露面,在苏联领事馆里实施幕后指挥。"霍希思特即哈西斯,也译作赫希思、何锡思,生于1894年,毕业于工农红军军事学院东方系,1925—1926年任苏联驻汉口和上海副领事,1927年任苏联驻广州领事馆副领事,因被国民党指参加广州起义，惨遭国民党杀害。聂荣臻还说，因为当时广东省委的多数同志都不懂军事，没有武装斗争的经验，"往往都是诺伊曼（即纽曼）等国际代表说了算。"① 所以，共产国际代表在广州起义中有很大的决定权。

11月29日，纽曼致电联共（布）中央政治局，"我们决定在广州采取准备起义和成立苏维埃的坚定方针。我们正在组织大罢工，开始成立在革命工会领导下的赤卫队。已把叶挺召来了。张发奎和黄琪翔不止一次非正式地要求会见，由于他们搞恐怖，我们拒绝了。实际上我们还没有确定起义日期，因为鉴于上述决定的特殊性和重要性，恳请你们立即向广州发出指示。"② 在同一天，苏联驻广州总领事波赫瓦林斯基致电加拉罕，认为，"立即举行暴动的方针是错误的，因为党没有力量在广州夺取和建立政权。举行暴动除了无谓的残杀外只会导致消除现实的改革派（指汪精卫、张发奎等——笔者注），他们尽管有其反动性，但在国民党内是个特殊的派别，他们的命运在反对对他们不断收缩的广西包围圈的斗争中也大成问题。拒绝同张发奎会见，我认为是错误的。请立即给莫利茨③作出他所请求的指示。"④ 这不仅表明共产国际代表和苏联领事馆人员之间在广州起义问题上有不同意

---

① 聂荣臻：《聂荣臻回忆广州起义》，原载《聂荣臻回忆录》第五章《广州起义》，中共中央党史资料征集委员会等编：《广州起义》，中共党史资料出版社1988年版，第405—406页。

② 中共中央党史研究室第一研究部译：《共产国际、联共（布）与中国革命档案资料丛书》第7辑：《联共（布）、共产国际与中国苏维埃运动》（1927—1931），中央文献出版社2002年版，第140页。

③ 即共产国际代表纽曼。

④ 中共中央党史研究室第一研究部译：《共产国际、联共（布）与中国革命档案资料丛书》第7辑：《联共（布）、共产国际与中国苏维埃运动》（1927—1931），中央文献出版社2002年版，第141页。

见，而且表明他们都参与了广州起义的最后决策。

12月9日，纽曼再次致电莫斯科，汇报了广州的政治形势、起义的力量和武器准备情况，并说明了起义的计划，"黎明时首先由独立团和赤卫军占领警察总局，然后占领其他战略据点和机关，同时举行总罢工，选举代表苏维埃，用缴获来的军用品进行武装，颁布法令，等等，农民从郊外冲进市内。"纽曼认为，根据广州的形势和起义计划，"占领广州的希望是很大的，但要守住是非常困难的。"但他同时又说，"利用军阀之间的斗争，工人（发动）的规模，解除士兵的武装和农民暴动，是能够应付的。"这里说明，其实纽曼对于起义一时占领广州还是充满信心的，但对于守住广州明显信心不足，只能寄希望于敌人之间的矛盾和工人发动的规模，低估了敌人调兵包围广州的速度和在对付共产党问题上的一致性。纽曼还表示，"工人的胜利对整个中国会有无可估量的意义。"纽曼关于广州起义的计划却遭到了苏联驻广州领事馆人员的反对，纽曼汇报说，"这里的领事馆实行的是同张发奎进行谈判和不举行起义的腐朽的惊慌失措的方针。"然而起义时机稍纵即逝，当时，张发奎的部队正赶回广州，准备解除教导团的武装，因此，纽曼致电莫斯科，"坚决请求立即给我们指示，我认为暴动时机已完全成熟，拖延会给力量对比带来不利变化。"同一天，纽曼在收到莫斯科的回电前，再次致电莫斯科，表示，"如果我们收不到对今天这份电报的答复，我们就于星期一清晨发动。"[①]星期一即12月12日。

对于纽曼的电报，联共（布）于12月10日回复如下："鉴

---

[①] 中共中央党史研究室第一研究部译：《共产国际、联共（布）与中国革命档案资料丛书》第7辑：《联共（布）、共产国际与中国苏维埃运动》（1927—1931），中央文献出版社2002年版，第170—171页。

于群众中存在一定的情绪和当地比较有利的形势，不反对你们的意见，建议行动要有信心要坚决。"① 很显然，联共（布）中央对广州起义计划的回复相比于对南昌起义计划的回复更加肯定，没有了模棱两可的"如果"，是明确支持广州起义的，也没有明确禁止苏联军事人员参与广州起义。

通过苏联领事馆人员和共产国际代表的反复讨论和争取，中国共产党要在广州发动起义的计划，取得了共产国际和联共（布）中央的肯定答复。

## 第三节 广州起义的最后准备

在中共中央暂停广州起义的计划后不久，广东政局发生了有利于起义的变化。张发奎与李济深矛盾激化，发生了张黄事变，粤系军阀和桂系军阀之间战争一触即发。中共中央决定利用粤桂军阀矛盾激化的有利时机发动起义，广东省委抓紧了起义的最后准备。

### 一、张黄事变为起义提供了良机

第二方面军总指挥张发奎原有三个军，即第四军、第十一军和第二十军。南昌起义爆发后，张发奎所剩部队就只剩下黄琪翔为军长的第四军一个军了，感觉很没面子。在南昌起义军撤出南昌向粤东挺进时，张发奎主持召开军事会议，和黄琪翔主张尾追起义军并伺机歼灭；参谋长叶剑英则提出，叶、贺部队进入粤东，

---

① 中共中央党史研究室第一研究部译：《共产国际、联共（布）与中国革命档案资料丛书》第 7 辑：《联共（布）、共产国际与中国苏维埃运动》（1927—1931），中央文献出版社 2002 年版，第 173 页。

在广州的桂系军阀势必出兵征讨，会造成广州兵力空虚，因而，建议乘机进入广州，夺取广东政权，抢占广东地盘。这对于出身广东、急于抢占地盘的张发奎正中下怀，于是，张发奎率领第二方面军第四军和军官教导团沿赣江直趋粤北。

在张发奎出兵东征时，冯玉祥从中斡旋宁汉矛盾，于7月20日提出了解决宁汉对峙的办法，蒋介石、李宗仁、胡汉民等表示欢迎武汉重要人物到南京，汪精卫等表示愿意"和平统一"，并同意"迁都南京"，宁汉双方基本达成妥协。但汪精卫虽同意与南京合作，却仍坚持反蒋。南昌起义爆发后，蒋介石对起义反应比较平淡，一方面是因为这给了蒋介石攻击汪精卫亲共的口实，另外，江西并不是蒋介石控制的地盘，而是武汉国民政府控制的地盘，镇压起义军是汪精卫的事情。同时，蒋介石因为北伐受挫，压力巨大，再加上排斥异己，引起桂系李宗仁、白崇禧的不满，陷入困境。蒋介石经过权衡，认为自己地位不够稳固，决定以退为进，随即宣布下野，先回奉化老家，随后携张群、刘纪文赴日本，寻求日本帝国主义的支持。蒋介石的下野促使南京和武汉迅速靠拢。8月25日，武汉国民政府迁往南京，宁汉之间实现了合作。

9月17日，张发奎的先头部队到达粤北韶关，主力部队位于南雄。张发奎的部队还在江西的时候曾扬言要进攻广州，使控制广东的李济深感到不安，后来经过第四军代理军长陈可钰从中斡旋，张发奎"已同李济深、黄绍竑重叙旧谊。"[1] 在北伐开始时，李济深为第四军军长，张发奎为第四军第十二师师长，二人是有深厚感情的。9月21日至22日，张发奎先头部队约三千人到达

---

[1] 广东省档案馆：《广州起义前后的全国时局——粤海关情报记录译辑》，1982年版，第81页。

广州，在南堤旧盐务大厦设立了指挥部。张发奎送了2万支枪给李济深，以表示拥护李济深，李济深也派人到香港迎接张发奎。

对于张发奎部回广东，李济深也是有自己的打算的。在政治上，他想拉拢汪精卫和张发奎等粤系将领，增强自己的实力，巩固自己在广东的地盘；但他们之间也有很多的矛盾。李济深在宁汉之间采取调和立场，早在9月5日，李济深就发表了长篇"对时局之重要宣言"，提出了"全党同志，特别是党的领导成员，应当合作……蒋介石应当迅速复任总司令，汪精卫亦应前往南京……在此关键时刻，蒋介石是唯一适当的军事首脑"[①]等主张，借以维护自己在广东、广西的统治地位。在军事上，李济深企图借张发奎的力量壮大自己，并扑灭粤东共产党势力，因而同意张发奎回广东。但张发奎在政治上支持汪精卫。9月11日至13日，宁、沪、汉三个国民党中央党部举行谈话会，决定由三方人员组成中央特别委员会，作为临时中央机构。15日在南京召开的国民党中央执行委员、中央监察委员临时联席会议决定成立国民党中央特别委员会，推定汪精卫、蒋介石、胡汉民等32人为中央特别委员会委员。但汪精卫认为没有得到实权，非常不满。再加上汪精卫到南京后以国民党中央和国民政府"正统"自居，主张召开国民党二届四中全会解决内部矛盾，引起蒋介石集团和西山会议派的不满，公开指责武汉国民政府是"共产党控制的政府"。汪精卫迫于压力，不得不自责"防共过迟"而"自请处分"，并负气通电下野。9月27日，张发奎从香港到广州，立即拜访了李济深。28日，汪精卫致电张发奎，准备两周内从汉口到广州，张

---

① 广东省档案馆：《广州起义前后的全国时局——粤海关情报记录译辑》，1982年版，第92页。

发奎复电汪精卫，催促汪精卫早日到广州开创一个新的局面。李济深为了讨好汪精卫，也以国民党广州政治分会名义派张发奎兼任改组国民党广东省党部委员。随后，张发奎和李济深展开了争夺广州控制权和广东地盘的斗争。

9月底，张发奎三万多人的队伍陆续到达广州及周边，部分军队调往东江对付南昌起义南下部队，而李济深在广州的队伍只有约一万人。到广东后的张发奎并不满足李济深所给的权力，不断向李济深提出要求，希望得到更多的实权。9月30日，李济深致电南京国民党中央特别委员会、国民政府军事委员会，要求在广东设立军事委员会广州分会，以在粤之军委会委员李济深、黄绍竑、张发奎、李福林、陈可钰为分会委员，并拟请戴传贤、黄琪翔、陈济棠和徐景唐参加。10月1日，张发奎排挤了原公安局长邓彦华，由其师长朱晖日就任广州市公安局长，李济深遂安排邓彦华就任第八路军总司令部副官长。2日，张发奎排挤了李济深的师长徐景堂，自己就任广东省军事厅厅长，徐景堂携李济深家属离开广州赴香港。同一天，张发奎发表声明，只承认从前武汉国民党中央党部和国民政府即汪精卫派为正统。在南京的桂系将领李宗仁、白崇禧随即表示反对张发奎控制广州，并且派出军队经上海赴汕头，准备进攻广州。国民党粤系与桂系之间矛盾激化。6日，张发奎等通电反对桂系和西山会议派掌握的南京国民党中央特别委员会。7日，追随汪精卫的陈公博由香港回到广州，被政治分会任命为广东省民政厅厅长；张发奎、李济深联名电请在九江的汪精卫回粤，主持党国大计，并谴责南京国民党中央特别委员会；16日，张发奎的第十一军参谋长谢婴白接任农工厅厅长职务。不久，汪精卫派的甘乃光就任广州市长。至此，广东的政治、军事等权力已经被由武汉到广州的汪精卫派所操纵，广东正在被汪精卫派势力建设成为反对南京国民党中央特别委员会的根据地。李济深对于汪精卫派的活动十分担心，一方面对于汪精卫表面应付，维持合作；另一方面欢迎汪精卫来粤，却不希望汪精卫久留，并不愿参与反对南京特别委员会，因此汪精卫与李济深发生矛盾。同时，汪精卫和张发奎在广东以国民党左派的面目出现，一方面假意支持工农运动，以收买人心，"据报，在四月反赤政变期间被捕入狱的一大批共产党人，现已被新任公安局长朱晖日所释放"[1]；另一方面提出粤人治粤的口号，拉拢第五军军长李福林和第二师师长薛岳等粤系将领，为反对桂系作准备。

然而，到10月，在粤东对付南昌起义军的陈济棠部取得了胜利，即将返回广州，桂系将领黄绍竑也将返回广州，这就意味着，支持李济深的力量在增加，约可达到四万，另外还有海军部队的支持。这时有传言，"这些部队的归来，意味着李济深方面企图使广州摆脱张发奎'铁军'的控制。"[2]10月18日，李济深以撤销第八路军总指挥部换取了张发奎撤销第二方面军总指挥部，在中国国民党广州政治分会下设临时军事委员会，作为两广军事统一指挥机关，李济深任主席，陈可钰为总参谋长，张发奎和黄绍竑为副总参谋长，陈公博为政治部主任，办公室设在广州河南士敏土厂。这时李济深担任中国国民党广州政治分会主席和军事会议主席，仍然掌控着广州实权，广州"仍然维持同南京的官方联系"，并"仍然承认南京的中央政府"。[3]19日，李济深与陈

---

[1] 广东省档案馆：《广州起义前后的全国时局——粤海关情报记录译辑》，1982年版，第113页。

[2] 广东省档案馆：《广州起义前后的全国时局——粤海关情报记录译辑》，1982年版，第110页。

[3] 广东省档案馆：《广州起义前后的全国时局——粤海关情报记录译辑》，1982年版，第114、第117页。

公博、黄绍竑致电汪精卫、谭延闿，表示：支持南京方面提出 11 月 1 日在南京召开执行委员会和监察委员会全体会议，但建议先开国民党中央执行委员会、监察委员会预备会议，决定党务、政治、军事的彻底改造纲领，然后开正式会议，并指出中央特别委员会代替中央，已经失去根据，不能再滥行中央权力。10 月 22 日，在武汉的唐生智向南京宣布独立，南京也正式向武汉开战，李宗仁、白崇禧出兵安徽，并电催李济深派远征军出兵湖南，进攻唐生智部。李济深本来就是桂系的后台，明显站在南京和桂系这一边；而唐生智代表武汉即意味着篡夺了武汉政权，也遭到张发奎等的反对，所以，在反对唐生智问题上，李济深和张发奎是一致的。随后，李济深任命在广西南宁的黄绍竑为总指挥，出兵湖南进攻唐生智。同时，李济深与陈公博、黄绍竑再次致电汪精卫、谭延闿，指出不能因为军事妨碍党务，提出中央执行委员会和监察委员会各委员到南京，尽快召开第四次执监委员全体会议，恢复中央党部，改组特别委员会。10 月 25 日，汪精卫经上海到香港，广州派出陈公博、陈树人到香港迎接，国民党中央妇女部长何香凝也到达香港，并于 27 日到广州。这时，广州军事调动频繁，李福林的部队从广九线和佛山撤回广州，然后调往北江；张发奎的部队将被派往东江。"许多人相信，当李济深完成其军事部署时，张发奎将被排挤出广州"[1]，并有传言，受排挤的张发奎将把军权交给黄琪翔，自己去"休养"[2]。10 月 29 日，汪精卫到达广州，受到各界热烈欢迎。汪精卫的返穗，将使广州再次成为国

---

[1] 广东省档案馆：《广州起义前后的全国时局——粤海关情报记录译辑》，1982 年版，第 117 页。

[2] 广东省档案馆：《广州起义前后的全国时局——粤海关情报记录译辑》，1982 年版，第 118 页。

民党的行政中心。30日,汪精卫召开在广州的国民党中央执行委员、监察委员联席会议,汪精卫、李济深、何香凝、李福林、陈公博、陈树人和甘乃光等人联合署名发表通电,决定在广州召开国民党中央委员会第二届第四次全体会议,解决国民党党务、政治和军事等重大问题。桂系将领李宗仁、白崇禧则致电广州,催促汪精卫、陈公博、甘乃光等国民党中央委员赴南京,筹备拟议中的国民党第四次执监委员会议开幕事项,并解释中央特别委员会是由国民党各方在上海共同商议成立的。11月1日,汪精卫在广州主持国民党中央委员会,随后向南京、武汉和广西发出电报,说明南京特别委员会的非法地位,声明"如果南京的委员坚持在南京举行拟议中的国民党联席会议的话,就必须首先废除特别委员会,至少亦须停止该委员会行使国民党中央的职能。同时建议,在联席会议开幕之前,提早在上海或广州举行全体中央委员的预备会议。"[1] 汪精卫在广州公开打出了国民党中央的大旗,宁汉之间的对立正在变成宁粤之间的对立,而宁粤之间的对立其实又是粤桂之间的对立。

此时,下野后去日本的蒋介石即将回国,正在想方设法重新掌握国民党中央的权力。对于国内的局势,蒋介石看到汪精卫派与桂系之间的矛盾,决定采取分化手段,联合汪精卫派对付在南京掌握实权的桂系,于是派出宋子文到广州联络汪精卫。11月2日,宋子文在孔祥熙等陪同下从上海出发经香港到达广州,其使命是"为了消除南北两方国民党领导人之间的误解"[2]。在宋子

---

[1] 广东省档案馆:《广州起义前后的全国时局——粤海关情报记录译辑》,1982年版,第123页。

[2] 广东省档案馆:《广州起义前后的全国时局——粤海关情报记录译辑》,1982年版,第125页。

文的斡旋下，汪精卫获得蒋介石支持，准备夺取广东党政军大权；汪精卫则同意蒋介石回国后到广东，汪蒋合作建立国民党中央。宋子文离开广州后，汪精卫与张发奎商议，决定寻找时机，驱逐桂系。张发奎建议，"召集会议，邀请黄绍竑李济深出席，在会议期间逮捕他俩，解除他们卫兵的武装。"[①]汪精卫不同意张发奎的计划，提出了另一个计划，那就是汪精卫和李济深经香港去上海，张发奎以出洋为名辞职，汪精卫和李济深离开广州后，张发奎返回广州，立即逮捕黄绍竑。张发奎接受了汪精卫的这一计划。南京方面，谭延闿再次来电，催促汪精卫等赴南京，但"传闻汪精卫要离开广州，在近几天前往上海"[②]。这时，蒋介石正在从日本回上海的路上。

11月10日，在汉口的著名国民党"左派"、属于汪精卫派的国民党中央委员顾孟余、王法勤、潘云超和王乐平响应汪精卫关于商讨国民党联席会议开幕和在广州恢复国民党中央党部的号召，经上海到达广州，在汪精卫住宅连续开会，决定在广东的国民党中央委员搁置在广东召开中国国民党第二届第四次中央委员会议的决议，选派汪精卫、李济深为在广州的中央委员代表，到上海同蒋介石等举行中央委员会的预备会议。李济深准备和汪精卫赴上海，临行，急调黄绍竑回广州掌控局面。这时，汪精卫与张发奎驱逐桂系、夺取广东党政军大权的计划准备实施，李济深离开广州则为他们提供了良好的机会。13日，张发奎声称出国考察，将第二方面军军权交给黄琪翔后，离开广州赴香港，在香港等待李济深的随从一起赴上海。据传言，张发奎两年后才回

---

[①] 张发奎：《张发奎口述自传》，当代中国出版社2012版，第104页。

[②] 广东省档案馆：《广州起义前后的全国时局——粤海关情报记录译辑》，1982年版，第124页。

国[①]，李济深特意送张发奎旅费5万元。

蒋介石由日本回国后，在上海致电汪精卫，并附亲笔函一封，敦促汪精卫赴上海参加四中全会预备会。黄绍竑在李济深的催促下，从梧州返回，11月15日下午到广州。当天，李济深和汪精卫离开广州乘船至香港，16日早乘"亚洲皇后"号邮轮转上海。张发奎则于16日晚秘密从香港返回，17日拂晓到广州。

17日3时许，第四军军长黄琪翔以"护党"为名，宣布黄绍竑"破坏汪主席的救党主张，迫走汪主席，挟制李主席，叛党叛国，实为一新军阀"，率第四军会同李福林第五军及薛岳新编第二师各部，宣布广州戒严，将第七军驻粤办事处、第八路军总指挥部、新编第四军军部以及吉祥路黄绍竑住宅等处分别包围并缴械，李济深的司令部和住宅也被查抄，并勒令在广州的桂军放下武器。桂军各部缴械后，7时，戒严解除。第四军政治部等发表了"第四军宣言通电"、"为讨伐黄绍竑告武装同志书"、"告各界民众书"、"告商民书"，发布了安民布告，历数黄绍竑毁党叛国和残害忠实党员及民众的罪状，要求各界民众照常营业，不要惊慌。事变发生后，黄琪翔至葵园，会见在广州的国民党中央委员，随即召开会议，在粤中央委员陈公博、李福林、何香凝、顾孟余、陈树人、甘乃光、王法勤、潘启超、王乐平等出席，黄琪翔报告了当日事变经过。事变发生时，黄绍竑事先得到消息，马上携桂军将领秘密转移到香港，李济深和黄绍竑所部全面退出广东。这就是"张黄事变"，桂系被驱逐，粤系张发奎和黄琪翔取得了广州政权。张黄事变充分显示了国民党各派系之间错综复杂的矛盾和争权夺利的尖锐斗争。但退出广州的桂系实力并未受到损失，

---

① 《广州民国日报》1927年11月16日。

很快，黄绍竑即率领所部第十五军准备东进，企图进攻广州，原驻潮梅一带的陈济棠部以及留驻闽南的陈铭枢所部也有回师夹攻广州之势。张发奎被迫出兵西江、北江和东江，造成广州兵力空虚，这为广州起义提供了良好的机会。

## 二、抓住时机，决定起义

张发奎、黄琪翔发动事变时，黄绍竑逃脱，后经香港返回梧州，在东江、西江和北江各地组织力量，计划反攻广州。至24日，分散的广西桂系部队已在肇庆集结，准备东进。在北江，桂系力量撤退到连江口和乐昌等地，准备与南下的桂系部队会合。在东江地区，陈济棠、钱大钧率领的李济深部队已从揭阳和汕尾分路向惠州进攻。在江门，李济深的部下陈章甫宣布独立，反对广州政府。广州正在面临来自东江、西江和北江各方向桂系军队的包围与进攻。为了应对桂系的进攻，刚刚夺取广州政权的张发奎、黄琪翔只好调集所有精锐部队，集结广州外围，加强东江、西江、北江和南路要地的军事部署：1. 西江方面，除原有第四军第二十六师许志锐部队驻防肇庆外，又加派事变后改编成立的教导第二师黄镇球部；2. 东江方面，以第四军主力李汉魂第二十五师、吴奇伟第十二师负责扼守布防；3. 南路方面，抽调原驻防汕头的薛岳所部新编教导第一师立即开赴江门防堵；4. 北江方面，以李福林第五军所属陆满、周定宽团为基干，在粤汉路沿线警戒、布防。[1]张发奎任命黄琪翔为西路军总指挥，率护党军进攻广西，任命谢婴白为南路总指挥，率部进攻江门和四邑，同时下令调回

---

[1] 莫雄：《攻打观音山广州起义军》（1927年11月17日中央常委会议通过），中共中央党史资料征集委员会等编：《广州起义》，中共党史资料出版社1988年版，第690页。

在湖南进攻唐生智的部队，取消李济深建立的北路指挥部。

11月17日，在张黄事变的同一天，中国共产党中央常委会根据广东政局的变化，制定了《广东工作计划决议案》，认为广东政局的变化表面上是两广实力派争夺广东地盘的军阀之争，但实际上是工农群众革命潮流高涨带来的影响，动摇了广东军阀和广西军阀在广东的政权，因此，中央指出，"目前广东的局面正是工农进攻的一个极好机会，广东省委应全体动员进行这个运动。"而且，中共中央根据党内有人认为张发奎是国民党左派，有同情革命的倾向，应该尽力争取的错误观念，"很肯定的指出：广东实力派若果掌握了全广东的统治权，则其对工农的屠杀压迫决不亚于李、黄时代。"因此，中央认为，广东人民群众在这次政变中的唯一出路就是利用两派军阀忙于战争的机会，坚决地扩大工农群众在城市、乡村的暴动，煽动士兵在战争中哗变，并尽快使这些暴动汇合成为总暴动，以夺取广东全省政权，建立工农兵士代表会议的统治。中共中央常委会还提出了具体的办法，要求广东省委迅速施行，包括：发表宣言，号召全省暴动以建立工农兵士贫民代表会议的政权；广州市的工人自主公开革命工会组织，开始一切斗争，捣毁反动工会，杀死反动领袖，直到形成全市的政治的总同盟罢工，以夺取政权；加强和发展农会组织，发动广州四郊农民暴动，并向广州汇合；省委下设军委会，军队编制依照红军自上至下设党代表进行编制等。[①] 中共中央的这个工作计划明确作出了在广州发动起义的决定。但是，在广东，关于如何对待张发奎的问题还存在争论，主要是共产国际代表与广东

---

① 《广东工作计划决议案》（1927年11月17日中央常委会议通过），中共中央党史资料征集委员会等编：《广州起义》，中共党史资料出版社1988年版，第77—82页。

地方的同志看法不一致。11月22日，张太雷致中央的报告中说，"毛子对张幻想，主张我们拉拢张发奎，曾与省委同志争吵过一次。现张发奎又要见我们最高负责同志，毛子又与广州市委争论。"这里的毛子指的是共产国际的代表谢苗诺夫，他认为张发奎是可以依靠的，应该与张发奎合作。在张发奎摆出一副合作态度的情况下，谢苗诺夫又与广东省委、广州市委的同志发生了争论，广州市委希望张太雷来解决市委同志与共产国际代表的意见分歧。①当然，中央对于这个问题的态度是很明确的，那就是采取坚决的革命的态度，指示广东省委拒绝同张发奎妥协。

张黄事变后，张发奎、黄琪翔把重兵集结广州外围，应对桂系军阀对广州的威胁，导致广州防务空虚，留守广州的国民党正规部队除了后来参加起义的由叶剑英实际领导的第四军教导团一千二百多人和梁秉枢任团长的第四军军部警卫团约六百余人外，仅有李福林所部一个驳壳枪警卫营驻守海幢寺以及薛岳所部莫雄一团新兵驻守陈家祠进行训练，其余的就是保安和警察以及各师部后方留守的警卫排或者警卫连，人数有限，战斗力相对较弱，这为起义提供了很好的机会。

1927年11月25日，中共广东省委发出"关于组织暴动，建立工农兵政权问题"的第二十五号通告，明确提出要利用两派军阀互相厮杀的机会，"扩大各地工农暴动，以联合各地零碎暴动成为广东全省的大暴动，以扑灭此两派军阀，建立工农兵的政权，以永远消灭军阀的战争"，通告号召工农及一般平民以革命战争消灭军阀战争，在交冬租、年尾还债时同时发动暴动，并从各地

---

① 《张太雷关于东江的情形、中央的交通问题等给中央的报告》（1927年11月22日），中共中央党史资料征集委员会等编：《广州起义》，中共党史资料出版社1988年版，第84页。

各个暴动发展到联合成一个总暴动，各地农民的暴动要与广州工人联络成夺取全省政权的总暴动，通告明确指出，"各地农民暴动的潮流，应导之使趋向政治、经济及无产阶级中心之广州"，要求海陆丰、东江、琼崖等地的暴动向广州发展，"使各方都与广州中心联合"①。从中共中央的指示及对广东省委工作计划的决议来看，一个大规模暴动的计划逐渐形成，即利用军阀混战之机，从各地农民暴动开始，肃清地主劣绅，分土地给农民，然后各地暴动汇流广州，形成以广州为中心的总暴动，夺取广东政权。在广州发动起义的最后准备工作已经紧锣密鼓地开始了。

11月26日晚，张太雷、黄平、吴毅、陈郁、沈青、王强亚以及共产国际代表纽曼在广州开会讨论广州起义问题，会议认为张发奎与李济深一样反动，广州工人必须起来"保卫"广州，反对李济深重新占领广州，也反对张发奎。会议认为张发奎与李济深的战争使得国民党在广州兵力空虚，为广州工人夺取广州政权提供了机会，所以决定立即暴动。10月12日中共中央决定停止广州暴动后，10月15日，中共南方局与广东省委的联席会议上曾决定"各地仍应积极准备，一有机会就发动起义"，现在广东省委认为，机会来了，筹划了数月之久且历经波折的广州起义，终于要爆发了。会议决定：1.召集全体工会同志一致活动，筹备总同盟罢工；2.组织工人赤卫队筹备武装暴动；3.加紧张发奎军队中的工作，使一部分军队在暴动时投到工人方面；4.组织市郊

---

① 《中共广东省委通告（第二十五号）——关于组织暴动，建立工农兵政权问题》（1927年11月25日），中共中央党史资料征集委员会等编：《广州起义》，中共党史资料出版社1988年版，第86页。

的农民暴动。会议还决定对广州工农兵发表一个宣言。① 随后，广州工人赤卫队按照行业和地域进行改编，设立工人赤卫队总指挥部，周文雍任总指挥，梁桂华任副总指挥，并在各联队配置军事干部，加紧军事训练。11月28日，中共广东省委发布了《中国共产党广东省委员会号召暴动宣言》，分析了当时的形势，揭露了张发奎等国民党"新左派"的真面目，指出张发奎、黄琪翔与蒋介石、李济深一样，是"同一样的军阀，同一样的反革命"，他们都逮捕工人、枪杀工人、解散省港罢工委员会和工人纠察队，这一切证明他们是"我们的敌人，工农的敌人和国民的敌人"，面对张发奎拉拢工农群众的企图，明确提出了即刻武装广州工人、释放一切革命的政治犯等张发奎不可能接受的六项条件，警示广州的工农群众打破对张发奎、黄琪翔的幻想，号召工农群众"应该用我们自己的力量来保护广州，反对李济深，同时也反对张发奎"，并建立"我们工农兵自己的苏维埃政权"②。同一天，广东省委向中共中央汇报了广州暴动的计划。

广东省委作出广州起义的决定后，即成立了领导起义的总指挥部——革命军事委员会，由张太雷、黄平、周文雍组成，省委书记张太雷任总指挥，领导中共广东省委的同时，负责军事；周文雍负责工人赤卫队，黄平则协助周文雍和广州市委书记吴毅开展工作。革命军事委员会开展了起义的主要准备工作：一、确定起义的总政纲；二、起义的军队准备；三、广州革命政权的组织；

---

① 《中共广东省委给中央信——转录张太雷同志十一月二十八日关于广州暴动问题致省委函》（1927年11月29日），中共中央党史资料征集委员会等编：《广州起义》，中共党史资料出版社1988年版，第94页。

② 《中国共产党广东省委员会号召暴动宣言》（1927年11月28日），中共中央党史资料征集委员会等编：《广州起义》，中共党史资料出版社1988年版，第89—92页。

四、经过革命工会动员工人群体；五、士兵中急进的工作；六、农民中起义的准备与联络。①

这时，广东局势发生了新的变化，陈铭枢以张发奎通共为名，在李济深指挥下，率部由闽入粤，从汕头向广州进发，黄绍竑部在梧州集结，而在粤东潮梅一带阻击南昌起义叶挺、贺龙部队的陈济棠也宣布独立，反对张发奎、黄琪翔。盘踞广州的张发奎、黄琪翔在此情况下，不得不集中全部力量巩固自己的地盘，决定先对付桂系，再回头对付陈铭枢和陈济棠。中国国民党广州政治分会军事委员会任命黄琪翔为广州卫戍司令，于12月1日正式就职。随后，国民党广州政治分会军事委员会又任命黄琪翔为前敌总指挥，6日，黄琪翔统率张发奎在广州几乎所有兵力开赴肇庆，准备进攻梧州。新编第二师师长薛岳也接替谢婴白为南路总指挥，集结新编第二师驻英德、惠州之军队，开赴肇庆。广州国民党兵力空虚，起义时机来临。

随着张发奎、黄琪翔与李济深的冲突愈演愈烈，广东省委认为，广州起义的机会渐趋成熟，1927年12月1日，发出了"号召准备暴动"的紧急通告，指出张发奎也是反动军阀，不可能为广州工人来保卫广东的自由，所以，广州工人要起来推倒张发奎的政权，工人只有以自己的力量起来夺取广州政权才有出路，号召广州的同志全体动员，从事准备暴动的工作，要求每个人都要有领导暴动的决心、明白自己的责任，在工人群众中进行广泛的宣传，使广大的工人明白夺取政权是目前唯一的出路，组织工人准备在广州举行总罢工。通知还指出，赤卫队的组织、武装的准

---

① 张水良：《广州公社——1927年12月广州工人武装起义》，《厦门大学学报（社会科学版）》1959年第2期。

备以及农民的暴动都是准备暴动中的重要工作。

12月5日,中共中央表示"关于广州暴动的计划,中央赞成",并提示广东省委要注意广州市及四郊工农群众的发动,要尽量扩大群众的斗争,工代会应当做成群众斗争的公开指导机关,成为发动暴动的机关,四郊的农民斗争起来后,可加派代表进入工代会,革命士兵开始斗争后也可以加派代表进入工代会,这样工代会便成为工农兵代表会。中共中央提醒广东省委,在苏维埃的组织上,要注意使群众真正了解苏维埃,能够感受到苏维埃是自己的政权;在苏维埃成立后,在激烈的群众斗争中,必须多开苏维埃会议,一切重大政策办法,都要经过苏维埃会议决定,一切执行政策,须在会议上报告;中共中央同时提醒广东省委,"以广州为集中的目标——夺取省政权是对的",但是千万不要忽略了广大乡村土地革命的工作;在宣传上,在暴动前、暴动中,都要竭力加强土地革命、政权目的等的宣传,使群众知道暴动的目的。[①]在同一天,广东省委在致中央的报告中,介绍了广东的政治局面、广东省委关于广州暴动的筹划和广东各地反军阀的宣传活动及暴动情况,认为目前的情况是:海陆丰、琼崖和普宁的农民运动开展较好,有一定的武装力量,西江等地则"党的工作很糟"。但因为国民党在广州的主要军事力量调往西江、北江前线,"广州已非常空虚",为了维持广州局面,广州警卫团、第五军、俞作柏部等都在招募新兵,广东省委已经安排大批省港罢工工友应征,准备夺取武装。因此,广州暴动"客观条件极有希望",只是工

---

[①] 《中共中央致广东省委信》(1927年12月5日),中共中央党史资料征集委员会等编:《广州起义》,中共党史资料出版社1988年版,第98—100页。

人力量尚弱，应积极发展。①

12月6日，张太雷在西桥附近党的联络站召集在广州的省委成员开会，讨论广州起义后建立苏维埃政府成员名单、政纲、宣言、文告以及起义的策略等问题。第二天，张太雷等人在广大路二巷禺山市场召开广州市工人代表会秘密会议，选举了广州工人代表会代表10人，另外加上起义后革命士兵代表3人和近郊农民代表3人，组成起义胜利后的领导机关——广州市工农兵代表会执行委员会，通过了广州起义的行动计划，决定12月12日②发动起义。

12月8日，广东省委向中共中央汇报了广州起义的准备工作。一是敌我双方力量对比情况，认为粤桂军阀的混战使军阀势力在广州动摇，国民党留守广州的部队中，教导团一千多人是共产党控制的；警卫团虽有两营是反革命势力，只有一营兵力属于革命力量，但警卫团的团长梁秉枢是共产党员，至少可以使该团不致反对我们，所以"这种时机是很难得的"；而李济深和张发奎不论谁控制广州都会严重压迫工人，因而工人夺取政权的要求非常热切。于是，广东省委和共产国际代表纽曼决定广州暴动。二是起义的口号：要饭吃、要田耕、要太平；没收资本家财产，没收一切田地给农民、兵士；一切权力归工农兵政府。三是起义后工农兵政府的政纲，包括"八小时工作，增加工资，工人监督工厂，

---

① 《广东政治报告（二）》（1927年12月5日），中共中央党史资料征集委员会等编：《广州起义》，中共党史资料出版社1988年版，第101—106页。

② 关于广州起义的原定日期，学界普遍认为是12月13日，但黎显衡和梁伯祥研究了中共中央和广东省委关于广州起义的来往文件，考证认为，起义的原定日期应该是12月12日，而广东省委在起义当天向中共中央的报告《中共广东省委报告（三）——关于张、李之战及广州暴动之准备和策略》（1927年12月11日）中也说："根据上述的情形，省委决定明日即行爆发广州之暴动。"由此，广州起义的原定起义日期应该为12月12日。中共中央党史资料征集委员会等编：《广州起义》，中共党史资料出版社1988年版，第706页。

政府（抚恤）失业工人，恢复罢工工人原有利益；没收一切土地给农民、兵士；增加一切雇员薪金，兵饷每月二十元；消灭军阀战争，建立工农兵代表会议；联合苏俄，反对帝国主义"等。在汇报中，广东省委也认识到，起义力量还是不足的，但对起义充满希望，认为起义发动后，人民群众会群起拥护，也能促使敌人的力量尤其是敌人的军队发生分化，"我们的力量并不大，但是我们相信发动后一定能得广大群众的拥护，这种平民革命的行动，一定能影响敌人的军队使之瓦解。"广东省委也相信，"假使我们坚持两星期，一定能得到国际具体的帮助。"①

在广州起义紧张准备时，国民党通过各种渠道获得了广州即将发生大暴动的消息，开始布置力量，准备镇压起义。张发奎、汪精卫急调广州卫戍司令、第四军军长黄琪翔回广州，黄琪翔将肇庆军务交给许志锐等人，于8日晚乘船到三水，9日中午乘火车到广州。

12月8日后，广州形势骤然紧张，广东省委已经意识到，"恐在最近期间即须动作，因张发奎有欲解决教导团意。"②9日，在南京参加国民党第四次全体会议的汪精卫致电陈公博，认为黄琪翔所辖第四军政治部编辑《灯塔》杂志有明显的共产主义倾向，黄琪翔有容共嫌疑"已为不可讳之事实"③，要求张发奎迫使黄琪翔退休，认真肃清共产党。同日，汪精卫致电陈公博、张发奎

---

① 《中共广东省委关于目前暴动工作的准备情形给中央的报告》（1927年12月8日），中共中央党史资料征集委员会等编：《广州起义》，中共党史资料出版社1988年版，第108—109页。

② 《中共广东省委关于目前暴动工作的准备情形给中央的报告》（1927年12月8日），中共中央党史资料征集委员会等编：《广州起义》，中共党史资料出版社1988年版，第108页。

③ 《汪兆铭致陈公博等青电》，中共中央党史资料征集委员会等编：《广州起义》，中共党史资料出版社1988年版，第639页。

和李福林，认为"苏俄领事署为共产党活动机关，深可痛恨"，要求张发奎等马上派兵围捕，驱逐苏联领事，逮捕共产党人，并且强调："此为目前要着，乞速行为荷"[1]。随后，汪精卫再次致电（即青电）陈公博、张发奎，指出"近来广州容共复活之声浪日益嚣张"，认为原因只有两个，一是第四军政治部所出的《灯塔》杂志，"其中言论绝无反共语气，甚且有维持容共之疑似"；二是因为"苏俄领事署藏匿共党，名为外交及商务之机关，实则为阴谋煽乱之机关"，认为苏联领事馆"实为心腹大患"，要求张发奎等严密捉拿苏联领事署内的共产党人，如果发现苏联领事馆有藏匿、包庇共产党人的情况，"应即勒令出境"；并要求张发奎立即严查第四军政治部，"所部凡有纵容共党者，立即严加惩办，绝无稍存宽恕"。在电文中，汪精卫强调这两件事"于得电后立见施行。"汪精卫催促反共、镇压工人运动的电文和黄琪翔返回广州，使广州的气氛更趋紧张。12月10日，汪精卫再向陈公博、张发奎、李福林和朱晖日发电，告知在南京会议上已经就反苏反共问题达成一致，"议决密令兄等围捕苏俄领署内共产党徒"，并"请兄等坚决反共，勿为敌人所笑，为亲厚所痛。"他还说，如果反共付诸行动，各方对于黄琪翔以前的"容共"行为会给予谅解的。[2] 正是因为汪精卫和陈璧君、甘乃光等人不断来电催促反共和镇压工人运动，黄琪翔回到广州后，张发奎任命其为广州戒严司令，广州开始戒严，并准备收缴教导团的武器装备，广州形势已经箭在弦上，不得不发。广东省委在起义前夕也

---

[1] 《汪兆铭致陈公博等佳电》，中共中央党史资料征集委员会等编：《广州起义》，中共党史资料出版社1988年版，第639页。

[2] 《汪精卫致陈公博等电》，中共中央党史资料征集委员会等编：《广州起义》，中共党史资料出版社1988年版，第640页。

向中央报告说,"省委认为广州暴动之时机已到,此时如不动作,教导团力量将被其解散,同时敌人更加紧的向我们进攻,故广州暴动即须很快的发动。"① 在这种情况下,广东省委被迫决定提前至 11 日凌晨发动起义。从 12 月 12 日李章达致汪精卫的电文也可以看出广州起义是被迫提前的,"此间接青电后,连日密议,遵照进行一事,为共党所悉,先期发难"。② 在广州起义失败后,中共广东省委、团省委给各地的通告中提到了起义时间提前的问题,"最后因为敌人要积极的想扑灭我们的力量,教导团要解散,逮捕工人,因而广州暴动更不能延缓下去。只有迅雷不及掩耳地决定十号晚三时半便发动,于是含有历史上严重意义的广州暴动遂即开始。"③ 在 12 月 13 日,陈独秀曾致信中央,针对广州周边的农民暴动、苏维埃政权、对待国民党的策略、对待帝国主义的策略等问题提出了自己的看法,中共中央在回复陈独秀的信中说:"据报上消息推测起来,这次广州的暴动,大概是敌方(汪精卫的青电)所逼出来的——逼得我们不能不早些动作的。"④ 正是在这种危急的情形和得到共产国际许可的情况下,广东省委因为以前已经损失了省港罢工工人及纠察队,如果教导团也让国民党

---

① 《中共广东省委报告(三)——关于张、李之战及广州暴动之准备和策略》(1927年12月11日),中共中央党史资料征集委员会等编:《广州起义》,中共党史资料出版社1988年版,第115页。

② 《李章达报告汪兆铭文电》,中共中央党史资料征集委员会等编:《广州起义》,中共党史资料出版社1988年版,第640页。

③ 《中共广东省委、团省委给各地党团通告——关于广州暴动的经过和当前要做的工作》(1927年12月17日),中共中央党史资料征集委员会等编:《广州起义》,中共党史资料出版社1988年版,第217页。

④ 《中央常委致广东仲甫的信——关于广州暴动政治指导上的几个问题》(1927年12月),中共中央党史资料征集委员会等编:《广州起义》,中共党史资料出版社1988年版,第138页。

反动派缴了武器，那就没有发动起义的力量了。为了保存力量，抓住时机，广东省委决定提前起义，把起义日期从12月12日提前到12月11日凌晨。

## 三、起义方式与时机的争论

广州起义前，在要不要立即起义、如何发动起义的问题上，共产国际代表和广东省委以及共产国际代表与苏联驻广州领事馆人员之间都存在争论。

据聂荣臻回忆，"对应不应该起义，起义应该采取什么方式，起义前，省委是有争论的。大体上在香港的时候，对应不应该起义争论比较多；到广州以后，则对起义方式争论比较多。"[1] 据中共广东省委12月5日给中央的报告中说，11月18日，广东省委曾开会讨论起义的问题，"在粤之毛子对省委的意见认为暴动是不应该的"。"在粤之毛子"指的是苏联驻中共中央军事委员会顾问谢苗诺夫，他反对此时在广州举行起义，召集在广州的省委委员张善铭、吴毅以及贺昌等人开会，提出了自己的反对意见，"主要的是说：张发奎与李济深的冲突是小资产阶级与地主阶级的冲突，我们如果现在广州暴动，即是帮助了李济深。"[2] 其实他的意见恰好反映了斯大林对中国革命的指导方针，认为从武汉到广州的张发奎追随汪精卫，是代表小资产阶级利益的，虽然武汉国民政府也背叛了革命，但小资产阶级仍然是革命的。在张发奎控制广州的这个时候在广州发动起义，当然就是打击张发奎、

---

[1] 聂荣臻：《聂荣臻回忆广州起义》，原载《聂荣臻回忆录》第五章《广州起义》，中共中央党史资料征集委员会等编：《广州起义》，中共党史资料出版社1988年版，第404页。

[2] 《广东政治报告（二）》（1927年12月5日），中共中央党史资料征集委员会等编：《广州起义》，中共党史资料出版社1988年版，第102页。

帮助李济深了，因而反对在广州发动起义。早在11月22日，在香港的张太雷在给中央的报告中就提到了这次谢苗诺夫与广东省委关于要不要暴动、要不要拉拢张发奎的争论，"毛子对张幻想，主张我们拉拢张发奎，曾与省委同志吵过一次。"而张发奎摆出的"左派"姿态，提出要会见共产党的负责人，这在当时也确实具有一定欺骗性，结果导致"毛子又与广州市委争论，现市委来信要我即去广州解决。"①随后张太雷等省委委员及纽曼等陆续回到广州，而张发奎和黄琪翔正在驱逐省港罢工工人、关闭省港罢工工人宿舍和食堂、封闭对日经济绝交委员会及对英经济绝交委员会，这就暴露了他们反人民群众的本来面目。

其实当时在广州反对发动起义的还有苏联驻广州领事波赫瓦林斯基，他于11月29日致电联共（布）中央，主张与张发奎会谈，要求联共（布）中央致电纽曼，企图阻止发动起义。但因为中共广东省委和广州市委张善铭、贺昌等人的激烈反对，谢苗诺夫和波赫瓦林斯基主张与张发奎、黄琪翔会见并把他们拉到革命这一边的事情不了了之。

谢苗诺夫和波赫瓦林斯基反对立即发动起义，而共产国际代表纽曼却是主张立即发动起义的。11月26日，有纽曼参加的中共广东省委常委会在广州召开，决定立即发动起义。29日，纽曼致电联共（布）中央政治局，汇报了广州的形势，特别是张发奎、黄琪翔逮捕和驱逐罢工工人以及国民党在广州的兵力部署情况，也专门提到张发奎、黄琪翔不止一次要求非正式会见，但被拒绝了。他说："我们决定在广州采取准备起义和成立苏维埃的坚定

---

① 《张太雷关于东江的情形、中央的交通问题等给中央的报告》（1927年11月22日），中共中央党史资料征集委员会等编：《广州起义》，中共党史资料出版社1988年版，第84页。

方针。""张发奎和黄琪翔不止一次非正式地要求会见,由于他们搞恐怖,我们拒绝了。"①纽曼同时还汇报,还没有确定起义日期。事实上,26日的省委常委会只是作出了起义的决定,起义的具体时间并没有最后确定。

临近起义时,关于是否起义的问题还有争论。据聂荣臻回忆,他在几次讨论起义的会议上都提出,"当时全国革命形势正处于低潮,广州的形势也是如此,对起义很不利,想利用两广军阀的内部矛盾,夺取广州,组织全国苏维埃,这是根本不可能的。"当时的广东省委军委会的黄锦辉也赞同聂荣臻的观点,但纽曼是个狂热的"暴动专家",再加上英雄的广州革命群众一旦被激发起革命热情,就不允许这个问题继续讨论了,转而开始争论起义发动的方式问题。

关于发动起义的方式问题,广东省委领导人从当时敌我力量的对比出发,认为抓住广州敌人兵力空虚的机会,在深夜乘敌人熟睡之际,采取突袭的方式,才容易取得起义的胜利。但共产国际代表纽曼却坚决照搬俄国共产党革命的模式,主张先发动工人罢工,形成总同盟罢工,组织示威游行,在群众被动员起来之后,有了群众基础,再趁机发动起义,取得革命胜利。但他们却忽视了,当时的中国和俄国虽然国情相似,经济文化都比较落后,但基本国情却完全不同。当时的俄国已经确立了资本主义制度,人民群众有言论、出版、集会、结社、罢工等各种权利,可以顺利组织罢工和游行,容易形成总同盟罢工。但中国还是半封建社会,人民群众没有言论、出版、集会、结社、罢工等基本权利,再加上

---

① 《牛曼给联共(布)中央政治局的电报》,中共中央党史研究室第一研究部译:《共产国际、联共(布)与中国革命档案资料丛书》第7辑:《共产国际、联共(布)与中国苏维埃运动》(1927—1931),中央文献出版社2002年版,第140页。

当时时间紧迫，总同盟罢工必须从零星斗争开始，而这种零星斗争在当时的中国刚开始就会遭到反动军警的血腥镇压，几乎不可能发展为总同盟罢工。更何况当时广州的工人经历多次罢工失败后，一些人心里对于没有武器的罢工斗争产生畏惧心理，还有很多工人在省港大罢工后被驱逐，不得不离开广州，这一切使得总同盟罢工在广州基本不可能实现。但26岁的共产国际代表纽曼却是个十足的主观主义和教条主义者，他不懂得军事，没有实战经验，对中国的国情和广州的情况全不了解，又听不进省委同志的意见，加上当时领导广州起义的广东省委主要领导，包括张太雷、恽代英、陈郁、张善铭、周文雍等，革命热情都很高，很勇敢，但缺乏军事知识，没有武装斗争经验。聂荣臻后来回忆说，"有秀才造反的味道，往往都是诺伊曼等国际代表说了算"。事实上，当时制订的起义计划就是按照纽曼的主张制订的，只是后来因为运送和储藏武器弹药的大安米店被破获，敌人获得了起义的很多情报，致使原定12月12日的起义，被迫提前到了10日深夜、11日凌晨，"所以，一方面整个起义显得很仓促，另方面也把诺伊曼的那套错误计划给打破了。"[①]起义的提前发动，使得白天组织工人总同盟罢工的计划落空，再加上敌人的戒严和搜捕，起义只能在晚上乘敌人熟睡之际发动。

---

① 聂荣臻：《聂荣臻回忆广州起义》，原载《聂荣臻回忆录》第五章《广州起义》，中共中央党史资料征集委员会等编：《广州起义》，中共党史资料出版社1988年版，第406页。

# 第三章　广州起义第一日：创建苏维埃

经过反复的讨论、缜密的筹划，1927年12月11日凌晨，广东省委领导发动了广州起义，建立了中国第一个城市苏维埃政权，召开了苏维埃会议，通过了一系列代表工人、农民利益和要求的内外政策和法令，揭开了中国苏维埃革命的序幕。

## 第一节　夜半枪声连角起

张黄事变后，广东省委在中共中央的领导下，经过紧锣密鼓的准备，以叶剑英领导的教导团、警卫团和赤卫队为主要力量，于12月11日凌晨举行誓师，发动了广州起义，迅速占领了珠江以北的大部分市区，取得了初步胜利，显示了广州工人、农民的伟大革命力量。

### 一、起义的主要力量

广州起义是英雄的广州人民依靠自己的力量发动的武装反抗国民党反动派的坚决斗争，主要力量包括叶剑英呕心沥血保存下来的第二方面军军官教导团和国民党新组建的第四军警卫团一个营以及数千人的工人赤卫队和部分农军；起义爆发后，黄埔军校特务营也闻风而动，参加了起义，成为起义的重要力量。

## （一）教导团

广州起义的主力是教导团。教导团的主要来源其实是黄埔军校第五期学员。1926年10月，在北伐军北定武汉三镇、东逼苏杭宁沪，战场上急需中下级军官，黄埔军校第四期学员应时毕业，第四期中未能入学的学员被编入第五期。1926年底，武汉国民政府成立，准备把广州黄埔军校迁往武汉。1926年底到1927年初，广州黄埔军校第五期政治、工兵等科的学员随北伐军从广州和南昌到达武汉，中央军事政治学校（黄埔军校）武汉分校选址两湖书院正式开办。武汉分校实行董事会制，共产党员董必武、李达、李汉俊等任董事，恽代英任政治总教官。因此，黄埔军校第五期学生深受共产党影响，不少学员加入了共产党，还有很多是共青团员。1927年5月和7月，第五期学员陆续毕业。然而，正在黄埔军校第五期学员毕业之际，汪精卫也发动了反革命政变，开始清除国民党内的共产党员。反动军阀何键一直视第五期学员为眼中钉，必欲除之而后快。当时张发奎为第二方面军总指挥，下辖第十一军、第二十军和第四军，第二十军军长贺龙，第十一军第二十四师师长为叶挺。张发奎因为军中有不少共产党员，不仅不怎么反共，还吸收了郭沫若、叶剑英等一批共产党员到第二方面军中任职。张发奎为与何键争夺两湖地盘和武汉政权，急欲扩充实力。为了保住第五期学员这支倾向革命的武装，时任第二方面军第四军参谋长的叶剑英利用张发奎与何键的矛盾，建议张发奎把武汉军校学员编为第二方面军军官教导团，并自任团长，没有暴露身份的共产党员也被编了进去。当时黄埔军校唯一一批女学员，除了一部分获得修业证和路费被遣散外，游曦、周铁军等数十人留了下来，也编入了教导团。教导团的日常训练和管理由共产党员掌握的中国国民党党部负责，团内设立了中共党委，下设党支部，教导团成为一支由共产党掌握的武装。

1927年7月下旬，张发奎为扩充地盘，侵夺江西，在武汉誓师，以叶挺、贺龙部队为先锋，以教导团殿后，出兵江西，东征讨蒋。让张发奎意外的是，叶、贺部队到了江西后参加了南昌起义，在教导团到达九江时，获得叶、贺部队起义消息的张发奎下令，教导团所乘船只驻泊江心，召各营长到司令部，要求部队立即缴械，并在岸边布置了一个团的兵力，持机关枪、迫击炮等对着教导团；教导团中的中共党组织意识到了处境的危险，为了保存力量，秘密要求学员放弃抵抗，交出武器。在随后的军事会议上，因为叶、贺部队起义而恼羞成怒的张发奎宣布追击叶、贺部队，叶剑英却提出叶、贺部队向广东方向前进，在广东的桂系军阀一定会出兵迎击，广州势必兵力空虚，因而建议张发奎乘机夺取广州，占领广东，急于扩充地盘的张发奎采纳了叶剑英的建议，这不仅使叶、贺部队减轻了压力，也使教导团得以保留下来，并获得了进驻广州的机会。

1927年8月中旬，部队到达广东境内，因为土匪威胁严重，张发奎发还了教导团的武器，部队得以重新武装起来。几天后，部队到达韶关，第二方面军第二十六师师长许志锐突然奉命来缴教导团的械，面对来势汹汹的敌人，教导团中的党组织再次决定，交出武器，保存实力。二十多天后，教导团到了广州，进驻观音山下的北较场四标营。随后，为了保护这支力量，叶剑英辞去团长职务，由杨树淞接任，宋湘涛任参谋长，下辖三个营，共计一千三百余人[①]，营、连长基本都是共产党员，仍然拥护"老团长"叶剑英的指挥。

---

① 张国星：《广州起义时敌我双方力量对比考》，《历史教学》1992年第8期。

## （二）警卫团

警卫团是张发奎到广州后新组织起来的一支部队，人数约一千三百人，下辖三个步兵营，每营四个连。第一营由第四军特务营整建制划拨组建而成，是张发奎的亲信部队，驻在观音山脚下及军部和团部；第二营由第八路军特务营改编而成，是李济深的亲信部队，驻在东较场、大沙头；第三营是新成立的，士兵一部分由共产党秘密组织省港罢工工人纠察队员组成，一部分是新招募的。在警卫团组建的过程中，叶剑英向张发奎推荐了陶铸、蔡申熙、陈选甫、林天尧等一批共产党员到警卫团担任各级领导职务。在警卫团，团长梁秉枢、团指导员陈选甫、参谋林天尧、副官吴剑侠、书记陈星五、第三营营长施恕之以及第一营、第二营的副营长都是中共党员，施恕之在南昌起义时任叶挺所部营长，第三营第十连的连长袁耐坚、连指导员陈同生也是党员[①]。因此，在叶剑英的苦心经营下，警卫团第三营成为我党掌握的一支武装力量。警卫团第一营、第二营由特务营拨编而来，编制满额，装备齐全，各约五百人，而第三营为12月1日新建，至广州起义时组建尚不足十日，只有约二百余人，不仅人数少，而且武器装备基本没有。起义前两天，广东省委致中央的报告中说："警卫团两营是旧的，无同志，一营是我们的，惜枪不足。"[②] 起义后，广东省委"关于张、李之战及广州暴动之准备和策略"中提到，"教导团差不多全数可以指挥，警卫团亦有二百余，工人赤卫队枪亦

---

① 梁秉枢：《警卫团起义的前前后后》，中共中央党史资料征集委员会等编：《广州起义》，中共党史资料出版社1988年版，第501页。

② 《中共广东省委关于目前暴动工作的准备情形给中央的报告》（1927年12月8日），中共中央党史资料征集委员会等编：《广州起义》，中共党史资料出版社1988年版，第108页。

很少。"① 曾干庭在起义后也曾在报告说："警卫团仅有一营属我们，且无枪支。"② 陶铸同志的回忆也证明了这一点："当时起主要作用的当然是教导团和武装起来的工人赤卫队，他们攻下了很多重要的据点。警卫团为新成立不久的部队，比起他们来差些，但是也尽了自己的力量。"③ 而且从起义过程中警卫团担负的任务是配合工人赤卫队攻打第四军司令部、军械库及第十二师后方留守处来看，属于正规部队的警卫团竟然配合非正规部队的工人赤卫队作战，工人赤卫队已经是没有什么武器也没有什么训练的了，警卫团比他们还差些并配合他们作战，也可足见警卫团基本没什么装备了。另外，警卫团刚刚成立不足十日，新成立未经训练的部队没有配备枪械，也是合乎情理和常规的。④

### （三）工人赤卫队

广州是最早成立工会的城市之一，在中国共产党的领导下，进步工会组织不断发展。1924年1月，中国共产党实现了与国民党的合作，国民党中央成立了工人部。随后，广州国民政府在国民党中央工人部和廖仲恺的支持下，为了对抗广州商团军，成立了工团军。10月，工团军参加了平定商团叛乱的斗争，显示了工人武装的力量。不久工团军被解散，工团军成员回到自己工会，开始组建工人纠察队，并成为纠察队的骨干。省港大罢工后，工

---

① 《中共广东省委报告（三）——关于张、李之战及广州暴动之准备和策略》（1927年12月11日），中共中央党史资料征集委员会等编：《广州起义》，中共党史资料出版社1988年版，第114页。

② 曾干庭：《曾干庭参加广州暴动的工作报告》，中共中央党史资料征集委员会等编：《广州起义》，中共党史资料出版社1988年版，第202页。

③ 江林：《深夜里的回忆——访陶铸同志》，中共中央党史资料征集委员会等编：《广州起义》，中共党史资料出版社1988年版，第507页。

④ 张国星：《广州起义时敌我双方力量对比考》，《历史教学》1992年第8期。

人运动进一步发展,到 1926 年 10 月,广州工会达到二百多个,工会会员近二十万人,工人纠察队不断壮大。然而,蒋介石在上海发动四一二反革命政变后,广州也发生了四一五反革命政变,国民党政府立即对工人运动扣上反革命的帽子,公开叫嚣"反对国民党便是反革命"、"对国民党罢工便是反革命"、"不受国民党指挥的民众便不是革命的民众",①并大肆捕杀共产党员和革命群众,至广州起义前,"广州的工人,在四月李济深反动之后,受着极大的牺牲,被杀的工人在四千以上,此外,还有一千多被拘禁。"②然而,广州的工人并没有被国民党政府的屠杀政策吓倒;为了保存力量,广州党组织号召广州工人运动转入地下斗争,尽力保存工人纠察队,广州的工会组织和纠察队开始自立名称,分散活动,工人队伍中出现了"剑仔队"、"工人自救队"、"省港罢工工人利益维持队"等名称。随后,这些工人武装组织统一编为工人自卫队,按区域划分,共设立 11 个区。南昌起义和秋收起义爆发后,特别是南昌起义部队向广东转移,推动广州工人运动不断高涨,广东省委积极筹划工农暴动。但广州国民党政府却开始对工人组织下手,11 月 8 日,国民党中央政治委员会广州政治分会和广东省政府宣布解散省港罢工工友会,取消省港罢工工人权利。10 日,广州市公安局奉命将罢工工友会解散,限 11 月 29 日遣散完毕。广州工人不甘屈服,继续坚持斗争。11 月 18 日,即张黄事变的第二天,广州工人在党组织领导下,开展了恢复工会、打击工贼、进攻反动工会的运动,散会后,工人巡行

---

① 《中国国民党广东特别委员会宣传委员会口号》,《广州民国日报》1927 年 4 月 16 日。
② 《广州暴动之意义与教训——中国共产党中央临时政治局会议通过的决议案》(1928 年 1 月 3 日),中共中央党史资料征集委员会等编:《广州起义》,中共党史资料出版社 1988 年版,第 258 页。

到惠州会馆，与改组会发生冲突，击毙改组会一人，伤一人。①广州工人还互相联络，组织被迫离开广州的工人返回广州，加强各行业工会，为起义积聚力量。

关于工人赤卫队的人数，据苏维埃政府公布的《广州苏维埃职员名单》："本日（十一日）上午四点，工人赤卫队五千余人围攻警署，……"②。同一日发布的《广州苏维埃革命纪实》也说："十二月十一日晨四时，五千工人赤卫队，占据公安局，缴了公安局保安队的械，释放一切革命的政治犯。"③然而，也是在同一天，广东省委致中央的报告中却说："至武装方面，工人赤卫队已有三千人之组织，发展仍是可以。"④在同一时间，广东省委和广州苏维埃对工人赤卫队的人数说法却不同。据张国星梳理起义前后的文件和报告以及叶剑英等人的回忆录，认为工人赤卫队人数应该不超过三千人，并认为，广州苏维埃所说五千余人是当时宣传所用传单上的数据，可能为了壮大起义声势，夸大了工人赤卫队的人数。⑤

工人赤卫队的武器装备则基本上是没有的，只是到了起义开始时才分发了极少数的武器装备。在起义爆发之际，广东省委在

---

① 《广东政治报告（二）》（1927年12月5日），中共中央党史资料征集委员会等编：《广州起义》，中共党史资料出版社1988年版，第102页。

② 《广州苏维埃职员名单》（1927年12月11日），中共中央党史资料征集委员会等编：《广州起义》，中共党史资料出版社1988年版，第126页。

③ 《广州苏维埃革命纪实》（1927年12月11日），中共中央党史资料征集委员会等编：《广州起义》，中共党史资料出版社1988年版，第127页。

④ 《中共广东省委报告（三）——关于张、李之战及广州暴动之准备和策略》（1927年12月11日），中共中央党史资料征集委员会等编：《广州起义》，中共党史资料出版社1988年版，第114页。

⑤ 张国星：《广州起义时敌我双方力量对比考》，《历史教学》1992年第8期。

报告中说"工人赤卫队枪亦很少"①。据杨殷回忆,进攻第四军司令部八旗会馆的工人赤卫队"只由一位十八岁的工人同志带领七十余人,武器则只有炸弹三颗、盒子枪一支、手枪一支"②,说明工人赤卫队的武器真的不多。徐向前也回忆说:"我去的第六联队③,大都是手工业作坊工人,……他们革命热情很高,但毫无军事素养,许多骨干连枪都没摸过"。因为广州亟需军事干部,徐向前在1927年9月底被中共中央派到广州。到广州后,徐向前被安排到工人赤卫队第五联队,任联队长,他首先对赤卫队员进行军事训练,但"说是进行军事训练,其实是既没枪,也没手榴弹,更没有练兵场,只能关在屋子里,'纸上谈兵'"。训练只能在晚上进行,每天晚上,徐向前召集一些赤卫队骨干到工人家里,围桌而坐,讲解军事常识,并用铅笔在纸上画的方法,讲解利用地形、扔手榴弹以及冲锋等。因房子狭窄,一次只能集中十几个人,所以只能分期分批地训练。虽然徐向前根据中共广东省委的要求,一直秘密坚持军事教育和训练,但"至起义前夕,共训练四十多名骨干"。而到了起义开始的那一刻,工人赤卫队还是赤手空拳的组织,原说起义前要给各联队送武器来的,结果迟迟不到,正当大家等得心急火燎、议论纷纷时,"有位提着菜篮子的年青女同志走了进来,从篮子里拿出两支手枪、几枚手榴

---

① 《中共广东省委报告(三)——关于张、李之战及广州暴动之准备和策略》(1927年12月11日),中共中央党史资料征集委员会等编:《广州起义》,中共党史资料出版社1988年版,第114页。

② 杨殷:《斗争中的回忆》,中共中央党史资料征集委员会等编:《广州起义》,中共党史资料出版社1988年版,第393页。

③ 徐向前自己回忆,他在广州起义时担任第六联队联队长,但据黎显衡根据其所在联队的活动范围应是第四联队,而据李民涌考证,徐向前应在第五联队任联队长。本文据李民涌的考证,认为徐向前任第五联队联队长。中共中央党史资料征集委员会等编:《广州起义》,中共党史资料出版社1988年版,第7页。

弹，这点东西，加上些铁尺、木棒、菜刀，便是我们联队起义的武器。"① 在起义之后，广东省委军委干部曾干庭在报告中也说："工人方面，虽组织赤卫军两千，但能开枪者不过六百人，且器械一项，仅有手枪数十杆，炸弹百五十枚。"② 陆定一在起义后向共青团中央汇报时则解释了工人赤卫队武器缺乏的原因，"省港罢工工人武装较多，但在暴动前被破获机关，失枪支万余，只剩几十了。"③1928 年 1 月，《广州工人代表大会报告》在总结广州起义时，也提到"开始暴动时，工人的武器炸弹约二十、手枪十五支及一切刀、棍、剑、铁尺等。"④ 所以，由此可以看出，这支约三千人的工人赤卫队，在起义开始时，基本的武器就是铁尺、木棒、尖串、菜刀、螺丝刀等，外加百余枚炸弹和几十支手枪。直到打下了公安局和其他军事据点，赤卫队员才取得了敌人的武器武装了自己。所以，时任广东省委委员的黄平回忆说："暴动的主要战斗力量就放在教导团和警卫团的一千七八百人的身上，工人在暴动的过程中，取得武器后才能充分发挥他们的作用。"⑤

到 1927 年 11 月中旬，中共广东省委将广州工人赤卫队按行

---

① 徐向前：《参加广州起义》，中共中央党史资料征集委员会等编：《广州起义》，中共党史资料出版社 1988 年版，第 417—418 页。

② 曾干庭：《曾干庭参加广州暴动的工作报告》，中共中央党史资料征集委员会等编：《广州起义》，中共党史资料出版社 1988 年版，第 202 页。

③ 《陆定一同志向共青团中央报告广州暴动的经过及广州共产青年团在暴动中的工作》（1927 年 12 月 29 日），中共中央党史资料征集委员会等编：《广州起义》，中共党史资料出版社 1988 年版，第 184 页。

④ 《广州工人代表大会报告》（1928 年 1 月），中共中央党史资料征集委员会等编：《广州起义》，中共党史资料出版社 1988 年版，第 245 页。

⑤ 黄平：《广州暴动》，中国人民政治协商会议广东省委员会文史资料研究委员会编：《广东文史资料》第 27 辑，广东人民出版社 1980 年版，第 226 页；又见《黄平对广州起义的回忆》，中共中央党史资料征集委员会等编：《广州起义》，中共党史资料出版社 1988 年版，第 434 页。

业和相近地域重新改编，成立工人赤卫队总指挥部，总指挥周文雍，副总指挥梁桂华，设参谋长，下辖七个联队，联队组织机构如下：每小队十人，三个小队组成一个中队，三个中队组成一个大队，三个大队组成一个联队；每队设有一个队长和副队长，每个大队都有党代表，每个联队设联队长和政治指导员以及有军事知识的参谋长。① 第一联队以手车、电务、油业、颜料、茶叶等行业工人组成，联队长罗登贤，政治部主任陈功武，军事参谋刘楚杰。第二联队以钢铁、五金、酒业、邮务等行业工人组成，联队长沈青，副联队长庞子谦；第三联队以粮食、铁路、印刷、饮食等行业工人组成，联队长刘昌；第四联队以建筑等行业工人组成，联队长邓苏；第五联队以海员、运输、铁匠等行业工人组成，联队长徐向前；第六联队是以广三铁路工人和芳村、花地农民自卫队组成的工农联队，联队长赵自选；第七联队为混合联队，属机动部队；另有负责运输的汽车队、破坏敌人运输的交通队、负责肃清反革命分子的红色恐怖队、搜集情报的消息局和主要以省港罢工工人组成的敢死队。②

起义前，周文雍多次召集赤卫队干部会议，认真研究作战计划，并根据各队的实际情况进行具体作战部署。12月10日下午，张太雷、杨殷在禺山市场召开了紧急军事部署会议，决定：实力较强的第一联队和罢工工人组成的敢死连协助教导团攻打伪公安局；第二联队攻打第四军军部、广九车站及第七、六、二区警察署；第三联队攻打西区警署、粤汉铁路车站等；第四联队攻打警

---

① 黄平：《广州暴动及其准备》，中国人民政治协商会议广东省委员会文史资料研究委员会编：《广东文史资料》第27辑，广东人民出版社1980年版，第307页。
② 李民涌：《广州起义工人赤卫队联队长考证》，中共中央党史研究室第一研究部等编：《纪念广州起义80周年学术研讨会论文集》，广州出版社2008年版，第342—346页。

察讲习所、保安队、大南路警察局；第五联队攻打省长公署、德宣路的警察署和驻观音山的敌军；第六联队攻打芳村警察局、石围塘保安队和广三铁路车站；第七联队作为机动力量随时支援各处作战。

### （四）黄埔军校特务营

黄埔军校各时期都设有特务营，隶属管理（部）处，由教育长领导。1927年11月底，原第四军教导团团长杨树淞调任黄埔军校教育长，共产党员吴展任黄埔军校特务营营长。特务营下辖3个连，共二百多人，朝鲜人很多。因为长洲岛交通不便，信息不通，再加上起义时间提前，他们未能及时参加起义，参加起义后又在广州东郊沙河一带作战，因而很多人忘记了这支队伍。但这支队伍确实参加了广州起义，并付出了巨大的牺牲。

时任黄埔军校教育长副官的何崇校回忆：1927年12月11日，天亮后杨树淞发现，平常船只川流不息的珠江上竟然一艘船也没了，与广州市内也联系不上，于是派人到广州城内打探消息，才知道教导团起义了，获得消息的杨树淞即刻乘小船逃往虎门。留在黄埔军校的吴展和共产党员王侃如决定将特务连拉到广州去参加起义。11日下午5时，特务营从长洲岛出发，黄昏时渡过珠江在鱼珠码头登岸，在码头旁村庄宿营，12日凌晨4时从鱼珠出发，天亮时到达瘦狗岭。[①]起义时任特务营第二连连长的朝鲜人崔庸健在后来参观中国革命博物馆时说：黄埔军校特务营有一百五十多名朝鲜人，广州起义时，党组织给特务营的指示是监视反动武装，配合工人的活动；后来上级又指示特务营：力量不要太分散，

---

① 何崇校：《黄埔军校特务营参加广州起义经过》，中共中央党史资料征集委员会等编：《广州起义》，中共党史资料出版社1988年版，第524页。

要集中到沙河，抵抗反动派的进攻。因为特务营对攻下沙河后的任务不清楚，行动迟疑，"后为反动派包围，特务营的同志都牺牲了"。后来，"特务营第二连又去攻占沙河"，又因为情况不熟悉，进攻失利，大部分同志牺牲。[①]原教导团战士刘祖靖也说，"在十一日晨，黄埔军校的特务营也参加了起义。十二日下午，他们乘船到达广州东郊，与敌军李汉魂部展开战斗，后向白云山方向转移到太和与主力会合。"[②] "黄埔一部武装战士亦于十三日赶到，会同向沙河进发"，从时间、地点等判断，这里的"黄埔一部战士"就是黄埔军校特务营。上述资料表明，黄埔军校特务营属于广州起义的革命力量，并接受了党组织分配的战斗任务，只是因为地处长洲岛，通讯不畅，参加起义稍晚，但参加了广州起义在沙河等地的战斗，是广州起义的重要力量。

### （五）农民自卫军

农民自卫军是由各地农民协会组建的，归各地农民协会领导。广州起义前夕，"广州市郊区有四个区级农会，成立最早的是第一区农会"，第一区农会"包括芳村、花地、涌口、沙涌、大桥等二十四乡，参加农会的会员有一千多户，大多是农村的赤贫户和雇农"。大革命失败后，农会曾被封闭，农军受到摧残，被迫转入秘密活动状态。广州起义时，一区农军又重新组织起来，他们"本来就有步枪"，一百多人参加了攻打石围塘火车站和芳村花地警署的战斗，后来驰援公安局起义总部，并被派往观音山参

---

[①] 《崔庸健参观中国革命博物馆时谈参加广州起义的朝鲜同志》，中共中央党史资料征集委员会等编：《广州起义》，中共党史资料出版社1988年版，第609—610页。

[②] 刘祖靖：《广州起义中的教导团》（节录）（原载《文史资料选辑》第59辑），中共中央党史资料征集委员会等编：《广州起义》，中共党史资料出版社1988年版，第458页。

加战斗。① 据回忆，南海和花县农民自卫军也参加了广州起义，1928年1月，《广州工人代表大会报告》中统计广州起义参加人数、死伤人数及武器情况时说："第一日参加者，工人约二万，军队一千六百余，农民二千。第二日参加者，工人约一万，军队约二百，农民不知。"关于死伤人数，"工人死伤约四千，伤者约六百，军队死者约六百，伤者约一百，农民不知。"关于武器装备，也是"农民不知"。② 由此，基本可以断定，广州四郊的农民自卫军参加了广州起义，因为农民自卫军组织训练时间长，有一定的武器装备，也有一定的战斗力，但参加起义的具体人数不详。

## 二、北较场誓师

临近起义，起义军运送弹药的行动暴露，让敌人获得了准确无误的起义信号。张发奎开始采取行动，任命黄琪翔为广州戒严司令，准备立即收缴起义主要力量教导团的枪械。形势万分紧迫，广州起义指挥部不得不马上做出决定，将起义提前到12月11日凌晨3点半举行。起义计划改变后，起义准备变得极为仓促，有些赤卫队联队直到10日下午才接到起义通知，晚上集合赤卫队员传达起义的决定，告知起义的口令为"暴动"，特别口令为"夺取政权"，并每人分发红布条，准备系于军帽、左臂和颈上作为起义军的标志。

12月10日午夜后，驻扎在北较场四标营的教导团开始了行

---

① 何清：《起义中的市郊一区农民自卫军》，中共中央党史资料征集委员会等编：《广州起义》，中共党史资料出版社1988年版，第578—579页。

② 《广州工人代表大会报告》（1928年1月），中共中央党史资料征集委员会等编：《广州起义》，中共党史资料出版社1988年版，第245页。

动。首先行动起来的是团党支部和各连的党员,他们把张发奎派来监视教导团的反动军官朱勉芳镇压,并逮捕了二营长方际平、三营长樊少卿等反动军官,将"孙文主义学会"的反动分子数十人予以关押。11日凌晨1时许,教导团紧急集合,全团战士撕掉国民党军队的帽徽、臂章等符号,举起镰刀锤头红旗,等待起义爆发。

11日凌晨2点,张太雷、叶挺、恽代英和徐光英等来到教导团驻地,教导团的党员和革命战士集中在团部后的一间房内,张太雷宣布教导团改称红军军官教导团,叶挺为起义总指挥,叶剑英为副总指挥,徐光英为参谋长,任命第一营营长李云鹏为团长,叶镛、赵希杰、饶寿柏分任第一、二、三营营长,并作了起义动员。张太雷谴责了蒋介石、汪精卫背叛革命的行为和屠杀共产党员及进步工人的反革命罪行,指出:我们是用武装的革命反抗国民党武装的反革命,为了全国的劳动人民能够在政治上、经济上彻底翻身,革命后必须实行土地革命。张太雷还动员说:"今天夜间,我们要在广州举行暴动,要打倒国民党反动派,要完全解除敌人在广州的武装,我们要成立工农民主政府。你们教导团是暴动的主力,你们要勇敢战斗,完成我们党交给的任务。"在张太雷的动员下,战士们群情激昂。随后,恽代英在讲话中回顾了教导团在九江和韶关被缴枪的惨痛经历,告诉大家现在国民党又要收缴大家的枪,他号召大家不要交枪,而要报仇,要起义,要和反动派算账,要讨还血债,要夺取政权,建立自己的工农民主政府。他鼓励大家勇敢战斗,解除敌人的武装,取得暴动的胜利。恽代英还向大家介绍了叶挺同志,最后叶挺在简短讲话后,宣布起义开始，各部队按照 12 月 10 日分配的任务开始进攻。①

根据起义的战斗部署，教导团各连排的战斗任务是："第一营攻打敌公安局，第二营第四连攻打敌学兵营（原桂系的）；第二营第五连和炮兵连第一排，攻打敌沙河炮兵团；第二营第六连攻打敌广九车站；第三营攻打敌第四军司令部；炮兵连第二排攻打敌省党部（扩党委员会）和东较场敌公安分局（警察四区署）；炮兵连第三排攻打敌薛岳的新编第一师司令部；通讯队攻打敌第十二师缪培南司令部；工兵连攻打敌省政府、市政府、财政厅、中央银行等机关。此外，还有约一百人的女生队，是原武汉中央军校的女生大队缩编成的。她们的主要任务是搞宣传和救护工作，同时每人也发了武器，必要时参加战斗。教导团特务连除留一个排担任四标营的警卫外，其余到起义指挥部担任警卫。四时许②，各营、连、排纷纷出动，各奔自己攻打的目标去了。"③

11 日凌晨 3 时 30 分，随着三颗信号弹升空，工人赤卫队按照 10 日下午杨殷等在禺山市场召开的紧急军事会议的部署投入战斗；广州芳村、花地一带的农军参加了工人赤卫队第六联队，随工人赤卫队参加了起义；南海农军在周侠生、谢颂雅等人的带领下，出击大沥，后到石围塘，加入了工人赤卫队第六联队；白云区聚龙村一带的农军在王岳峰的带领下，听到广州市内的枪声，立即向广州进发，于天亮时到达公安局，参加了起义；花县的农民自卫军在接到广州起义的紧急通知后，黎明前抵达广州市郊，

---

① 刘祖靖：《广州起义中的教导团》（节录）（原载《文史资料选辑》第 59 辑），中共中央党史资料征集委员会等编：《广州起义》，中共党史资料出版社 1988 年版，第 449—450 页。

② 应为"三时半"。

③ 刘祖靖：《广州起义中的教导团》（节录）（原载《文史资料选辑》第 59 辑），中共中央党史资料征集委员会等编：《广州起义》，中共党史资料出版社 1988 年版，第 450 页。

参加了进攻省长公署的战斗。

## 三、红旗飘上越王台

根据起义的军事部署,起义队伍需要进攻的敌方据点主要有:位于维新路(今起义路)的敌公安局、位于长堤肇庆会馆的第四军军部、位于东较场旁的薛岳新一师司令部、位于沙河燕塘的敌炮兵团、位于文德路的敌十二师留守处、位于长堤潮州会馆的二十六师师部、位于北京南路仰忠街的第四军军械处、位于大东门旧咨议局的国民党省党部、位于吉祥路的国民党省政府、位于天字码头附近的中央银行以及省财政厅、广九车站、广三车站及市内各区警察署等十多个。

### (一)攻占敌公安局

敌公安局是国民党在广州反动统治的重要据点,驻扎有大批警察和保安队,负责攻打敌公安局的队伍是教导团第一营第一连和工人赤卫队第一联队以及省港罢工工人组成的敢死队。北较场誓师后,由第一连连长刚刚升任第一营营长的叶镛宣布第一连的任务是攻打维新路的敌公安局,并作了简短动员讲话,新任第一连连长陆更夫介绍了公安局的地形和建筑物情况,并分配任务:第一排负责攻打敌公安局,第二排和第三排负责攻打公安局对面的保安队。随后,教导团第一连在叶镛营长的率领下,乘汽车直奔维新路敌公安局。在敌公安局大院门口,起义战士击毙了敌卫兵,直接冲进大院,这时,工人赤卫队也赶来加入了战斗。战士们分左右两路进攻,两路队伍都遇到了敌警察的抵抗,大批警察凭借楼房、铁栅栏、围墙和装甲车向战士们扫射。教导团一营一连的战士用火力压制住敌人,消灭了楼梯口的敌人后,冲上二楼、三楼,占领制高点,用手榴弹消灭了大量敌人。工人赤卫队的队员们也不畏敌人的枪弹，推倒铁栅栏，挥舞大刀长矛，冲向敌人。一些警察见大势已去，除部分逃跑外，剩下的缴械投降。战斗开始时，敌公安局长朱晖日就住在公安局内，枪声一响，他就翻墙逃跑了。至凌晨5时左右，攻打敌公安局的战斗结束了，战士们打扫了战场，清理出一座洋房，作为广州起义总指挥部。随后叶挺、叶剑英、徐光英等来到这里指挥战斗。

### （二）进攻第四军司令部

第四军司令部位于长堤肇庆会馆，驻守着第四军新编警卫团第一营的部队，起义部队负责进攻第四军军部的是教导团第三营和警卫团一部。由于教导团驻地四标营距离长堤较远，当教导团第三营到达肇庆会馆时，其他地方的战斗已经开始了，敌人听到枪声，已经有所准备。警卫团战士到达时，第四军司令部的国民党军队已在大门外马路上堆起沙包，以一部兵力守住大门外的工事，并凭借装甲车，配备重机枪，向起义战士扫射。其余敌人则分布在军部大楼和天台上，居高临下，从楼顶上火力压制起义部队的冲击。先到的警卫团战士多有伤亡，教导团第三营三个连的战士沿街道向第四军司令部冲锋，但因为敌人火力太猛，起义战士伤亡较大，只好就地散开，利用街道两侧骑楼的走廊柱子作掩护，向敌人射击，但始终没有能够将肇庆会馆夺取，进攻第四军司令部的战斗打成了僵局。

### （三）奇袭新一师司令部

薛岳的新编教导第一师司令部在东较场西北面，是一座三层楼房，离四标营不远，负责攻打新一师司令部的起义部队是教导团第三营炮兵连第三排。敌司令部内驻有该师特务营，营房没有围墙，只有篱笆围着。起义开始后，教导团炮兵连第三排只用了十多分钟就到了攻击地点。起义部队躲过敌人的步哨，在大门口散开后，开始向营内射击，敌门卫莫名其妙，仓惶退入院内。激烈的枪声惊醒了正在营房内酣睡的敌人，他们惊慌失措，来不及穿衣，也来不及拿枪，纷纷光身赤脚逃出门外，争先恐后寻找地形地物躲藏，起义部队迅速冲进了营房，收缴了他们的枪械，攻占了司令部。这次战斗共俘虏敌兵四五百人，缴获迫击炮数门、机枪数挺和近千支步枪及大量子弹。所得武器全部运往起义总指挥部，分发给工人赤卫队员。袭击薛岳新一师司令部的战斗就这样兵不血刃地结束了。

### （四）攻打敌省党部和警察四区署

敌省党部位于大东门（今烈士陵园内），警察四区署位于东较场西北角，即新一师司令部旁，敌省党部和警察四区署隔惠爱路斜相对，距离很近，负责进攻这两处敌人据点的是教导团炮兵连第二排。为了不惊动敌人，炮兵排兵分二路，一路袭击省党部，一路袭击警察四区署。这两处据点的敌人都没来得及反抗，起义部队没有开枪直接闯入敌大门，在收缴门卫枪支后，敌人还在梦乡就做了俘虏。

### （五）占领敌学兵营

进攻敌学兵营的是教导团第二营第四连。学兵营是原来桂系的队伍，共有四个连数百人，已经训练了半年。但在11月17日，张发奎发动政变、驱逐桂系黄绍竑时，解除了学兵营的武装，将他们的枪支弹药收在了军械库里。因此，起义部队进攻学兵营时，在学兵营大门口，向学兵营内打了一排子弹，敌门卫没有还击，教导团四连很快就占领了敌营房，冲进了学兵宿舍，发现所有学兵都是没有武器的，当起义部队搜查到军械库时，发现了一排排的枪架放满了枪支。起义部队这才发现整个学兵营只有几个卫兵是有武器的，其他学兵都是徒手，夺取学兵营的战斗也很快就结束了。

### （六）夜袭燕塘敌炮兵团

敌炮兵共两个团，驻燕塘，是敌人的重要力量。武汉国民政府建立后，于1927年4月组织了第二次北伐，5月黄琪翔率军进攻河南上蔡县，贺龙率军包抄了奉军后路，奉系军阀的一个旅投降，北伐军将其收编，并缴获了一些火炮。在此基础上，张发奎建立了一个炮兵团，即炮兵第一团，辖三个炮兵营和直属特务连、平射炮连和山炮连等，共约一千五百余人，士兵多为俘虏来的河南人和山东人，并不愿打仗。炮二团是新成立的部队，内有不少共产党人，基本为共产党掌握。广州起义时，敌炮一团的炮兵营大都随十二师调到了粤桂战争的前线，留在燕塘的仅有直属特务连等部队。进攻敌炮兵团的是教导团第二营第五连和炮兵连第一排。起义部队在叶挺亲自指挥下，由团长李云鹏率领，跑步前进，经沙河，奔赴燕塘。当起义部队到达沙河时，叶挺站在路边的斜坡上，手持指挥鞭指向远方，指挥部队快速前进。在叶挺号召下，起义部队迅猛出击，首先进攻驻沙河的敌步兵团，手榴弹的爆炸声伴随着"缴枪不杀"的喊声，震破敌胆，经过一阵冲杀，很快解除了敌人一个团的武装，俘敌数百人。随后，叶挺指挥教导团战士直奔燕塘敌炮兵团驻地。当起义部队到达时，炮一团的敌人正在吹紧急集合号，起义士兵趁敌人尚未集合，立刻出击，不知袭击部队来自何方的敌人四散奔逃，有些正在慌忙起床的敌人来不及穿好衣服便当了俘虏。炮二团没有抵抗，直接参加了起义。这次战斗，起义部队俘敌千人，缴获山炮、野炮、迫击炮等数十门，另有枪支三四百支。

### （七）袭击敌第十二师司令部

第十二师司令部设在文德路，第十二师师长缪培南率军在西江进攻桂系黄绍竑部,司令部只留下一个特务连担任警卫。进攻十二师司令部的是教导团通讯队,因为通讯队是教导团到达广州后才成立的,训练时间短,作战经验欠缺,战斗力不强。在进攻时,到达敌司令部门口却行动迟缓,致使被敌人发觉,未能形成突袭的效果,形成了对峙的局面,起义部队夺取敌十二师司令部未能成功。[1]

### (八)攻打中央银行

中央银行位于长堤,在第四军军部东面,负责进攻中央银行的是教导团工兵连。因为中央银行面临珠江,正面有炮艇保护,周围都是房屋,银行侧面的第四军军部也还在敌人手里,而银行卫队又居高临下,使得起义部队难以接近,虽然起义部队情急之下,烧毁旁边几处房屋,企图为攻打中央银行清理出一条道路,但也无济于事,致使进攻中央银行的军事行动也陷入僵局。[2]

此外,起义部队还攻占了省政府、市政府、省财政厅、广九车站等地。到中午时,广州市珠江以北的敌人据点,如敌公安局、观音山、广九车站、电灯厂、省党部等地,以及炮兵团、新一师师部等军事要地,都被起义部队占领。起义军共俘敌数千人,缴枪上万支。但长堤的第四军军部、第四军军械处、李济深的公馆和中央银行等几处,因为地形上易守难攻,敌人负隅顽抗,一时

---

[1] 关于第十二师师部是否被攻下,说法不一,12月17日广东省委的文件《中共广东省委、团省委给各地党团通告——关于广州暴动的经过和当前要做的工作》中说:"十一日全市差不多已占领,惟南关第四军军械处及文德路第十二师部未能攻入,中央银行亦未占领",应较为准确;起义时任广东省委军委会干部的曾干庭也在1月4日的报告中说:"唯四军军部及十二师师部与仰忠街军械处,因地势及有水机关、手机关扫射抵抗,始终未能攻下。"中共中央党史资料征集委员会等编:《广州起义》,中共党史资料出版社1988年版,第217、第203页。

[2] 黄平:《广州暴动》,中共中央党史资料征集委员会等编:《广州起义》,中共党史资料出版社1988年版,第428页。

没有攻下，形成了对峙的局面，尤其第四军军部和中央银行面临珠江，这里没有攻下，牵制了起义部队相当的力量，并打断了起义部队渡江作战、攻打珠江南岸李福林部的计划，也使得国民党能够盘踞珠江南岸，迅速调集兵力，对起义部队进行反扑。①

## 第二节 成立工农民主政权

起义部队占领敌公安局后，将这里改为起义总指挥部，建立了广州苏维埃，召开了广州苏维埃政府第一次会议，通过了一系列施政纲领，开展了宣传苏维埃、宣传民众保卫苏维埃的各项工作。广州苏维埃是真正无产阶级性质的工农民主政权。

### 一、创建广州苏维埃

1927年12月11日早上，随着起义军陆续占领广州市区珠江北岸，起义总指挥部的铁门上挂起了写着"中华广州苏维埃政府"的红色横幅，张太雷、杨殷、陈郁、叶挺、周文雍等人陆续来到这里。早上6时许，广州苏维埃政府宣告成立，广州起义总指挥、中共广东省委书记张太雷同志身着军装，在广州苏维埃政府办公室里亲自主持了广州苏维埃的第一次会议。共产国际代表纽曼和中共广东省委的大部分成员参加了会议，恽代英负责记录，广东省委组织部长穆青负责陪同纽曼并任翻译。会上，张太雷作了简短发言，宣读了起义政纲，大家逐条鼓掌通过；按照事先拟好的名单，恽代英宣读了广州苏维埃政府的

---

① 《黄平对广州起义的回忆》，中共中央党史资料征集委员会等编：《广州起义》，中共党史资料出版社1988年版，第437页。

组成人员,也获得了一致通过。在当天出版的《红旗》号外上发布了《广州苏维埃职员名单》,指出:"广州苏维埃(工农兵代表会议)已宣告正式成立,为政治上最高机关,代表工人、农民、兵士执行政权。广州的工人、农民、兵士已经下最大的决心,要拥护苏维埃与一切反动势力奋斗到底。"这份文件明确宣布了广州苏维埃政府的成立,指明它的性质是由工人、农民和士兵组成的代表工农兵利益的最高权力机关,是人民的政权。

广州苏维埃政府人员名单如下:[①]

| | |
|---|---|
| 主席: | 苏兆征(未到以前张太雷代理) |
| 人民内务委员: | 黄平 |
| 人民肃清反革命委员: | 杨殷 |
| 人民土地委员: | 彭湃(因现任海陆丰苏维埃主席,以赵自选代理) |
| 人民劳动委员: | 周文雍 |
| 人民外交委员: | 黄平 |
| 人民司法委员: | 陈郁 |
| 人民经济委员: | 何来 |
| 人民海陆军委员: | 张太雷 |
| 秘书长: | 恽代英 |
| 工农红军总司令: | 叶挺 |
| 工农红军总参谋长: | 徐光英 |

广州苏维埃政府的这些职员都是中国共产党党员,长期从事党团工作等革命工作,是著名的工人运动领袖、农民运动领袖和

---

[①] 《广州苏维埃职员名单》(1927年12月11日),中共中央党史资料征集委员会等编:《广州起义》,中共党史资料出版社1988年版,第126页。

党的著名活动家、北伐名将。

苏兆征(1885—1929),广东香山县淇澳岛(今珠海市淇澳岛)人。1908年加入同盟会。1925年春加入中国共产党。1922年1月,苏兆征与林伟民等领导了香港海员大罢工,此次罢工成为中国共产党成立后第一次工人运动高潮的起点,对广州地区群众运动的发展起到了推动作用。1925年6月,他与邓中夏等人领导的省港大罢工,持续了16个月,是世界工运史上时间最长的一次大罢工。在1927年召开的八七会议上,苏兆征当选为临时中央政治局委员和常务委员。会后,苏兆征到上海负责中央财务小组和中华全国总工会的工作,与张太雷等人一起制定了广州起义的总计划和训令。广州起义爆发时,苏兆征不在广州,也没有亲自指挥广州起义的具体行动,但仍当选为广州苏维埃政府主席,由张太雷代理。

张太雷(1898—1927),江苏武进县(今常州)人。1920年参与创建上海社会主义青年团,加入李大钊创建的北京共产党早期组织。1921年赴苏联,任共产国际远东书记处中国科书记,代表中国共产党出席共产国际第三次代表大会和青年国际第二次代表大会,成为中国共产党第一个派往共产国际工作的使者。1922年在广州主持召开中国社会主义青年团第一次全国代表大会,先后出席中国共产党第二至第五次全国代表大会,是第四届中央候补委员、第五届中央委员和中央政治局候补委员。1927年8月,出席八七会议,当选为临时中央政治局候补委员,会后到广东工作,被任命为南方局委员、广东省委书记。在广东,张太雷按照中共中央的部署,制订广东暴动计划,积极响应南昌起义南下部队。在广州起义最后准备工作中,担任起义总指挥部——革命军事委员会的总指挥,多次召集省委会议并主持制定起义的纲领、口号和计划，亲临一线召开起义部队党组织会议和各行业工会支部书记会议，亲自召集教导团、警卫团和黄埔军校特务营等单位的共产党员和革命骨干进行起义动员，亲临教导团驻地领导官兵誓师起义，领导建立了广州苏维埃，主持了广州苏维埃政府第一次会议。张太雷是党内著名的政治活动家、宣传家，是广州起义的主要领导人。广州苏维埃政府成立后，张太雷任人民海陆军委员，代理苏维埃政府主席。

黄平（1901—1981），湖北汉口人。1923年赴苏联，在东方劳动者共产主义大学接受马克思主义教育，1924年加入中国共产党。1925年至1926年，黄平任中共香港特别支部书记、广东区委职工运动委员会书记，与邓中夏、苏兆征等一起领导震惊中外的省港大罢工，参与建立和扩大广东省工会联合会、香港总工会、广州工代会、粤汉铁路总工会、广三铁路总工会、广九铁路总工会等工会组织，成为享誉粤港的工人运动领袖。1927年，在中共五大上被选为中央候补委员。1927年10月，黄平出任中共南方局委员、南方局军委委员，后任中共广东省委常委、组织部长。黄平是广州起义最高领导机构——革命军事委员会的三位成员之一，他参与了起义的酝酿、决定、准备、发动和实施的全过程。广州苏维埃政府成立后，黄平担任人民内务委员兼人民外交委员。

杨殷（1892—1929），广东香山县（今中山市）人。早年加入同盟会，1922年加入中国共产党，并组织工人运动、粤汉铁路工人大罢工。1927年8月，杨殷奉命去广州指导广州暴动工作。11月28日，广州起义总指挥部——革命军事委员会正式成立，杨殷在革命军事委员会下设的参谋团任参谋团主任，负责收集情报，参与起义的军事指导和制订起义的行动计划，并兼任西路起义军的统一指挥。杨殷不仅为起义进行筹划、组织、准备，及时解决了起义所需的人力、武器弹药以及敌情动态，并且还积极配合叶挺部署军事行动，冷静应对起义计划被敌人察觉的危机，将省委提前起义的决定及时传达和落实，使得广州起义能够顺利举行。起义的枪声打响后，杨殷自始至终参与了起义的指导，并亲自率领工人赤卫队参加战斗。广州苏维埃政府成立后，杨殷担任人民肃清反革命委员。

彭湃（1896—1929），广东海丰县人。1921年加入中国社会主义青年团，1922年7月，领导成立中国第一个农民协会——六人农会。1923年初成立海丰县总农会，任会长。1924年加入中国共产党，开办农民运动讲习所。1925年任中共海陆丰地委书记。1926年主持召开广东省第二次农民代表大会，被选为第二届执委常务委员。1927年11月，领导海陆丰人民取得起义胜利，建立中国第一个红色政权——海陆丰苏维埃政府，任海陆丰苏维埃政府主席。彭湃是中国共产党著名的农民运动领袖，没有参加广州起义的具体筹备和领导工作，但广州苏维埃政府成立后，仍被任命为人民土地委员，由赵自选代理。

赵自选（1901—1928），湖南浏阳人。1922年加入中国社会主义青年团，1924年加入中国共产党，6月，进入黄埔军校第一期学习，同年毕业。1925年被派到省港大罢工罢工委员会工人纠察队任第一大队教练。1926年被中共党组织派到毛泽东主持的第六届农民运动讲习所，任军事训练总队长。1927年四一五反革命政变发生后，到广州附近农村组织农民武装。8月，任中共中央南方局军事委员会委员。赵自选是著名的农民运动领袖，广州起义期间，任工人赤卫队第六联队联队长，率领工人赤卫队和农民自卫军参加了夺取芳村警察局、石围塘火车站的战斗。广州苏维埃政府成立后，赵自选代理彭湃任人民土地委员。

周文雍（1905—1928），广东开平人。学生时代受五四运动影响，积极参加革命活动。1923年加入中国社会主义青年团。1924年因领导进步学生活动被广东省立第一甲种工业学校开除，受组织安排开始从事工运工作。1925年加入中国共产党，参与领导省港大罢工。1926年初，被选为中共广东区委工人运动委员会成员，随后担任共青团广州地委书记。四一二反革命政变发生后，担任广州工人代表大会主席，负责领导广州市各工会党支部工作，并把工人纠察队秘密组织起来，建立工人武装。广州起义期间，周文雍是起义总指挥部——革命军事委员会的三人成员之一，兼任工人赤卫队总指挥，负责工人赤卫队的组织、动员和作战指挥。周文雍是著名的工人运动领袖，是广州起义的重要领导人。广州苏维埃城府成立后，担任人民劳动委员。

陈郁（1901—1974），广东宝安县（今深圳）人。12岁到香港当学徒，后到英国轮船上当海员。1922年参加了香港海员大罢工。1924年任中华海员工业联合总会干事，1925年当选中华海员工业联合总会副主席，参加了省港大罢工，被选为罢工工人代表，并任罢工委员会宣传干事。同年加入中国共产党。1926年8月，陈郁被任命为中华全国海员工会副主席、中共海员工会委员会书记。1927年初，陈郁任中华全国海员工会主席、党团书记，同时参加中共广州市委和广州工代会的领导工作。四一二反革命政变发生后，陈郁和周文雍等发动和领导广州工人群众举行政治罢工，反击国民党的大屠杀。5月，任中共广东省委常委、职工运动委员会书记，以省港罢工工人纠察队为基础，扩编工人赤卫队。1927年8月，张太雷主持改组广东省委，当选为省委常委、职工运动委员会书记。在广州起义中，陈郁亲率工人赤卫队攻打公安局。陈郁是著名的工人运动领袖，参加了广州起义的筹划、组织和实施，广州苏维埃政府成立后，担任人民司法委员。

何来（1889—1948），佛山三水人。16岁到香港洋船上谋生，后结识苏兆征，并经苏兆征介绍加入香港海员工会。1922年参与组织香港海员大罢工。1925年经苏兆征介绍加入中国共产党，率香港海员工人回广州参加省港大罢工，被推选为罢工委员会委员兼财政部副部长。同年，被选为全国海员总工会总干事兼广州海员分会主任，募集了大量资金支持省港大罢工。1926年，经组织安排，到毛泽东任代理部长的国民党宣传部工作；同年被任命为中共广东区委委员。四一五反革命政变发生后被国民党通缉，转入地下开展秘密工作。何来是工人运动领袖，广州起义期间，积极参加起义组织发动工作，广州苏维埃政府成立后，担任人民经济委员。

恽代英（1895—1931），原籍江苏武进（今常州），生于湖北武昌。学生时代积极参加革命活动，是武汉地区五四运动的主要领导人之一。1921年加入中国共产党。1923年被选为中国共产主义青年团中央执行委员。1925年参与领导五卅运动。1926年受中国共产党委派到黄埔军校任政治主任教官。1927年到武汉任中央军事政治学校政治总教官。5月，带领武汉中央军事政治学校的学生军，协助叶挺所部击退夏斗寅叛军的进犯。大革命失败后，被中共中央任命为前敌委员会委员，参与组织和领导南昌起义，并随起义部队南下广东。起义部队在潮汕失利后，辗转到香港。广州起义时，恽代英负责行政工作，广州苏维埃政府成立后，任苏维埃政府秘书长。

叶挺（1896—1946），广东惠阳人。保定陆军军官学校毕业，1921年任孙中山陆海军大元帅府警卫团二营营长。1924年在苏联东方劳动者共产主义大学学习，同年12月加入中国共产党。

1926年北伐时，叶挺任第四军独立团团长，因汀泗桥、贺胜桥等战役获"北伐名将"的美誉。北伐军到武汉后，升任第二十四师师长。南昌起义中任前敌总指挥兼第十一军军长，起义后率领起义部队南下广东，辗转到潮汕地区。10月初，因战斗失利，转赴香港。叶挺是北伐名将，广州起义前夕从香港到广州，担任工农红军总司令。

徐光英（1899—不详），广东潮安人。早年赴法勤工俭学，在巴黎加入共产党早期组织。1925年同邓小平、傅钟一起到莫斯科学习军事。1926年，受周恩来邀请，在北伐军担任参谋的徐光英到上海，参与指挥上海工人武装起义。1927年8月，任二十四师参谋长，参加了南昌起义，后随部队南下潮汕地区，曾任汕头代理公安局长。1927年12月参加了广州起义，担任总参谋长。

苏维埃政府名单通过后，叶挺报告了军事情况，杨殷报告肃反情况，周文雍报告工人赤卫队的组织和战斗情况。大会讨论了几个重要问题，并作出了决议：1.发表广州苏维埃政府成立宣言，公布革命纲领；2.建立革命秩序，严厉镇压反革命，对尚未攻下的残余据点应包围监视，在政治上瓦解他们，争取他们起义；3.将战线推向郊外，打通通向海陆丰的道路，使与农民暴动胜利的区域相接，建立巩固的革命基础；4.以志愿军代替雇佣军，建立工农红军三个军，第一军由工人赤卫队组成，第二军由海陆丰农民赤卫队组成，第三军由广州郊区农军和解放了的士兵组成。教导团人员分别充任红军各级领导骨干。[①]大会还通过了《广州苏维埃政府告民众》《广州苏维埃宣言》《苏维埃对内对外政纲》等

---

① 左洪涛：《从武昌两湖书院到广州四标营——忆叶剑英同志率领教导团参加广州起义》，中国人民政治协商会议广东省委员会文史资料研究委员会编：《广东文史资料》第27辑，广东人民出版社1980年版，第56页。

文件以及《广州苏维埃革命纪实》《向红色起义军致敬》《纪念死难烈士宣言》《工人武装起来》等号召工人农民起来参加和支持广州起义的传单和一系列法规、命令。

广州苏维埃政府成立后，立即执行作为革命政权的职能。首先以广州苏维埃政府主席苏兆征、人民海陆军委员张太雷、人民内务委员黄平和工农红军总司令叶挺的名义发布了告中国工农兵群众和世界无产阶级宣言，指出工农群众夺取政权、组织苏维埃政府"在革命历史上是伟大的，在世界革命的关系上，是很重要的，很值得赞美的"。工农群众夺取政权、组织苏维埃政府"在中国是第一次，在亚细亚洲也是第一次"，宣布了广州革命胜利和成立苏维埃在中国革命和世界革命历史上的伟大意义。宣言还指出，这种胜利"是我们在贪赃受贿的国民党指导之下不能做的，只有在共产党指导之下才能做的"。宣言再次宣告"广州一切政权属于工人、农民、兵士"，重申了苏维埃第一次会议通过的保障工人、农民和士兵权利的一系列决议，声明红军是革命的军队，是保障人民利益的军队，号召广州的广大工人到广州市内红军各个招募处报名登记参加红军。宣言还指出，"国民党在与共产党合作的时候是革命党"，认为在大革命时期，工人倚重国民党，现在虽然国共合作破裂了，广大的民众对国民党的创造者孙中山先生还是非常敬重，因为虽然他还不是无产阶级革命者，但他是帝国主义的仇敌，是人民的朋友。自从蒋介石和汪精卫发动政变以来，国民党就完全变成了反革命的政党，沦为帝国主义压迫中国人民的工具，"真是国民革命的叛徒"。并指出，不论是南京的蒋介石等人还是广州的张发奎等人都是"一群反革命的、强盗的、压迫的和杀人的反革命分子"，而国民政府的军队也变成了保护资本家、地主和富农利益的军队，到处枪毙工人、农民，欺骗士兵，因而号召"现在还在国民党内留着的工农兵应该即刻退出国民党"，来投身唯一可靠的苏维埃政权。宣言最后指出，革命的群众在广州取得了伟大的胜利，"但我们的工作尚未完成，而且到处还有很大的危险"，要求广大的民众"应该用我们最后一点的热血，保障广州苏维埃的政权，我们应该解放全广东和全中国的被压迫民众，我们全世界的无产阶级帮我们"，认为依靠广大的广州工人和全省农民的奋勇斗争，"我们的胜利，将是不可估量的。"[①]

广州苏维埃政府还发布了告民众书，它宣布："广州政权已经被我们无产阶级夺取过来了，广州一切军队都在苏维埃指导之下，中国被剥削阶级自己起来夺取了政权，这是在中国历史上第一次仅见的。"[②] 这不仅向广州人民、向全世界宣布了广州起义胜利和苏维埃诞生的消息，并向世界宣布广州苏维埃的成立不是政权从一派政客手里转移到另一派政客手里，而是政权从资本家、地主劣绅和反动军阀手里转移到工人、农民和士兵手里，是社会阶级之间的转移。

广州苏维埃政府也印发了"工人武装起来"、"广州苏维埃革命纪实"等传单，宣布"广州已经是工人阶级的广州了，工人阶级要自己负起保卫广州的责任！"传单告知工人，广州周边还有很多军阀、豪绅的残余势力正在虎视眈眈，窥伺着广州，寻找向广州进攻的机会，所以，"工人阶级要自己起来，抵抗这一切反动的进攻！"传单指出，工人起来保卫广州苏维埃，就是保卫

---

[①] 《广州苏维埃宣言》（1927年12月11日），中共中央党史资料征集委员会等编：《广州起义》，中共党史资料出版社1988年版，第123—125页。

[②] 《广州苏维埃政府告民众》（1927年12月11日），中共中央党史资料征集委员会等编：《广州起义》，中共党史资料出版社1988年版，第120页。

自己的政权，就是保卫自己的一切政治经济的权利，号召工人"不要失了这个武装的机会，不要让敌人侵犯苏维埃，不要让敌人侵犯你们自己"，工人们必须"武装起来，准备与一切侵犯苏维埃作战"[①]。

12月11日，广州苏维埃成立后，中共广东省委发布了告工人农民书，宣布：广州的工人、农民胜利了，反动的国民党政权已经被打倒！白色恐怖的青天白日旗已经被撕碎！红旗已经展开，工农兵苏维埃的政权已经建立起来。宣言还庄严宣告：广州的工人、农民和兵士因为数年来的艰苦奋斗，也因为广州的工人、农民和兵士能够联合奋斗，才能够在一天内推翻了军阀、豪绅、地主和资本家的政权，做了广州政治与社会的主人。宣言同时提醒广大的民众，"你们一定要记得，军阀、豪绅、地主、资本家的势力，还潜伏在广州以内，还包围在广州的四围，要巩固目前的胜利，你们还一定要继续奋斗！"宣言明确告诉民众，有了苏维埃的政权，就可以有一切的保障，只有"全广东及至全中国军阀、豪绅、地主、资本家的势力铲除干净，你们才得着了真实的最后的胜利。"宣言号召广大的工农民众"要将一切零碎斗争的力量集合起来，用一百二十分的努力继续奋斗，以巩固自己苏维埃的政权。"广东省委通过宣言指出：今天的胜利是全广东工人、农民、兵士革命胜利的开始，一定要实现全广东及至全中国工人、农民、兵士都一样获得政权，号召工人、农民和士兵"要努力，要不顾一切的向前奋斗，以保障你们苏维埃革命的胜利"。海陆丰的农民已经开始帮助广州的广大民众，宣言书鼓励广大的工人、

---

① 《工人武装起来》（1927年12月11日），中共中央党史资料征集委员会等编：《广州起义》，中共党史资料出版社1988年版，第128页。

农民和士兵,只要能继续奋斗,就一定能获得胜利,"广大的工人、农民群众的愿望是一定可以实现的。"①

## 二、广州苏维埃政府的施政纲领

广州苏维埃政府按照苏维埃会议的决定,制定了实现工人、农民在政治、经济上要求的对内对外政纲、法规,并在《红旗日报》公布,体现了苏维埃政府工农民主政权的性质。

广州苏维埃政府规定,它对内总的政纲是:"一切政权归苏维埃——工农兵代表会议;打倒反革命的国民党;打倒各式军阀;保证劳动人民之集会、结社、言论、出版和罢工的自由。"苏维埃政府的对内政纲规定了政权的性质和阶级立场,规定了人民群众享有的基本权利,明确了革命的对象,指明了斗争的方向。

广州苏维埃政府对工人的政纲是:"实行八小时工作制;制定手工业工人的工作时间;一切工人都增加工资;由国家照原薪津贴失业工人;工人监督生产;国家保证工资;银行、铁路、矿山、大工厂、大轮船均收归国有;承认中华全国总工会是全国工会唯一的最高组织;解散一切反动工会组织;立刻恢复和扩大省港罢工工人的一切权力,承认现在白色工会下的工人为被压迫阶级的同志,号召他们为无产阶级的利益而帮助工农民主政府。"广州苏维埃政府对工人的政纲不仅体现了工人翻身做主人的要求,而且从广州工人的处境出发,制定了一些能够解决广州工人当前紧迫问题的措施,如"立刻恢复和扩大省港罢工工人的一切权力"等。

广州苏维埃政府对农民的政纲是:"一切土地收归国有,完

---

① 《中国共产党广东省委告工人农民——为巩固广州暴动的胜利而继续奋斗》(1927年12月11日),中共中央党史资料征集委员会等编:《广州起义》,中共党史资料出版社1988年版,第118—119页。

全归农民耕种；镇压地主豪绅；销毁一切田契、租约、债券；消灭一切山边田界；各村各区立即成立工农民主政权。"广州苏维埃对农民的政纲集中在两点，一是土地问题，二是政权问题；这两个问题恰是关于农民最根本利益的问题，土地问题是经济问题，是直接关系农民生存的根本问题，不解决土地问题，农民的革命积极性就无法调动起来；政权问题是政治问题，是政治保障，没有工农政权的建立，就不可能打破封建的土地所有制，实现农民的土地所有制，也就不能满足农民对土地的要求。

广州苏维埃政府对兵士的政纲是："国有土地分给兵士及失业人民耕种；各军队内部之中应成立兵士委员会；组织工农革命军；改善兵士生活；增加兵饷到每月二十元现洋。"这一政纲显示广州苏维埃政权属于革命士兵，军队中实行官兵平等，士兵有管理国家和军队的权利，显示革命士兵不仅为人民的解放而战，也是为自己的解放而战。

广州苏维埃政府成立后，就努力推行苏维埃制定的组建革命军队的既定政策。广州苏维埃根据海陆丰革命的经验，决定成立三支工农革命军，以工人赤卫队和国民党军队中参加起义的第四军教导团、警卫团和海陆丰农军为主，吸收革命胜利后获释的政治犯和志愿加入革命军队的工人、农民，以志愿兵制度取代雇佣兵制度；革命军队的衣食住都采用集体供给的方式，从士兵到军官都没有军饷，只领取革命军事委员会征发资本家的各种物品和粮食。这些革命军队的组成原则和推行的无产阶级的纪律保证了这支军队的革命性。

广州苏维埃政府对一切劳苦贫民的政纲是："没收资产阶级的房屋给劳动人民居住；没收大资本家的财产救济贫民；取消劳动者的一切捐税、债务和息金；取消中国年底的还账；没收当铺，将劳动群众典当的物资无价发还。"

广州苏维埃政府还公布了对外政纲,包括"取消一切不平等条约;不承认反动政府借的外债;收回租界;准备在平等基础上同外国建立贸易和外交关系;联合苏联,反对帝国主义。"① 这个对外政纲体现了中华民族争取民族独立和平等、维护民族尊严的强烈愿望,反映了中国半殖民地半封建的社会性质和社会矛盾,体现了中国共产党的革命纲领。

广州苏维埃政府成立后,发布了告民众书和以苏维埃政府主要成员苏兆征、张太雷、黄平和叶挺的名义发布的宣言,向广大人民群众宣传政府的各项政策和一系列法规,包括:一切工厂、作坊实行八小时工作制,增加一切工人的工资,政府维持失业工人的生活,维持并增加省港罢工工人原有的利益和特权,没收阔佬的公馆给工人居住,没收银行、矿山、铁路、大工厂、大轮船归国家所有,没收资本家和地主的一切财产。广州苏维埃在告民众书中要求全广东的农民即刻暴动,没收一切土地,杀尽地主与富农,建立乡村苏维埃政府;要求所有革命士兵和军官即刻携带武器加入红军,逮捕并枪毙一切反革命军官,组织革命士兵委员会;消灭城市贫民的一切债务,禁止偿还,取消城市贫民的房租等。广州苏维埃政府发布的告民众书还号召全中国工农兵都举行暴动,保护广州,反对反革命,打倒一切军阀。② 告民众书和宣言公布的政策包含了苏维埃政府各领域的施政方针,体现了苏维

---

① 左洪涛:《从武昌两湖书院到广州四标营——忆叶剑英同志率领教导团参加广州起义》,中国人民政治协商会议广东省委员会文史资料研究委员会编:《广东文史资料》第27辑,广东人民出版社1980年版,第57页。

② 《广州苏维埃政府告民众》(1927年12月11日),中共中央党史资料征集委员会等编:《广州起义》,中共党史资料出版社1988年版,第120—121页。

埃为人民谋利益的工农兵政权的性质,并号召广大人民群众加入红军,保卫广州,保卫苏维埃。

## 三、开启中国苏维埃革命的新时代

大革命失败后,中国国内形势的变化推动共产国际和斯大林从主张在中国宣传苏维埃走向立即建立苏维埃,引导中国革命走向苏维埃革命的新阶段。中国共产党从中国革命的实际出发,实现了从依靠各阶级联合的统一战线到依靠工人和农民开展革命的苏维埃革命方针的转变,领导创建了中国第一个城市苏维埃政权,开启了中国苏维埃革命的新时代。

### (一)共产国际指导中国革命方针的转变

七一五反革命政变发生后,共产国际和斯大林认为在中国建立苏维埃问题已经提到了议事日程,主张中国共产党在新的革命高潮到来之前,除了争取自下而上改组国民党、以革命的领导代替目前国民党的领导外,还"应当在广大劳动群众中间极广泛地宣传拥护建立苏维埃的思想",同时强调"不要冒进,不要立即成立苏维埃,要记住只有在强大的革命高涨的条件下苏维埃才能兴盛起来。"[1]1927年8月8日,联共(布)中央致电罗明纳兹和乌拉尔斯基,"关于苏维埃的最近指示是这样:发动国民党左派群众起来反对上层;如果不能争得国民党,而革命将走向高潮,那就必须提出苏维埃的口号并着手建立苏维埃;现在就开始宣传

---

[1] 斯大林:《时事问题简评》(1927年7月28日),中共中央党史研究室第一研究部编:《共产国际、联共(布)与中国革命档案资料丛书》第6辑:《共产国际、联共(布)与中国革命文献资料选辑》(1926—1927)(下),北京图书馆出版社1998年版,第277页。

苏维埃。"① 这说明，联共（布）中央给中国共产党的指示要求中国共产党在当前要把改造国民党作为主要工作，也说明斯大林和联共（布）中央对小资产阶级还是抱有幻想；这就可以理解南昌起义时，起义部队为什么还打着国民党的旗号，部队番号为什么仍然沿用"国民革命军第二方面军"的番号，甚至在起义前开会时还要宣读总理遗嘱了。这个指示同时也没有拒绝提出苏维埃的口号和建立苏维埃，但是有严格的条件，那就是"不能争得国民党而革命将走向高潮"，这也体现了斯大林的思想，即"苏维埃不是任何时候都可以成立的"，在中国，提出苏维埃的口号，不仅需要"革命走向高潮"，还需要争取国民党左派的斗争彻底失败，但指示同时同意中国共产党"现在就开始宣传苏维埃"，说明斯大林和联共（布）中央在苏维埃革命的方针上已经开始转变了，开始同意中国共产党为将来提出苏维埃的口号和建立苏维埃作思想的准备。几天之后，即8月12日晚间，托夫斯图哈发密电给汉口罗明纳兹，进一步说明"我们没有建议成立苏维埃，我们只是讲宣传苏维埃思想。"他再次重复了与国民党左派联合、改造国民党的要求，并强调了提出苏维埃的口号和建立苏维埃的条件，"只有当重建国民党的尝试明显无望和明显失败，而随着这种失败出现新的革命高潮时，只有在这种情况下才走上建立苏维埃的道路。"他还特别提醒，"现在无论在叶挺的军队里还是在农村都不要建立苏维埃。"② 第二天，8月13日，联共（布）

---

① 中共中央党史研究室第一研究部译：《共产国际、联共（布）与中国革命档案资料丛书》第7辑：《联共（布）、共产国际与中国苏维埃运动》（1927—1931），中央文献出版社2002年版，第18—19页。

② 中共中央党史研究室第一研究部译：《共产国际、联共（布）与中国革命档案资料丛书》第7辑：《联共（布）、共产国际与中国苏维埃运动》（1927—1931），中央文献出版社2002年版，第21—22页。

中央书记斯大林批准政治局委员会致电罗明纳兹和加伦，指出，"我们认为跟国民党结盟必须不是从外部，而是从内部"，这进一步强调了共产党必须留在国民党内的指示，显示联共（布）中央和共产国际仍然对国民党左派即小资产阶级抱有幻想。电报还强调，"如果国民党革命化在实践上毫无指望，同时出现新的巨大的革命高潮，只有在这种情况下才建立苏维埃"。其实这里要强调的不是建立苏维埃，而是建立苏维埃的条件，言外之意，现在不能建立苏维埃。并强调，目前阶段对于苏维埃的宣传也"只限于在共产党报刊上宣传苏维埃"，且"决不能迫使国民党左派支持这种宣传"。电报还要求，"广东的暴动应在成立真正革命的国民党政府、切实实行土地革命并同共产党结成紧密联盟的口号下进行"。其实在当时的中国，因为工人运动、农民运动的蓬勃发展，大资产阶级、民族资产阶级已经走向了革命的对立面，而实行土地革命，也会让小资产阶级离开革命队伍，因此成立支持工人运动、农民运动的"真正革命的国民党政府"已经不可能，这种在国民党政府领导下，既要实行土地革命，又不要得罪小资产阶级的做法是根本不可能实现的，只能落于空想。

然而，推动斯大林在中国革命苏维埃政策上发生转变的是沃林的一封信。沃林曾任共产国际执行委员会宣传鼓动部秘书，也曾在鲍罗廷驻华机关工作，参加了1927年8月中国共产党在上海召开的中央政治局会议，对会议制定的《中国共产党的政治任务和策略的决议案》提出过意见。9月20日，南昌起义南下部队进入广东之际，沃林就"叶挺和贺龙的暴动与广东革命运动的前景"向共产国际执行委员会递交了书面报告，报告概括了中国共产党制定的南昌起义和各省暴动的革命提纲，总结了中国共产党在各省特别是广东省境内领导暴动的基本策略，那就是"暴动应当在革命的左派国民党的旗帜下进行，"至于革命政权的形式，沃林报告说中国共产党目前"不提出建立苏维埃的口号，只有在组织革命国民党的计划完全失败，而又处在革命高潮时，中共才着手建立苏维埃。"但是沃林认为，所谓的"左派国民党人"，"按其社会地位来说是小资产阶级，在经济上同商人阶级、小工业企业者阶级和部分土地所有者阶级有着联系"，他们在同经济上强大的帝国主义的代理人——买办阶级以及军阀、旧官僚、旧豪绅等封建势力的对抗中有其革命性，"他们在同这些势力的斗争中试图利用革命群众，但同时又对革命群众及其革命积极性怕得要死"。事实正是如此，当张发奎、黄琪翔到广州驱逐李济深时，就摆出了一副"左派"的架势，欺骗革命群众，获取群众的支持，但当群众的革命活动超出他们能够接受的范围时，他们就开始露出了本来面目，解散工会，逮捕工人，镇压农民运动，所以，沃林说，"实际上，左派国民党人这些资产阶级改良派对工农暴动的恐惧，对私有制的担心，对共产主义幽灵的害怕超过了他们虚假的革命性"。当群众的革命热情高涨时，"在革命最紧要的关头，我们看到他们同买办、同旧官僚、同豪绅和地主、同反动军阀在一起"了。所以，沃林认为事实上左派国民党是不存在的，"左派国民党目前不仅不存在，而且在阶级斗争日益尖锐的现时条件下和在向革命更高阶段过渡的情况下，不可能重建成为一支真正革命的力量。"沃林从广东革命的经验得出结论，指出左派国民党所代表的城市小资产阶级是"不会跟革命群众一起来同反革命派进行流血的和无情的斗争"的。所以，他认为："中共中央关于在国民党旗帜下在广东开展暴动的决定是不可理解的"，虽然国民党在历史上"曾经确实是革命解放运动的旗帜，国民党当年或许甚至是在群众中享有声誉的"，但是在大革命失败后，因为国民党大量屠杀共产党人和革命群众，"现在国民党的旗帜确确实实地染满了成千上万优秀的和忠于革命事业的工农的鲜血。这面旗帜现在不仅不能鼓舞群众掀起革命高潮，尤其不能鼓舞他们的革命英勇精神"，"反而会引起革命群众的深深憎恨"，他反复强调指出，"国民党的旗帜已经是令人憎恨的了"。沃林还认为，国民党有可能以"左派"和"革命"的名称出现，但它"首先不是由我们共产党来建立"，其次左派国民党作为反革命的国民党，作为大资产阶级、买办、军阀、豪绅和官僚的国民党的对立物出现时，"同时也将是共产党的对立物。"所以他得出结论，在广东开展暴动的时期，要在国民党的旗帜下，提出重建左派国民党并参加这个左派国民党以夺取国民党内的领导权，"这不仅意味着遁入空想的王国并让幻想来使头脑发昏，而且意味着把整个这场运动推上错误的或许是灭亡的道路"。他指出，在这种情况下，中国共产党中央"暴动应当在革命的左派国民党的旗帜下进行"的指示是不明确、不坚定的，而且"可能是致命的"。他认为，"叶挺和贺龙的运动应当在共产党的旗帜下"，共产党在广东的工作，不是组织左派革命的国民党，"而是组织广大工农群众的真正的革命高潮"，"不是在国民党的旗帜下进行"，而是在毫不犹豫地实行土地革命、消灭一切封建势力，并同帝国主义进行不调和斗争的旗帜下进行；这种斗争自然就会产生暴动后革命群众所要确立的政权形式的问题，沃林认为，首先十分明确的是，革命政权的组织形式不能以所谓"重建左派国民党彻底失败"为条件，"不能以与'左派'国民党的实验成功与否来决定苏维埃作为政权机关形式的问题"。他认为，"建立苏维埃的口号（而不是宣传苏维埃的思想）现在就应当作为能切实实现工农革命民主专政并确立无产阶级领导权的革命政权的唯一形式来加以接受。"他指出，在农村，苏维埃问题很简单，农会就是苏维埃的萌芽或特殊形式，因此"'政权归农会'的口号在目前的革命阶段是解决问题的最好办法"。在城市里，苏维埃的问题就复杂一些，城市苏维埃"应当成为工人、农民、士兵和城市贫民的政权机关"，[①]其基础应当是工人协会和农民协会。前一天，9月19日，联共（布）中央政治局讨论中国问题时决定，以共产国际执行委员会名义，致电在汉口的罗明纳兹，"根据共产国际执委会指示和中央最近一次全会的决议可以得出在左派国民党的思想确实遭到失败和存在新的革命高潮的情况下有必要建立苏维埃。显然，在具备这些条件的情况下应当着手建立苏维埃。建立苏维埃和扩大苏维埃地区的时机由共产国际执委会执行局和中共中央来决定。"[②]这份电报把原来的"只是宣传苏维埃"改为"有必要建立苏维埃"，可以看出斯大林关于中国革命的方针已经在转变，而沃林的报告极大地触动了斯大林和共产国际，加速了斯大林在中国革命方针上的转变。

1927年9月27日，斯大林在共产国际执行委员会和监察委员会联席会议上发表讲话，提出"如果中国革命新的高潮成为事实，那末，谁来领导这个运动呢？"斯大林认为，"当然是苏维埃"。之前，因为国民党处在兴盛时期，没有立即成立苏维埃的有利条件；但是现在，国民党因为镇压人民群众的革命活动，屠杀共产党人而威信扫地，在革命运动取得成功的条件下，就应该建立苏

---

[①] 中共中央党史研究室第一研究部译：《共产国际、联共（布）与中国革命档案资料丛书》第7辑：《联共（布）、共产国际与中国苏维埃运动》（1927—1931），中央文献出版社2002年版，第73—86页。

[②] 中共中央党史研究室第一研究部译：《共产国际、联共（布）与中国革命档案资料丛书》第7辑：《联共（布）、共产国际与中国苏维埃运动》（1927—1931），中央文献出版社2002年版，第87—88页。

维埃，以苏维埃领导革命运动。那接下来的问题就是谁来领导苏维埃呢？斯大林说，"当然是共产党人。"他还指出，"共产党人不会再参加国民党了，即使革命的国民党再次出现在舞台上。"而且他强调，"把这两个不能相容的东西合在一起，就是不懂得苏维埃的本性和使命。"①斯大林的讲话不再强调"重建左派国民党"，"自下而上改造国民党"，而是强调中国革命的政权机关是共产党领导的苏维埃，这就表明斯大林和共产国际在指导中国革命的方针上已经转变到苏维埃革命的政策上了。

9月29日，联共（布）中央政治局会议听取了温施利赫特、加拉罕、洛佐夫斯基的报告，决定致电罗明纳兹，作出了以下指示："1.认为有必要在广东的工业城市里建立工人、士兵和手工业者代表苏维埃。2.认为同左派、革命的国民党实行内部结盟的政策是不行的，如果这样的国民党登台的话，但是同这样的国民党实行外部结盟，有时根据目前政策中的具体问题是可行的。"这里一方面指示要在工人集中的城市里建立以工人阶级为主的苏维埃，同时彻底否定了以前与所谓的国民党左派内部合作的问题，只同意在具体问题上可以与国民党左派开展党外合作。联共（布）中央政治局还特别要求在电报中强调："目前广东最大的敌人是张发奎，斗争应主要集中反对他，同时对武汉派的拥护者们绝对不应签订任何协议。"②张发奎追随汪精卫，是武汉派的重要人物，到广东后以"左派"的面目出现，摆出了维护工人、农民利益的

---

① 中共中央党史研究室第一研究部译：《共产国际、联共（布）与中国革命档案资料丛书》第7辑：《联共（布）、共产国际与中国苏维埃运动》（1927—1931），中央文献出版社2002年版，第92—93页。

② 中共中央党史研究室第一研究部译：《共产国际、联共（布）与中国革命档案资料丛书》第7辑：《联共（布）、共产国际与中国苏维埃运动》（1927—1931），中央文献出版社2002年版，第97—98页。

姿态，这份电报强调张发奎是"最大的敌人"，要求"集中反对他"，绝对不与武汉派签订任何协议，其实就是拒绝任何合作，这就以具体举措显示了联共（布）中央把国民党左派看作革命的敌人和对象，而不再是合作的对象，并且没有任何调和的余地。

1927年10月6日，联共（布）中央政治局会议听取了关于中国问题的报告，决定致电在上海的罗明纳兹，首先询问："9月20日我们已给你们发去关于必须建立苏维埃的指示，并赋予你们确定建立苏维埃的时机和扩大苏维埃的地区的权力。为何没有告知收到该指示？"这个询问其实关注的焦点应该不是共产国际"必须建立苏维埃"的指示是否收到，而是是否已经按照这个指示去指导中国共产党，这进一步强调了斯大林和共产国际对华政策的转变。同时，作为9月20日电报的补充，联共（布）中央建议："第一，广东的形势要求尽快着手在所有大大小小工业化城市里建立工人、手工业者和士兵代表苏维埃，因此要采取措施来建立苏维埃；第二，同意保留'一切权力归农会'的口号，但要考虑到，在最近一段时间里必须将农会改变成苏维埃，因此要采取措施准备向农村苏维埃过渡；第三，在目前形势下和在我们现时的方针下，我们认为试图由共产党人来建立左派、革命的国民党，这是不能允许的，但如果这样的国民党出乎意料地自动出现，我们认为与这样的国民党结成内部联盟也是不能允许的，建议只能结成外部联盟，丝毫不能束缚中共的领导权。"这份电报其实是重复了9月29日的电报的内容，在几天的时间内，通过电报的方式重复强调同一个指示，说明联共（布）中央和共产国际急于对中国指导政策实现转变，也说明在中国实行苏维埃革命政策的急迫性。

## （二）中国革命转向苏维埃革命新时代

随着斯大林和共产国际对华政策向苏维埃革命转变，中共中央和广东省委的政策也发生了转变，即不再寻求与国民党左派的联合，而是走向苏维埃革命的方向。

其实在共产国际对华指导政策发生实际转变之前，中国共产党从革命实践中已经认识到革命指导方针必须转变。9月19日，中国共产党中央政治局会议通过"关于'左派国民党'及苏维埃口号问题决议案"，指出共产党人打算创造"秘密的革命国民党的组织"，"一直到现在尚无成绩之可言。"而另一方面，因为反动军阀到处利用国民党的旗帜进行大屠杀，导致"现在群众看国民党的旗帜是资产阶级地主及反革命的象征，白色恐怖的象征，空前未有的压迫及屠杀的象征。"事实表明，土地革命的快速发展，"已经使一切动摇犹豫的上层小资产阶级脱离革命的战线。"所以，中央认为"八月决议案中关于左派国民党运动与在其旗帜下执行暴动的一条必须取消"，以后党组织革命群众的斗争，"当然无论如何说不上再在国民党的旗帜下进行"。因为共产党对国民党左派的政策发生改变，对于八月决议案中的苏维埃的立场也有所改变，"现在的任务不仅宣传苏维埃的思想，并且在革命斗争的高潮中应成立苏维埃。"[1] 从此，宣传苏维埃、建立苏维埃成为中国共产党领导革命斗争过程中解决政权问题的政治纲领。

在准备广州起义的过程中，广东省委根据中共中央的指示，在总结南昌起义军潮汕失利教训的基础上，开始调整指导革命的方针。1927年10月15日，张太雷代表广东省委在南方局和广东

---

[1] 中央档案馆编：《中共中央文件选集》第3辑（1927），中共中央党校出版社1983年版，第312—313页。

省委联席会议上指出,"将来的方针将和过去很不相同","过去继续利用国民党的旗帜来号召,今后将不用它,我们改用红旗","过去我们不宣传苏维埃。此后我们将名不虚传地成立工农兵代表委员会"。张太雷说的"和过去很不相同"的方针反映了中共中央政策的新变化,也反映了斯大林和共产国际对华政策的调整。

大革命失败后,随着共产国际指导中国革命方针的变化和中国共产党对革命实践的不断总结,中国共产党领导工农开展了一系列武装斗争,逐渐走上了苏维埃革命的道路。1927年11月16日,彭湃在广东省陆丰县建立了中国第一个苏维埃政权,而广州起义则建立了中国历史上第一个城市苏维埃政权。在这一过程中,中国共产党从南昌起义、秋收起义和各地农民暴动中,在共产国际的指导下也开始认识到,从1927年4月开始,中国民族资产阶级叛变了革命,"引起了谁能领导中国革命的问题",因为广州起义的胜利,使"广州苏维埃便从无产阶级暴动的机关,变成革命政权的最高机关。"所以"广州暴动给了这个问题一个确实的答复:在苏维埃旗帜之下的中国无产阶级便是中国革命的领导者。"① 中国共产党认为,汪精卫集团背叛革命后,中国开始了革命势力改组并变更结合形势的时期,共产国际把这一时期称为"革命进于新的更高阶段之过渡时期",在这个时期,共产国际执行委员会对中国革命的指示是"不放弃国民党的旗帜",南昌起义、秋收起义和各地的农民暴动都属于这个过渡时期。但是广州起义的发生便结束了这个过渡时期,因为在广州起义中,"广

---

① 《广州暴动之意义与教训——中国共产党中央临时政治局会议通过的决议案》(1928年1月3日),中共中央党史资料征集委员会等编:《广州起义》,中共党史资料出版社1988年版,第276页。

州工人则禁止了国民党，宣布国民党各派都是非法的。"① 表明中国革命已经从简单的资产阶级国民革命过渡到一个更高的形势，"这就是过渡于苏维埃革命——无产阶级领导之下的工农独裁革命，这苏维埃革命又是将来进于社会主义革命的历史阶梯。"因为广州起义，这个过渡阶段结束了，苏维埃革命已经在中国成为现实，"苏维埃革命已经不是最近将来的任务，而是现在已经开始了，已经成为实际的事实了。"② 1928年7月9日，中共六大通过了《决定广州暴动为固定的纪念日的决议》，认为"广州暴动是中国苏维埃革命阶段的开始"③。瞿秋白后来在共产国际第六次代表大会第十二次会议上的发言中宣布：广州暴动开启了中国革命的新时代，即苏维埃革命的时代。

---

① 托洛茨基：《中国革命的回顾及其前途》（1928年6月8日），中共中央党史研究室第一研究部编：《共产国际、联共（布）与中国革命档案资料丛书》第6辑：《共产国际、联共（布）与中国革命文献资料选辑》（1926—1927）（下），北京图书馆出版社1998年版，第316页。

② 《广州暴动之意义与教训——中国共产党中央临时政治局会议通过的决议案》（1928年1月3日），中共中央党史资料征集委员会等编：《广州起义》，中共党史资料出版社1988年版，第279—280页。

③ 《决定广州暴动为固定的纪念日的决议》，中共中央党史研究室、中央档案馆编：《中国共产党第六次全国代表大会档案文献选编》下卷，中共党史出版社2015年版，第889页。

# 第四章　广州起义第二日：保卫苏维埃

广州起义取得初步胜利后，在共产国际代表的坚持下，起义总指挥部采取了坚守广州的进攻战略。虽然苏维埃政府采取了一系列保卫苏维埃的政治、军事措施，起义军奋勇拼搏，勇猛争夺广州制高点观音山，死守长堤，英勇保卫苏维埃，但随着敌军陆续回师广州，革命形势急转直下，进攻战略受阻，革命逐渐转入防御态势，最后被迫作出了撤退的决定。

## 第一节　不断"进攻"的战略

广州起义是在共产国际的指导下，经过共产国际批准发动的。广州起义爆发时正值苏联共产党召开第十五次全国代表大会，共产国际和斯大林的中国政策以及苏联共产党的国内斗争需要中国革命的胜利，形成了在广州起义问题上的诸多不同意见，最终由共产国际代表决定了广州起义不断进攻的战略。

### 一、撤与守之争

在广州起义之前，关于广州起义后撤与守的争论就已经存在，因为共产国际代表坚决反对撤退的主张，广州起义并没有像南昌起义那样一开始就确定撤退的路线，而是采取了积极进攻、坚守广州的策略。但起义爆发后，随着国民党军队向广州汇集，起义形势发生变化，迫使起义军在撤与守之间作出选择。

广州起义爆发后，到11日晚上，第四军军部、中央银行、第四军军械库、第十二师师部等地还没有攻下，国民党军队开始向广州集结，准备反扑。面对起义后的被动局面和不利形势，深夜，起义总指挥部召开会议，讨论当前的革命形势和下一步的行动计划，张太雷、周文雍、陈郁、聂荣臻、黄平等人以及共产国际代表纽曼参加了会议，张太雷首先讲话，介绍了起义第一天的形势和各方面的工作，然后大家讨论。"叶挺分析了形势，说明广州周围敌人兵力太多，而且近在咫尺，一旦组织起来，向我反扑，形势对我们很不利，提出最好不要再在广州坚持，把起义队伍拉到海陆丰去。"但广州起义从筹备开始就强调进攻，如果这个时候讲撤退会被视为右倾动摇，特别是在八七会议批判陈独秀右倾机会主义之后，在刚刚成立苏维埃政权、许多人认为形势一片大好的时候，讲撤退会被扣上右倾的帽子，但叶挺作为军事指挥员，还是实事求是地冷静分析了形势，提出了自己的主张。聂荣臻表示赞成叶挺的意见，同意撤离广州，避开敌人锋芒，转到乡下，寻求发展。但是，起义爆发的时候，联共（布）第十五次代表大会正在召开，年轻的共产国际代表纽曼非常希望苏维埃政权能够坚守广州，哪怕只有几天，因此坚决反对撤退的主张，"教条主义地认为，搞起义只能进攻，不能退却。"[1]他指出，防御和撤退是起义的死路，起义只能进攻，再进攻，不能撤退。他甚至声色俱厉地指责叶挺撤出广州的主张是想当土匪。据陆定一回忆：

---

[1] 聂荣臻：《聂荣臻回忆广州起义》，原载《聂荣臻回忆录》第五章《广州起义》，中共中央党史资料征集委员会等编：《广州起义》，中共党史资料出版社1988年版，第410页。

"当时在广州的共产国际代表是德国人纽曼……他主张起义后坚守广州,建立苏维埃。……叶挺在起义的当夜主张把队伍拉出去,纽曼大骂叶挺政治动摇,说广州起义是进攻的,应该'进攻进攻再进攻'。"①

这次会议是决定广州起义命运的一次会议,一直开到凌晨2点多,因为张太雷等人不懂军事,再加上当时共产国际代表在中国共产党内具有无上的权威,张太雷等人没有支持叶挺的意见,后来"叶挺没有发言,他坐在桌边用两手撑着下巴,情形很不好"②。结果会议只能听纽曼的意见。而纽曼不仅不考虑撤退,反而下达了凌晨4点重新进攻的命令,要求教导团和工人赤卫队肃清长堤、中央银行和李济深公馆的敌人,然后向第四军军械处、珠江南岸等地进攻,并决定中午召开群众大会。可是,作出进攻决定时,距离凌晨4点进攻开始的时间只有1个多小时了,当时情况比较混乱,又是深夜时分,激战了一天的赤卫队员有的回了家,临时通知根本来不及;有的赤卫队员和教导团士兵在坚守阵地,疲劳已极,难以组织有效的进攻。

决定广州起义命运的、围绕"撤与守"的争论就这样以纽曼"进攻进攻再进攻"的命令结束了,也最终给广州起义带来了巨大的损失,错失了及时撤退、保存实力的时机。

---

① 《陆定一同志向共青团中央报告广州暴动的经过及广州共产青年团在暴动中的工作》(1927年12月29日),中共中央党史资料征集委员会等编:《广州起义》,中共党史资料出版社1988年版,第199页。

② 《黄平对广州起义的回忆》,中共中央党史资料征集委员会等编:《广州起义》,中共党史资料出版社1988年版,第437页。

## 二、广州起义为什么是"进攻进攻再进攻"？

广州起义撤与守的问题其实源于联共（布）中央关于指导中国革命的不同方针的争论。在广州起义爆发时，苏联国内正在发生以斯大林为首的阶级调和论和以托洛茨基为首的阶级斗争论的激烈交锋。早在 1927 年 4 月，蒋介石背叛革命后，托洛茨基就主张共产党退出国民党，建立苏维埃，与国民党进行坚决斗争。但斯大林、罗易等却主张阶级调和论，认为蒋介石发动四一二反革命政变，意味着封建地主和资产阶级已经转向反革命，国民党已经变成以工农小资产阶级为基础的革命民主政党。国民党之所以还采取反对工农的政策，只是因为在国民党内，虽然封建地主、资产阶级分子已经脱离革命，但"他们的代理人依然留在国民党内，并继续担任领导职务。"他们认为，同大革命时期相比，"形势已经改变，我们与国民党合作的方式方法也须随之改变"，而在当前，共产党面对的主要困难不是来自同国民党的关系，而是来自同国民党领导的关系，为了保持同国民党的合作，共产党当前需要做的，是使国民党"从基层而不是从上层得以重建"，在这种情况下，"共产党必须动员国民党广大党员向反动的领导集团作斗争。"所以，"在目前形势下，共产党的任务不是推翻国民党中央执行委员会，在目前需要向群众揭露这些领导人的反革命倾向，需要帮助基层群众排除那些已经成为反革命阶级的代理人。"斯大林认定，共产党和国民党"现在不存在破裂问题"，而且，坚决表示共产党"目前，必须留在国民党内，这决定了我们同国民党的关系，在最近撤出国民党的任何建议必须予以否定。"① 同时，共产国际执行委员会给中国共产党中央的信中也强调，"国民党的现存机构必须予以改变，国民党的上层必须加以革新，以土地革命中提拔起来的新领袖来补充它。"这也表明共产国际给中国共产党的指示并不是要推翻国民党及其中央领导，而是通过"吸收更多的新的工农领袖到国民党中央委员会去"的办法来自下而上地"改组国民党"。② 罗易也强调，改组国民党不能从推翻国民党现中央开始，而是从基层开始，动员地方组织同国民党中央委员会作斗争；因为大部分国民党的地方组织都是在共产党的控制之下，可以把拥护共产党的工人阶级和农民群众源源不断输入国民党的地方组织，"为推翻国民党现中央、为从国民党中驱逐反革命的封建资产阶级军阀分子造成广泛的革命的社会基础。"而在这样的"组织准备没有完成之前，共产党不提推翻国民党中央的口号，但应公开批评他反对劳工阶级的政策"，③ 以保证工人阶级和农民阶级的利益；待这些组织准备工作完成后，才召开代表大会，解散反革命的国民党现中央委员会，使国民党变成民主专政的有力机构。在广州起义的准备过程中，广东省委按照中共中央的指示，执行着这一政策。1927年

---

① 罗易：《中国共产党同国民党的关系和中国共产党的独立性》（1927年5月24日），中共中央党史研究室第一研究部编：《共产国际、联共（布）与中国革命档案资料丛书》第5辑：《共产国际、联共（布）与中国革命文献资料选辑》（1926—1927）（上），北京图书馆出版社1998年版，第435—438页。

② 《共产国际执行委员会给中共中央的信》（1927年5月），中共中央党史研究室第一研究部编：《共产国际、联共（布）与中国革命档案资料丛书》第5辑：《共产国际、联共（布）与中国革命文献资料选辑》（1926—1927）（上），北京图书馆出版社1998年版，第447页。

③ 罗易：《反革命活动和共产党人的策略：防御还是进攻？》（1927年6月9日），中共中央党史研究室第一研究部编：《共产国际、联共（布）与中国革命档案资料丛书》第5辑：《共产国际、联共（布）与中国革命文献资料选辑》（1926—1027）（上），北京图书馆出版社1998年版，第457页。

8月，广东省委公布了《暴动后各县市工作大纲》，提出了"国民党工作"的主要内容：一是"联合左派分子重组各地国民党部"；二是"实际拥护土地革命进行者为左派"；三是"工农尽量加入国民党"；四是"在各党部机关中，工农及 CP 分子应占领导地位"。[①]9月，广东省委又根据中共中央发布的《中国共产党现在的任务与政策》，制定了《我们目前的任务与政策》，即"通告第十号"，根据中央的指示对之前的工作大纲进行了修改，强调"因为国民党是各种革命阶级的政治联盟之特殊的形式，这种形式是中国历史上所集累生长出来的"，也是中国共产党人加入后努力工作得来的，要求"各地暴动应组织于革命的左派国民党旗帜之下"，并提出"暴动成功后，应使左派的国民党人加入革命委员会工作。"这时，虽然汪精卫集团已经发动了七一五反革命政变，但中国共产党中央仍然认为，中国国民党在城市小资产阶级乃至一部分工人群众中还是颇有革命的威信的，即使汪精卫等这些领袖人物背叛了革命，我们也不能放弃国民党，"我们不可将国民党送诸革命的叛徒之手！我们应使国民党成为一真正革命的党。""通告第十号"中"国民党工作"部分的内容只把第三条改为"工农可用团体名义尽量加入国民党"。[②]这表明在共产国际的指导下，在广州起义前夕，中共中央和广东省委关于"工农群众加入国民党"、"自下而上改组国民党"的政策是没有变的，暴动成功后，"使左派的国民党人加入革命委员会"更体现了中国共产党坚持与小资产阶级结盟的思想，这都明显体现了斯大林

---

① 《暴动后各县市工作大纲》（1927年8月20日），中共中央党史资料征集委员会等编：《广州起义》，中共党史资料出版社1988年版，第33页。

② 《我们目前的任务与政策》（通告第十号）（1927年9月23日），中共中央党史资料征集委员会等编：《广州起义》，中共党史资料出版社1988年版，第50、第54页。

对中国革命的指导政策。

斯大林、罗易的这种阶级调和论遭到了托洛茨基和季诺维也夫为代表的反对派的强烈指责。为了反击这种指责，斯大林需要中国革命取得一个伟大的胜利。南昌起义后，起义部队南下广东，斯大林对其寄予厚望，称其为"中国革命新高潮"，但不久，这支部队在潮汕地区遭遇重大挫折，斯大林的愿望又没有实现；斯大林准备在1927年底召开的联共（布）第十五次代表大会上将托洛茨基和季诺维也夫等开除党籍，迫切需要中国共产党领导革命取得巨大成功的事实作为依据，证明斯大林指导中国革命方针的正确，同时也证明托洛茨基关于中国革命政策的错误，这就使得正在筹划的广州起义在苏联领导人心中的地位变得极为重要。据黄平回忆，"记得纽曼曾经说过，苏共就要开大会，如果广州能坚持八天，也可以在大会上产生极大的影响。"[1]而正在联共（布）第十五次代表大会召开之际，广州起义爆发了，一夜之间，广州城头飘扬起了苏维埃的旗帜，这个消息传到莫斯科，所有代表一致谴责托洛茨基在中国革命问题上的错误。甚至在广州起义失败、起义队伍撤出广州后，12月15日，共产国际执委会还发布了《共产国际关于广州公社告全体工人、一切被压迫者、资本主义军队的全体士兵书》，虽然承认"红色广州已经陷落"，但又说："工人的革命队伍，中国的红军冲破了重围。如果这一切属实的话，那么反革命势力在广州的胜利仍然是不可能巩固和持久的。广东省现有五个地区保持着稳固的苏维埃政权。新的战斗不可避免。

---

[1] 《黄平对广州起义的回忆》，中共中央党史资料征集委员会等编：《广州起义》，中共党史资料出版社1988年版，第433—434页。

尽管遭到局部失败，运动仍在发展。"[①] 这里要强调的是中国的革命运动在发展，失败是局部的。正是因为斯大林维护其指导中国革命的方针、反击反对派指责，需要中国共产党领导的广州起义坚守广州以表明中国革命的胜利，由此，共产国际代表坚决反对广州起义建立苏维埃政权后立即撤退的主张，执行了"进攻进攻再进攻"的策略。

## 第二节　苏维埃政府的活动

12月12日中午，苏维埃政府召开了拥护广州苏维埃政府群众大会，通过了一系列决议，向广州人民群众和全世界宣告广州苏维埃政府的成立，并配合总指挥部，开展了扩充军队、政治宣传、肃清反革命、悼念死难烈士等工作，全力履行作为一个新诞生的革命政权在特殊时期的职能。

### 一、召开拥护苏维埃政府群众大会

根据计划，庆祝广州苏维埃政府成立的广东各界拥护广州苏维埃群众大会原定于12月11日中午在原公安局旁边、维新北路公园前（今人民公园）召开。但是，在庆祝大会即将开始时，敌军莫雄部突然从观音山上冲下来，直接冲到了人民公园附近吉祥路的位置，庆祝苏维埃成立大会被迫中止。11日晚，起义指挥部开会时，决定第二天中午在丰宁路西瓜园召开庆祝广州苏维埃成立的群众大会。

---

① 《共产国际关于广州公社告全体工人、一切被压迫者、资本主义军队的全体士兵书》（1927年12月15日），中共中央党史资料征集委员会等编：《广州起义》，中共党史资料出版社1988年版，第158页。

12日上午，战斗还在激烈进行，第四军军部、十二师师部、仰忠街第四军军械库和中央银行等敌人的重要据点都没有攻下，观音山也遭到敌人的猛烈攻击。工人赤卫队总指挥周文雍给洋务工会工人一些红布横额，让他们到丰宁路西瓜园广场布置拥护广州苏维埃政府群众大会的会场。

丰宁路即今人民中路，西瓜园广场位于今人民中路广州日报社附近，距中山六路西门口不远，场地开阔，无遮挡物，很适合召开群众大会，只是需要搭起一个会台。洋务工会工人从旁边的广东省总工会搬来一些餐桌椅子和竹竿等，作为搭台材料，搭起了一座木台，作为大会的主席台，在台的两侧竖起两条木杆，悬挂起一条二丈多长的红布横额，上书"广州工人拥护苏维埃政权大会"几个大字。中午时分，市民、工人、学生和部分士兵陆续到达，并在台前就坐。这时，张发奎、黄琪翔从西江、北江调集的军队陆续到达广州周边，形势已经很紧张，"敌人从东、西、北三个方向围拢而来，枪声越来越近，越来越激烈。"[①] 因为敌人的进攻，保卫革命政权才是最紧迫的任务，因此，教导团士兵和工人赤卫队队员都在观音山、长堤等地参加战斗，参加群众大会的人并不多，"据说，苏维埃成立大会，只到二三百的群众，这自然是不可免的。因暴动一开始，敌人就向河北攻击，往后南路、西江的敌军又回来了，应战自然会影响其余的工作。"[②]

---

[①] 程子华：《我所了解的广州起义》，中共中央党史资料征集委员会等编：《广州起义》，中共党史资料出版社1988年版，第447页。

[②] 《中共广东省委给中央的报告（一）——关于广州暴动的经过与情形》（1927年12月19日），中共中央党史资料征集委员会等编：《广州起义》，中共党史资料出版社1988年版，第226页。

下午 1 时许，张太雷身着黄色军服，乘坐一辆黑色轿车来到会场，叶挺、恽代英、陈郁、周文雍、黄平、杨殷等也相继到达，他们登上讲台后，由周文雍宣布庆祝大会开始。议事日程如下："一、共产国际代表演说。二、广州苏维埃代表演说。三、工农兵代表演说，妇女青年代表演说。四、批准在暴动前所选举以十五人组织的苏维埃。通过了给工会及兵士委员会以命令，要他们在三天以内选举代表到苏维埃中来，使苏维埃由三百至四百代表组织之。五、选举人民委员会。六、通过给共产国际的电报，请将在广州建设苏维埃政府的消息传达给全世界工人，并求援助。"①张太雷代表政府讲话，并宣布"苏维埃政府正式成立"，然后省委委员王强亚和士兵委员会代表讲话。张太雷"最后把苏维埃政纲及口号一句句地向群众逐条解释通过。他每宣布一条，台下群众即热烈鼓掌，赞成通过。"②

庆祝大会结束后，洋务工会工人开始收拾会场，张太雷与共产国际代表在警卫的保护下乘车返回指挥部。汽车沿丰宁路，转惠爱路（今中山五路）向维新路（今起义路）行驶。当车行至惠

---

① 黄平：《广州暴动及其准备》，中国人民政治协商会议广东省委员会文史资料研究委员会编：《广东文史资料》第 27 辑，广东人民出版社 1980 年版，第 320—321 页。
② 《陈功武回忆广州起义》，中共中央党史资料征集委员会等编：《广州起义》，中共党史资料出版社 1988 年版，第 560—561 页。

爱路①时，遭遇广东机器工会体育队反动武装，他们见到插着红旗的轿车，认为车上一定是起义军的领导人物，立即开枪射击，共产国际代表下车后到附近建筑旁躲避，张太雷准备下车，但他这一侧正对着广东机器工会体育队反动分子，被乱枪击中。事情发生后，周文雍立即派人赶赴现场，发现张太雷乘坐的汽车弹痕累累，轮胎被打穿泄了气，车子不能启动。张太雷已经不幸牺牲，他的遗体斜靠着车厢，头部中一枪，胸侧中一枪，鲜血染红了车厢。司机和警卫员也中弹牺牲。自少年时代就立志为人民解放事业奋斗的张太雷牺牲在了为人民解放事业战斗的第一线。随后，张太雷的遗体被运到公安局大院内，周文雍等决定第二天为张太雷开追悼会。

---

① 关于张太雷牺牲的地点，说法不一。据聂荣臻回忆，张太雷在西瓜园召开群众大会后，"在开完会回来的路上"中了埋伏，不幸牺牲；据教导团一营一连战士程子华回忆，张太雷在群众大会后，"在乘车返回总指挥部途中"，遭到从观音山上冲下来的敌人的袭击，不幸牺牲；据警卫团团长梁秉枢回忆，张太雷在群众大会散会后，"乘车回总部经惠爱路时"，突然被广东机器工会体育队开枪袭击而牺牲；据赤卫队战士何潮回忆，张太雷在群众大会后，从西瓜园回来，"在中华路……黄泥巷附近"被敌人枪杀；据赤卫队战士梁国志回忆，群众大会后，张太雷"车行至惠爱路与大北直街附近的黄泥烂马路，被敌人伏击，"中弹牺牲；据工人赤卫队第一联队政治部主任陈功武回忆，群众大会后，张太雷乘车离去，"不料车至惠爱路（即今中山五路）小马站斜对面之黄泥巷口时"，被广东机器工会体育队包围袭击，当场殉难；据参加广州起义的工人梁梅枝回忆，张太雷会后"在回公安局归途中，中敌人的伏击牺牲在惠爱西路西园酒家附近"；据李沛群回忆，张太雷的司机曾说，张太雷乘车，"从西瓜园沿丰宁路进入惠爱路，朝维新路方向行驶，不料车子过了光孝街农工厅后，在油拦门至玛瑙巷（或XX巷）附近，遇到一排保安队（或体育队）反动武装冲出来"，车子被打坏，张太雷中弹牺牲。分别见《聂荣臻回忆广州起义》、程子华：《我所了解的广州起义》、梁秉枢：《警卫团起义的前前后后》、何潮：《暴动中的海员赤卫战士》、梁国志：《起义中的洋务工人赤卫队》、陈功武：《陈功武回忆广州起义》、《参加广州起义的工人座谈会记录》、李沛群：《省委羲皇台会议》，中共中央党史资料征集委员会等编：《广州起义》，中共党史资料出版社1988年版，第411、第447、第503、第529、第543、第561、第571、第605页。根据广州有关道路的位置分布，张太雷会后从西瓜园返回总指挥部，不会经过小马站等地，综合上述回忆资料，比较合理的说法应该是车行至惠爱路时遇到袭击，这和多数人的回忆也是一致的。

张太雷的一生是短暂的，却是伟大的，他为中国共产党的创建、中国社会主义青年团的成立和中国革命都作出了不可磨灭的贡献。他对中华民族解放事业的高度责任感、对共产主义的坚定信念、旺盛的革命斗志和英勇献身的精神，成为我们宝贵的精神财富。他的名字永远刻在中国革命的丰碑上。

## 二、其他政治军事活动

广州苏维埃政府成立后，一些反革命据点尚未攻下，市内还有敌人在顽抗；在广州周边，从东江、西江、北江调集的国民党军队正在向广州集结，形势越来越危急。广州苏维埃政府配合起义总指挥部，开展了大量政治和军事工作，坚决捍卫苏维埃。

### （一）改编军队，加强革命武装

广州起义的主力还是教导团和警卫团以及工人赤卫队，但工人赤卫队严重缺少武器。11日晨，起义军占领广州后得到数千枪械，大部分发给了赤卫队员，使他们得以武装起来。但面对越来越多的敌人，兵力仍然严重不足，12日，指挥部"明知北部两团敌人又来进攻，但实际情形不许我们调兵进攻他们。"① 在11日晚的会议上，叶挺就提出第二天改编工人赤卫队和俘虏，并命令工人赤卫队总指挥周文雍制作赤卫队干部名册，于12日10时将大部赤卫队尽可能集合，并"分配了各联队之驻防地方"。② 但因为作战，很多赤卫队员无法集中，直到12日中午仍未完成大部赤卫队员的集合。另外，12月12日，苏维埃政府和起义指挥

---

① 叶挺：《关于广州暴动的经过情形》，中共中央党史研究室、中央档案馆编：《中国共产党第六次全国代表大会档案文献选编》下卷，中共党史出版社2015年版，第831页。

② 《广州工人代表大会报告》（1928年1月），中共中央党史资料征集委员会等编：《广州起义》，中共党史资料出版社1988年版，第244页。

部还改编了警卫团,达到5个连,并有宪兵1个连参加了作战,[①]同时派军队没收粮食和其他需用物品。

### (二)肃清反革命工作

广州苏维埃政府成立后,人民肃清反革命委员会在杨殷的领导下即开始了肃反工作,对潜伏在广州市内的反革命分子进行镇压。12日早,青年赤卫队组织一支小队抓到了国民党广州市党部清党委员、法院院长沈修藻,另一部分队员则到中山大学逮捕了反革命分子梁展昌和张资江以及经常辱骂、攻击共产党的《广州民国日报》袁姓总编辑,将他们扭送苏维埃政府处理。"当天晚上,苏维埃政府门前贴了一张大布告,枪决了一批反革命分子。"[②]虽然在战时的环境中,反革命分子纷纷逃亡或隐藏,肃反工作开展并不顺利,肃清反革命委员会也缺乏经验,对逮捕的反革命镇压不坚决,但还是取得了一些成效,到广州起义失败、队伍撤离时,"还关有七八十个反动派在牢里"[③]。

### (三)宣传工作

广州起义的宣传工作由时任广州市委宣传部部长的赖玉润负责。为了做好起义和苏维埃的宣传工作,赖玉润在财厅附近寓所组织了团省委、团市委、妇委、劳动童子团和各区工代会负责人开会,团省委书记谢蔚然、妇委的陈铁军等参加了会议,决定共青团和劳动童子团负责组织各区学生,组建二三十支宣传队,选派二十多人负责写标语、文告、传单等。中山大学和省一中的

---

① 叶挺:《关于广州暴动的经过情形》,中共中央党史研究室、中央档案馆编:《中国共产党第六次全国代表大会档案文献选编》下卷,中共党史出版社2015年版,第830页。

② 薛尚实:《广州起义亲历记》,中共中央党史资料征集委员会等编:《广州起义》,中共党史资料出版社1988年版,第598—599页。

③ 《立三给中央的报告》(1927年12月28日),中共中央党史资料征集委员会等编:《广州起义》,中共党史资料出版社1988年版,第238页。

二十多个学生，在明星戏院通宵达旦写标语和传单。11日起义爆发后，工人群众、学生和妇女组成的宣传队，高举红旗，巡回各条街道，宣传苏维埃政府的成立，让人民群众了解苏维埃政府的政纲和党的政策。他们散发的传单、标语等宣传品遍布全市，街上悬挂着巨幅横额，墙上贴着各色传单，写着："一切权力归苏维埃！""庆祝苏维埃政府成立！""打倒国民党！""打倒帝国主义！""打倒汪精卫！""中国共产党万岁！"等标语和口号，庆祝起义胜利，也鼓动人民群众参加和支援武装起义。白色恐怖的广州变成了红色的海洋，洋溢着胜利的喜悦。

赖玉润和杨殷还组织出版《红旗》半周刊及《红旗日报》。《红旗》半周刊于起义前即刊行，由恽代英主编，在澳门出版，秘密运回广州。《红旗日报》则为日刊，起义后发行，在原七十二行商报社编辑出版，12月11日出版创刊号，单面四开一张，印数不多，但张贴在广州市内最显眼位置。第二天即12日，开始编辑第二号，对开一张，首版刊载苏维埃政纲、命令等，其余各版刊载起义的有关新闻，主要的是战事报道及群众参加起义的新闻。至下午4点，《红旗日报》即将付印时，撤退的命令传来，第二号未能出版。

**（四）恢复工会工作**

随着起义军占领广州大部分市区，在苏维埃政府领导下，广州市各工会逐渐恢复办公，位于西瓜园附近的广东省总工会、位于珠江以南的广东机器工会等黄色工会都被占领和没收，反革命的"革命工人联合会"也被取缔。

**（五）发布"广州苏维埃追悼死难烈士宣言"**

起义爆发后，在创建苏维埃和捍卫苏维埃的战斗中，起义官兵不怕牺牲，英勇战斗，在敌人的进攻下，伤亡越来越大。为了纪念死难烈士，鼓舞革命士气，保卫苏维埃，12月12日，广州

工农兵苏维埃政府发布了"广州苏维埃追悼死难烈士宣言",全文如下①:

本苏维埃代表广州全体的工人、农民、兵士,极诚恳的致哀于昨日为夺取政权而死难的烈士,他们都是工人、农民、兵士革命的先锋,他们的牺牲是革命的巨大的损失。

广州全体的工人、农民、兵士,只有以极大的努力,继续死难烈士之志愿,为保护广州苏维埃,扫荡军阀、豪绅、地主、资本家的势力而奋斗,以补救这样的损失。

现在,广州的工人、农民、兵士已经获得了初步的胜利了。但是不要忘记这些烈士,一切的成就都是他们努力与流血的结果。永远要纪念这些烈士的奋斗精神,永远要保持这些烈士所成就的事业。

要用全力拥护苏维埃,要实行苏维埃已经宣布的政纲,没收银行、钱庄,没收大商店,没收阔佬房屋给工人居住,当铺物件无条件发还贫民,这些烈士是为这奋斗而死的,我们一定要继续着奋斗。

本苏维埃为工人、农民、兵士自己的政权机关。本苏维埃要不顾一切的为工人、农民、兵士的利益奋斗,死难烈士的志愿便是本苏维埃的志愿,他们的精神永久与苏维埃政权保障着农民、工人、兵士,而且要领导他们继续向前。

死难烈士的精神不朽!

他们是广州苏维埃的创造者!

---

① 《广州苏维埃追悼死难烈士宣言》(1927年12月12日),中共中央党史资料征集委员会等编:《广州起义》,中共党史资料出版社1988年版,第135页。

他们是工人、农民、兵士革命的先锋！

继续为完成他们的事业而奋斗！

打倒一切军阀、豪绅、地主、资本家的势力！

实现苏维埃的政纲！

工人、农民、兵士解放万岁！

广州工农兵苏维埃政府<br>十二月十二日

宣言指出，广州的工人、农民和士兵的革命已经取得了初步的胜利，建立了工农兵自己的苏维埃政权，但这个胜利来之不易，是死难烈士的努力和鲜血换来的，死难烈士是广州苏维埃的创造者，号召人们不要忘记死难烈士，不要忘记死难烈士的奋斗精神，为实行苏维埃的政纲，保障工人、农民和士兵的利益，为永远保持这些烈士所成就的事业，全力拥护苏维埃，"继续为完成他们的事业而奋斗！"

## 第三节 保卫苏维埃的军事斗争

广州起义初步胜利后，建立了苏维埃政权，工农群众兴高采烈庆祝革命的胜利。到了第二天，广州市内的战斗更加激烈。起义军还在进攻一直没有攻下的中央银行、第四军军部、军械库等地；而国民党反动派却视新生革命政权为眼中钉、肉中刺，必欲除之而后快，立即从东江、西江和北江前线调集军队，回师广州，准备扑灭革命。帝国主义列强也撕下伪装，协助国民党反动派对抗起义军，甚至直接出兵进行武装干涉。起义军坚守长堤，在观音山同敌人展开拉锯战，反击帝国主义的武装干涉，坚决捍卫新生的革命政权。

## 一、反动派的反扑计划

广州起义爆发后，回师广州镇压革命的是国民党第四军和号称"福军"的李福林第五军。广州起义前，控制广东的国民党第四军到广东后进行了重新编组，军长黄琪翔，下辖五个师。广州起义爆发时，第十二师驻西江，师长缪培南；第二十五师驻防惠州和石龙，师长李汉魂；第二十六师驻肇庆等地，师长许志锐；教导第一师驻广东南路的江门一带，师长薛岳；还有教导第二师也驻防肇庆，师长黄镇球。第四军基本不在广州，而是大部分都在西江、北江和东江前线，进攻李济深和黄绍竑部。当时广州城内只有李福林第五军一部驻在广州珠江以南，军部在海珠区海幢寺。

广州起义前，嗅到革命气息的国民党反动派加紧了反革命活动。12月8日，刚到西江前线的国民党第四军军长黄琪翔离开肇庆，9日到达广州，10日开始广州全城戒严。但广州起义的爆发，还是使国民党反动派措手不及，尤其第四军教导团和警卫团本是张发奎留下来准备用来镇压工人运动的，却成为起义的主要力量，并提前起义，更是出乎他们的意料。

12月11日凌晨，起义爆发时，张发奎、黄琪翔和广东省政府主席陈公博都住在东山。陈公博当晚住在大沙头广九铁路附近的葵园，离江边最近，听到枪声后，他即打电话到第四军军部，但却没人能说清楚枪声是怎么回事。陈公博从枪声判断，珠江北的枪声从北向南，并且有人开始进攻第四军军部了，而珠江南岸很安静，应该没有战事，于是决定渡江找李福林。陈公博到了江边，跳上一条沙船，拿出手枪，用威胁的手段，迫使船家开船,小心翼翼靠近南岸,看到岸边几个士兵很休闲地背着枪,望着北岸,陈公博知道珠江南岸真的没事儿,遂在岭南大学附近登岸。因为怕惊动学生,闹出更大的事情,陈公博不敢进岭南大学打电话通知李福林军部,便直奔第五军军部海幢寺。天大亮时,陈公博到了第五军军部,发现李福林当晚并未住在军部,而是回了乡下家里。

从肇庆回到广州的黄琪翔与张发奎住在一起。广州起义的枪声惊醒了睡梦中的张发奎和黄琪翔,二人即刻出发到二沙头颐养院,借来一艘电船从二沙头赶往海幢寺李福林军部,商量反扑计划。到李福林军部时,天已大亮,刚好得到消息的李福林也到了军部门口,三人进门,陈公博已经到了,于是坐下来商议应付办法。显然,李福林对珠江北岸被起义部队攻击并不着急,他更担心的是如果派兵进攻珠江北岸,万一珠江南岸也出现共产党领导的武装起义,那就连珠江以南这块立脚之地也没有了。李福林、张发奎等商议一个多小时,没有结果,无奈之下,张发奎和陈公博决定先发电报给二十六师许志锐和教导第一师副师长邓龙光,令其回师广州。因为长堤一带已经陷入起义部队的包围中,这些电报只能到沙面电报局发出。同时,他们找来广州江防司令冯肇铭,调集"宝璧"、"江大"等军舰,张发奎、黄琪翔等乘兵舰沿江巡视,见到珠江北岸火头四起,尤其中央银行和第四军军部烈焰飞腾,枪炮声不断,他们将兵舰驻泊第四军军部对开位置,炮击进攻第四军军部和中央银行的起义部队。

从中午到傍晚,张发奎和陈公博发往肇庆和江门调兵的电报一直没有回音,处于惊惶中的陈公博和张发奎担心那里的士兵也发生兵变,于是决定亲自走一趟。11日晚,张发奎和陈公博乘坐轻便军舰赴江门,又继续转赴肇庆,发布命令如下:1. 因为广州发生工人暴动，海陆空各军扼守珠江以南南石头一带。2.决定将东江军事交陈铭枢接防，驻西江军队固守肇庆，南部固守江门、单水口一线。3.具体的军队调动如下：（1）驻东江二十五师师长李汉魂率部回广州；（2）驻西江第二十六师第七十八团回师广州，第二十六师余部及第十二师全部仍驻留肇庆，统归许志锐指挥，扼守肇庆附近，对广西方面警戒；（3）南路教导第一师第一、第二两团，由副师长邓龙光率领回广州，赴南石头附近，协同在广州各军，由第四军军长黄琪翔指挥；（4）南路教导师第三团，及第五军第四十五团和第四军独立团，统归南路指挥部参谋长胡铭藻调遣，扼守单水口、江门及新宁铁道沿线。[①]调兵部署完毕后，12日傍晚，张发奎和陈公博返回广州，等待各军回师广州，对付广州起义部队。

## 二、观音山争夺战

观音山即今越秀山，高踞广州北郊，紧靠市区，可以俯瞰全城，是广州的制高点，也是广州起义中起义部队与反动派反复争夺的战略要地。在起义前，观音山驻有张发奎的亲信部队第四军警卫团第一营。11日凌晨，起义开始后，警卫团第一营营长企图据守观音山，居高临下，控制广州全城，与起义军顽固对抗。警卫团的革命士兵在团长梁秉枢的率领下，首先处决了敌坐探团参谋唐继元等人，肃清了警卫团内部的反革命分子。因为第一营营长张强光不听命令，抗拒起义，梁秉枢亲自赴一营解除张强光等反动军官的武装，遭到敌人顽强对抗，梁秉枢中弹受伤，被送院留医。

---

① 张发奎：《广州暴动之回忆》（原题为《卅年前广州暴动之回忆》）。无名氏：《黄琪翔最近之重要谈话》。陈公博：《广州共产党的暴动》。中共中央党史资料征集委员会等编：《广州起义》，中共党史资料出版社1988年版，第665页。

全团事务由团指导员陈选甫负责，军事指挥由蔡申熙负责。同一时间，进攻观音山的教导团第三营一部及工人赤卫队第五联队急速北进，会同警卫团起义部队迅速占领了观音山。随后，起义部队与国民党反动派在观音山开始反复争夺。首先对观音山进行反攻的是新编教导第二师第三团，驻扎在西村一带，团部在陈家祠，团长莫雄。当时，莫雄住在珠光街的家中，听到枪声后，他本想回团部，但因为街上起义部队很多，穿军装不便行动，于是返回家中换便装，约6时左右，第三团派人来报告，共产党发动了起义，正在进攻市内各军事据点，惠爱路（今中山路）、四牌楼（今解放中路）至双门底（今北京路）一带战斗激烈，到处都有起义部队把守，不准通行。莫雄考虑其部队刚组建数月，只有旧式步枪一千多支，没有子弹，没有机关枪，回到团部也难以发挥多大作用。他当即决定不再冒险回团部，而是写两封信，一封给石井兵工厂厂长罗梓材，请拨子弹20万发；另一封给第三团副团长，要求加强戒备，速去兵工厂领取子弹，然后派军队占领观音山。而他自己则带领家人经德政南路、文明路，再绕道小北，躲到了观音山脚下莲塘街其副官邝干生的家里，到了副官家里，才发现观音山已经被起义部队占领。

　　第三团副团长接到莫雄命令后，先派第一营、第二营到兵工厂领取子弹，随后第一营士兵沿广花公路向大北街进攻，企图一举占领观音山。因为这时守卫观音山的是赤卫队员和学生，虽然勇敢，作战热情很高，但缺乏作战经验。莫雄团一营长杨得胜率队冲锋，直接冲到了山顶，占领了观音山。作战热情高涨的赤卫队并未放弃，乘刚冲上观音山的敌人立足未稳之际，立即组织反攻，杨得胜营被迫退回观音山北面山脚。中午时分，莫雄团二营长杨道生率所部赶到，两营联合发动攻击，激战1个小时，至下午2点，莫雄所部再次占领观音山，随即派出军队到山下副官邝干生家接莫雄。但是因为莫雄团士兵不熟悉莲塘街一带地形，冲下山之后径直冲到了吉祥路和第一公园附近，这就直接威胁到了起义总指挥部和苏维埃政府的安全。"十一日午后，观音山发动了激战，敌人有一个团的兵力进行反扑，占领了观音山。之后有部分敌人向公安局进攻，一直冲到公园前，在离公安局不远的地方，双方在街的两边对射，形势非常危急。"[①]11日中午，广州苏维埃政府原计划在第一公园召开庆祝苏维埃政府成立群众大会，刚要开会时，忽然有人报警，敌人打过来了。"原来，敌军薛岳部留驻广州陈家祠的莫雄团，沿广花公路从大北直街向观音山反扑，并越过观音山，窜到吉祥路。起义部队和到会群众立即迎击窜来之敌，把敌人从吉祥路一直赶到观音山脚，打死敌人一百多人，敌军狼狈逃窜。"[②]因为莫雄团打到了吉祥路和第一公园附近，工农群众纷纷加入战斗，群众大会被迫改期召开。

当莫雄部冲下观音山到吉祥路时，起义指挥部叶挺总指挥等以为敌人派兵进攻总指挥部，急令教导团和工人赤卫队组织阻击，双方在公安局附近形成对射，起义队伍没有工事，就拿来米袋作为沙包掩体，并向吉祥路反攻。从广州西郊赶来的农军正在司后街农军指挥部吃饭，听到密集枪声，立即持枪投入战斗，训练有素的农军一边冲一边卧倒射击，教导团士兵、工人赤卫队和农卫军一起将莫雄团第一营和第二营赶回观音山下，并顺势急攻观音

---

① 聂荣臻：《聂荣臻回忆广州起义》，原载《聂荣臻回忆录》第五章《广州起义》，中共中央党史资料征集委员会等编：《广州起义》，中共党史资料出版社1988年版，第404—415页。

② 左洪涛：《从武昌两湖书院到广州四标营——忆叶剑英同志率领教导团参加广州起义》，中国人民政治协商会议广东省委员会文史资料研究委员会编：《广东文史资料》第27辑，广东人民出版社1980年版，第58页。

山，激战数小时，莫雄所部伤亡过百人，连、排长阵亡6人；起义部队将盘踞山顶的莫雄团士兵打退至山脚下，重新控制观音山。莫雄所部因为担心腹背受敌，随即由三元宫、芒果树街等处西撤，在丰宁路、太平北路西侧各街口设垒据守。①

到11日下午2时，广州市内的一些敌人据点如第四军军部、第十二师师部、中央银行等还没有攻下。观音山上还有警卫团第二连犹豫不决，既不与起义部队合作，也不与起义部队作战，仍留驻观音山这个广州市的制高点，像悬在起义部队头上的一把利剑。为了解除观音山上犹豫不决的敌人带来的威胁，同时摧毁市内敌人负隅顽抗的据点，起义副总指挥叶剑英把教导团炮兵连连长唐虞②叫到指挥部，交代他去完成两个任务：一是到观音山去解决叛军一个连，即警卫团第二连；二是解决叛军后，在观音山上架炮，轰击敌人第四军军部据点。炮兵连乘起义胜利之威，做好战斗准备后，即派人与敌人谈判。敌人看到现在全市都被起义军占领，山下又做好了战斗部署，迫于形势，无奈地交枪投降了。③至此，观音山完全被起义部队控制。

至12日，张发奎、黄琪翔从西江、北江调集的军队陆续到达广州，观音山又成为双方争夺的焦点。12日晨，天还未亮，原驻韶关的周定宽团到达广州，一部攻打黄沙车站，企图与珠江南

---

① 莫雄：《攻打观音山广州起义军》，中共中央党史资料征集委员会等编：《广州起义》，中共党史资料出版社1988年版，第689页。

② 关于教导团炮兵连连长，一说为田时彦，见《叶剑英传》，当代中国出版社1995年版，第73页。

③ 刘祖靖：《广州起义中的教导团》（节录）（原载《文史资料选辑》第59辑），中共中央党史资料征集委员会等编：《广州起义》，中共党史资料出版社1988年版，第449—458页；左洪涛：《从武昌两湖书院到广州四标营——忆叶剑英同志率领教导团参加广州起义》，中国人民政治协商会议广东省委员会文史资料研究委员会编：《广东文史资料》第27辑，广东人民出版社1980年版，第58—59页。

岸的李福林军部取得联系，一部攻打观音山。到"十二日上午，敌人前方调回的军队，已进占观音山。"①11日被起义军赶下山的莫雄团再次组织力量，以第一、二营进攻西门，第三营向观音山进攻。②起义指挥部急调教导团第一营一连增援观音山。起义部队利用观音山上古老的城墙和城头上坑坑洼洼的地方，构筑临时防御工事。在古老城墙的下面有一条小沟，小沟的对面有一片起伏的山岗，敌人把那里作为阵地，集中大量兵力发起多次猛攻，企图夺取观音山这个制高点；起义部队用步枪、机枪猛烈还击，加上雨点般的手榴弹，击退了敌人一次又一次攻击。敌人死伤枕藉，溃败下去。

随后，敌我双方在观音山展开拉锯战，上午11时，红军总司令叶挺向工人赤卫队总指挥周文雍发出命令："速即饬令农军到观音山、大北门一带警戒。"③中午时分，敌薛岳部两个团从花县方向开来，先头部队一个团从观音山北面进攻，起义部队正在集中力量进攻第四军军部、中央银行等未攻下的敌人据点，只有少数工人赤卫队在山上防守，由于寡不敌众，被迫撤退到山下第一公园附近，继续阻击敌人。起义总指挥叶挺和副总指挥叶剑英急忙命令教导团团长李云鹏率队夺回观音山。李云鹏命令第二营驻守长堤，继续监视珠江南岸李福林部动向，并立即召集教导团第一营各连连长、第三营第七连、第八连和炮兵连连长以及工

---

① 曾干庭：《曾干庭参加广州暴动的工作报告》（1928年1月4日），中共中央党史资料征集委员会等编：《广州起义》，中共党史资料出版社1988年版，第203页。

② 左洪涛：《从武昌两湖书院到广州四标营——忆叶剑英同志率领教导团参加广州起义》，中国人民政治协商会议广东省委员会文史资料研究委员会编：《广东文史资料》第27辑，广东人民出版社1980年版，第61页。

③ 《红军总司令叶挺调农军到观音山大北门一带警戒令》（1927年12月12日），中共中央党史资料征集委员会等编：《广州起义》，中共党史资料出版社1988年版，第132页。

人赤卫队第一、第六联队联队长,传达了上级指示,布置了各连的战斗任务,组织了简单的进攻协同动作。陈赓也奉叶剑英之命,率队前往观音山退敌。下午2时,夺回观音山的战斗打响,各联队发起进攻。首先由炮兵连对观音山之敌进行炮击,连发十多发炮弹,观音山上敌人的青天白日"护党"旗被打倒,重机枪被打中,敌团长也受伤。起义军各连队乘敌人失去指挥而慌乱之际,向敌人发起冲锋。教导团第一营进攻观音山主峰,第七连进攻观音山右侧,第八连为预备队,赤卫队第一联队向观音山鞍型地区攻击,第六联队向观音山西侧攻击;起义部队多路出击,迅猛进攻,敌军被起义部队进攻气势震慑,难以坚持,不得不向观音山北麓逃跑,下午3时半,起义部队重新夺回了观音山。① 据回忆,"在第二日大概在十二时许,薛岳之军已到,将观音山已占领,有两营多人之谱已冲到城中,一时满城枪声四起,各处都在巷战。战有数小时之久,经死力与他冲,始将观音山夺回。"② 在这次战斗中,徐向前指挥的第五联队作战英勇,他们先在观音山南面的街上抗击敌人,"一部分人配合第二连坚守阵地,一部分搬运弹药。工人赤卫队人人奋勇,冒着炮火冲杀,迎着飞弹运送弹药。前头的人倒下了,后头的人又跟上去。"③ 和徐向前并肩作战的联队党代表身受重伤,生命垂危之际,还不忘叮嘱徐向前,"要继续战斗,守住阵地。"对于这位战友,徐向前后来回忆说:"他的名字我已经忘记,只记得大家叫他'阿陈'。"还说这位党代

---

① 刘祖靖:《广州起义中的教导团》(节录)(原载《文史资料选辑》第59辑),中共中央党史资料征集委员会等编:《广州起义》,中共党史资料出版社1988年版,第456页。

② 《陈雅泉关于广州暴动经过情况报告》(1928年2月26日),中共中央党史资料征集委员会等编:《广州起义》,中共党史资料出版社1988年版,第214页。

③ 《徐向前传》编写组:《徐向前传》,当代中国出版社2017年版,第39页。

表牺牲时只有二十四五岁,"曾参加过省港大罢工,待人热情朴实,革命意志坚决,在工人中有很高的威信。"①12日下午,观音山的战斗是起义后敌我双方打得最激烈的一次战斗,据回忆,"城里,特别是观音山和江岸地区的枪声响得更厉害了。"②敌我双方的争夺战还在继续。

起义部队夺回观音山制高点后不久,敌人增援部队到达,对观音山我军阵地发起了反扑。敌人组织了多次进攻,都被我起义部队接二连三击退,敌人死伤甚多,我起义部队也牺牲了两名连长和不少革命战士。下午4时左右,敌我双方都在调整战斗部署,陈赓亲临观音山阵地指挥,起义部队也及时补充了弹药,控制了敌人可能再次组织反扑的地区和道路。随后敌人凭借优势兵力多次向观音山发起冲击,起义战士居高临下,打退了敌人的一次又一次进攻。③12日午后4时许,在观音山战斗激烈之际,叶剑英命令教导团第三营第十连连长邱维达率部跑步前往观音山,支援陈赓等部,并指示一定要守住观音山这个制高点。十连战士急速开赴观音山,到观音山附近时,据侦察报告,半山上已经发现敌军,正向起义部队开枪射击。十连战士在邱维达指挥下,分成三个突击队,利用黄昏时天色渐暗的掩护,从三面突入观音山制高点,战士们勇猛冲击,不到半个小时,就将观音山上的敌人击退到观音山以北,与陈赓部一起构筑工事,坚守观音山,直到13日被迫撤出广州。

---

① 徐向前:《参加广州起义》,中共中央党史资料征集委员会等编:《广州起义》,中共党史资料出版社1988年版,第419页。
② 唐固:《回忆广州起义》,中共中央党史资料征集委员会等编:《广州起义》,中共党史资料出版社1988年版,第485页。
③ 刘祖靖:《广州起义中的教导团》(节录)(原载《文史资料选辑》第59辑),中共中央党史资料征集委员会等编:《广州起义》,中共党史资料出版社1988年版,第457页。

## 三、英勇的女兵

在广州起义中，不管是宣传战线还是硝烟弥漫的战场，不论是临时武装的工人赤卫队还是训练有素的教导团，都有女兵的身影。广州起义中之所以有这么多英勇女性参加革命，是因为广州是中国最早开展妇女运动的地方之一。

在第一次国共合作时期，在中国共产党的领导和国共合作的推动下，广州妇女运动蓬勃发展。1924年1月，在国民党一大上，何香凝当选国民党中央执行委员会妇女部部长，提出了"妇女在法律上、经济上、教育上一律平等"的提案，获大会通过，促使国民党一大宣言明确规定："于法律上、经济上、教育上、社会上确认男女平等之原则，助进女权之发展"。一大后，何香凝创办《妇女之声》杂志，宣扬女权。3月，何香凝在广州筹备并主持召开了中国第一次公开纪念三八妇女节的活动，并创办妇女劳工学校，后来又创办劳工妇女夜校，为追求进步的妇女提供学习的机会，为实现男女平等创造条件。国民党中央和国民党广东省党部都成立了妇女部，何香凝担任国民党中央和广东省党部的妇女部长。1925年夏，邓颖超到广东，不久蔡畅也来到广州，二人先后担任中共广东区委委员和妇女委员会书记，一起协助国民党中央妇女部长何香凝领导开展妇女运动。蔡畅领导广东区委妇女委员会提出了妇女解放运动要同国民革命运动相结合、同工人阶级解放运动相结合的方针，组织、领导妇女积极参加支援省港大罢工和北伐战争的活动，使广州和广东的广大妇女得到了革命的锻炼，不断觉醒。

1927年4月，蒋介石在上海发动了四一二反革命政变，大肆屠杀共产党员和革命群众；4月15日，广东反动当局发动了四一五反革命政变,逮捕共产党员、工人、学生及进步人士二千多人,杀害一百多人。期间,反动军警包围妇女工作比较活跃的女子师范学校,逮捕了"广东妇女解放协会"成员数十人。7月,汪精卫发动七一五反革命政变后,广州再次发生清党事件,逮捕、屠杀共产党员和进步群众,其中中山大学女学生杨锡兰被杀害。在白色恐怖下,经过革命洗礼的广大工人阶级和进步妇女以不同方式继续战斗。四一五反革命政变后,"广东妇女解放协会"和中共广东区委、区团委、省港罢工委员会、广州工人代表会、广东省农民协会等联名发表《反抗国民党反动派残暴大屠杀宣言》,揭露国民党背叛革命、残害共产党、迫害革命群众的罪行,号召人民群众奋起反抗;进步妇女如中共广东区委妇委委员、"妇协"秘书长陈铁军以及朱英娥、潘佩贞等冒着被反动军警逮捕的危险,帮助和掩护了一大批革命同志。1927年5月,中共广东区委迁到香港后,中共广州市委负责广州的各项工作,进步妇女宋维静、覃坚等女同志到广州市委机关,负责党的秘密工作和地下交通工作。不断觉醒和要求解放的广大妇女不断组织起来,参加各项社会工作和革命活动,甚至直接参加工人的武装组织——工人赤卫队。在广州起义前夕,工人赤卫队中"除第三联队和两个敢死队全是男的以外,其他各联队都有女赤卫队员。"[①] 此外,由共产党员、共青团员和工人、学生组成的约三四百人的宣传队中也有很多进步妇女。

广州起义时,"参加起义的妇女,主要来自三个方面:一是女共产党员和共青团员。她们经受过大革命的锻炼,是'妇协'的成员或领导,是广州妇女解放运动的骨干。例如,区梦觉、陈

---

[①] 广州市妇女联合会编:《五羊巾帼(一)——广州起义中的英雄妇女》,第7页。

铁军、宋维静等同志。在起义期间，她们分布在女学生和女工群众当中，带领广大妇女参加起义的各种工作"。二是"各行各业的女工积极分子和省港大罢工的女工和家属。有'广州织造工会联合会''广州土布工会联合会'各分会，以及'广州洋务工会联合会''广州电筒工会''广州车衣工会'等工会中的女工。她们负责物质准备、交通联络、宣传群众和后勤供应工作，还有的直接参加了战斗。"第三部分是第四军军医处和军官教导团中的女同志。[①]她们大多负责宣传和医务工作，其中最英勇的壮举是第四军教导团的女兵守卫长堤的战斗。

第四军教导团的女兵大部分是中央军事政治学校武汉分校从全国各地招收的学员，共195人。这些充满革命热情的革命女兵思想进步、渴望解放，在军校接受了严格的政治、军事训练，又在武汉经历了攻打夏斗寅的战斗洗礼，是一支既有政治觉悟又有群众工作能力和战斗能力的队伍。然而，1927年7月，汪精卫发动了反革命政变，武汉形势恶化，军校难以维持，在叶剑英的努力下，武汉分校的部分学生被改编为第二方面军军官教导团时，军校女生队被遣散，一些人领了结业证奔赴全国其他战场继续革命；一些人加入了贺龙、叶挺的部队，参加了八一南昌起义；还有一部分大约三四十人坚持不走，"游曦、邱继文、盛业煌、郑梅仙、李蕴瑞、廖德璋、邓苏、陈春莲、李革生、少舒猷、张瑞华、曾宪植、张益智、熊天春、刘光慧、周铁军、杨庆桂、周月华、骆英豪、王炳先、肖凤仪、张先怡、刘曼君、王月华、杨庆兰、危拱之、宋静一、马玉香、倪俊仁、黄厚吉等"[②]留下来参加了

---

[①] 广州市妇女联合会编：《五羊巾帼（一）——广州起义中的英雄妇女》，第8页。
[②] 广州市妇女联合会编：《五羊巾帼（一）——广州起义中的英雄妇女》，第9页。

军官教导团和军医处，随着教导团经江西等地于10月初辗转来到广州。到广州后，她们参加了广州起义的准备工作。

　　1927年12月11日，起义爆发后，教导团女生队的队员纷纷参加起义。她们有的负责医疗工作，随着枪炮声一响，女队员们将白布往桌上一铺，就布置好了手术台，开始没日没夜地抢救伤员。女生队的队长游曦带领队员在指挥部负责宣传和后勤工作。12日，敌人不断组织疯狂的反扑，情况十分危急，游曦带领队员奔向战场，驻守在长堤街垒，反击珠江南岸和珠江上强敌的进攻。12日黄昏，叶挺、聂荣臻登上财政厅楼顶，观察了广州全城敌我斗争的形势，面对敌强我弱的危机形势，为了保存革命力量，决定趁敌人尚未完成合围，将起义队伍撤出广州，转赴农村，并分头通知各部队。但因为当时战线犬牙交错，指挥联络不灵，战斗在长堤的教导团女生队因为与指挥部失去联系，未能接到撤退通知，她们一直坚守在长堤街垒，浴血战斗。13日，反动军队在英、日等帝国主义军舰和陆战队的掩护下，突破珠江北岸起义部队的街垒，女生队的战士与几十倍于己的敌人反复搏斗，子弹打完，手榴弹扔光，粮水断绝，仍坚守阵地，敌人冲上来，便同敌人拼刺刀。在形势危急的情况下，游曦决定派一个战士去联系指挥部，战士提出："班长，你亲自去吧，我们坚决顶住敌人。"游曦明白战士的心思，坚决表示：在这个危机的时刻，自己绝不能离开岗位。她还用严峻的口气告诉这个战士，"去吧，别忘了告诉总部，我们一定流尽最后一滴血来保卫苏维埃政权！"联络总部的战士走后，敌人又冲上来，英勇的女生队战士毫不畏惧，同敌人展开白刃战，把刺刀拼弯了，才终于把敌人打退。游曦看着剩下几个负伤的战士，指着阵地上的红旗，坚定地说："同志们！只要有一个人活着，就要高举起这面大旗！"①敌人再次扑上来，游曦和她的战友们拼死战斗，全部献出了宝贵的生命。广州起义失败后，凶残的敌人把游曦的遗体分成数块，悬挂在天字码头"示众"。这个出生在嘉陵江畔、向往革命和自由的19岁女英雄，和她带领的女兵班的全体战士，为了保卫新生的苏维埃政权，把自己的青春和热血挥洒在了英雄城市广州。

## 四、反击帝国主义武装干涉的斗争

在广州起义筹划的过程中，中国共产党调整了对帝国主义的政策，采取暂时避免与帝国主义直接冲突的防御策略，以期巩固新生革命政权。但起义爆发后，各帝国主义势力立即勾结国民党反动派镇压革命，广州起义的革命队伍不得不采取革命的手段，反击帝国主义的武装干涉。

### （一）中国共产党反帝策略的调整

诞生于半殖民地半封建社会的中国共产党从诞生时起就认识到，"要解决纠纷的时局，必须由历年许多纠纷的事件里面分析出纠纷的共通病根所在，然后才能够找出到真能解决纠纷的道路"。中国共产党认为，中国的病根"就是军阀存在"②，而军阀的背后是帝国主义势力，提出了"推翻国际帝国主义的压迫，达到中华民族完全独立"③的目标；中共二大的宣言用大量的篇幅描述了"国际帝国主义宰割下的中国"，讲述了英、美、法、

---

① 广州市妇女联合会编：《五羊巾帼（一）——广州起义中的英雄妇女》，第56、第57页。
② 《中国共产党对于时局的主张》（1922年6月15日），中央档案馆编：《中共中央文件选集》第1辑（1921—1925），中共中央党校出版社1982年版，第22—23页。
③ 《关于"国际帝国主义与中国和中国共产党"的决议案》，中央档案馆编：《中共中央文件选集》第1辑（1921—1925），中共中央党校出版社1982年版，第36页。

日等帝国主义国家对中国的军事侵略、政治压迫和经济掠夺，认为"加给中国人民（无论是资产阶级、工人或农人）最大的痛苦的是资本帝国主义和军阀官僚的封建势力"，指出实现"真正的统一民族主义国家和国内的和平，非打倒军阀和国际帝国主义的压迫是永远建设不成功"①的。

在大革命中，中国共产党坚持反对帝国主义的政策，不断组织反帝运动。1924年9月，第二次直奉战争爆发后，中共中央发表对时局的主张，认为中国"每次内战都有国际帝国主义争斗的背景"，指出，"外国帝国主义在中国存在一天，即军阀与战争的惨痛存在一天"，号召民众起来，"打倒侵略中国构成内战的一切帝国主义"。②1925年1月，在中共四大的宣言中，中国共产党号召广大的工农和被压迫的民众起来，"努力对世界帝国主义迎头痛击"，号召东方被压迫的民众反对军阀，发展自己的国家，"对外国帝国主义施以最后的总攻击。"③ 在1925年5月，五卅惨案发生后，中国共产党一边组织民众抗议帝国主义暴行，一边告诫民众："中国人民与野蛮残暴的帝国主义无调和之余地"，指出"我们与帝国主义的斗争也只有我们屈服他们或他们屈服我们之两条路"，提醒民众不要受帝国主义的欺骗。④北伐战争开始后，中国共产党再次指出："中国工农及一切受苦受难的民众

---

① 《中国共产党第二次全国代表大会宣言》，中央档案馆编：《中共中央文件选集》第1辑（1921—1925），中共中央党校出版社1982年版，第74—76页。

② 《中国共产党第三次对于时局宣言》，中央档案馆编：《中共中央文件选集》第1辑（1921—1925），中共中央党校出版社1982年版，第228—231页。

③ 《中国共产党第四次全国代表大会宣言》，中央档案馆编：《中共中央文件选集》第1辑（1921—1925），中共中央党校出版社1982年版，第318—319页。

④ 《中共中央为反抗帝国主义野蛮残暴的大屠杀告全国民众》，中央档案馆编：《中共中央文件选集》第1辑（1921—1925），中共中央党校出版社1982年版，第352—353页。

所以这样穷,这样苦,这样受压迫,不用说乃是军阀尤其是帝国主义之赐",认为中国人民解除切身的痛苦,"推翻外国资本帝国主义及国内军阀的压迫,实是不容缓的事。"①

在中国共产党的影响和推动下,反对帝国主义和封建主义的工人运动、农民运动蓬勃发展,使广州成为国民革命的中心,国共合作掀起的北伐战争消灭军阀,收回租界,矛头直指帝国主义,"国民革命军北伐胜利的结果,实际上扫除了帝国主义在半个中国的统治。"②

大革命失败后,中国共产党根据革命的需要,对帝国主义开始采取防御的策略。中国共产党认为,"中国革命还没有能解决其许多任务之中的任何一个任务……中国革命在现时这一阶段之中,还是资产阶级的民权革命,不但反对封建主义的余孽,并且反对帝国主义对于中国的统治",重申中国革命的目标之一便是"完全解放中国于外国资本压迫之下(取消一切不平等条约及帝国主义的特权,取消外债,关税自主,外国人所占有的生产资料交通机关收归国有等等)"。然而大革命的失败,中国共产党失去了稳固的根据地,却继续沿着俄国革命"以城市为中心"的道路发动南昌起义、以进攻长沙为目标的秋收起义,但中俄两国国情毕竟不同,俄国在列宁领导十月革命时是独立国家,革命只是面对封建主义的阻挠,而中国是半殖民地半封建社会,中国革命还需面对帝国主义的干涉。这就迫使中国共产党不得不考虑应对帝国主义干涉的策略问题,尤其是在革命力量比较弱小、新生革

---

① 《中国共产党对于时局的主张》(1926年7月12日),中央档案馆编:《中共中央文件选集》第2辑(1926),中共中央党校出版社1983年版,第186页。

② 《共产国际第七次扩大执行委员会会议中国问题决议案》,中央档案馆编:《中共中央文件选集》第2辑(1926),中共中央党校出版社1983年版,第327页。

命政权还不巩固的时候。八一南昌起义后，中国共产党发布了《中国共产党的政治任务与策略的议决案》，试图找到应对帝国主义的策略，指出在组织民众暴动的时候，"本党应当在反帝国主义的斗争中有应付的策略，使与帝国主义的武装冲突不至于过早的发动"，认为应当继续不断地加强反对帝国主义的政治宣传，必要的时候，可以组织比如抵制外货等经济领域的斗争，特别是在革命暴动后建立的新政权基础不稳固、根据地很小的时候，"应当暂时避免与帝国主义直接冲突。"在中国共产党看来，收回租界、没收外国工业为国有等革命活动都属于这样的直接冲突。中国共产党还清醒认识到，真正革命的代表人民利益的新政权因为真的反对帝国主义，国内的各种反动势力必然勾结帝国主义，寻找各种借口来挑衅和镇压新生的革命政权，所以，"本党应当预先看见这种危险，在不利于新的革命政权之时机，不要接受帝国主义的挑战"。[①]在广州起义期间，陈独秀也曾致信中共中央，指出"广东离香港太近，易为帝国主义者所袭击，我们为保护新政权起见，反帝行动要十分谨慎。"对于陈独秀的这个提醒，中共中央回复"我们同意"，[②]这表明，在大革命失败后，中国共产党在组织领导工农暴动时，对帝国主义开始采取更加务实的策略，"暂时避免与帝国主义的直接冲突"，这也成为广东省委领导广州起义时对帝国主义的基本策略。1927年8月20日，中共广东省委会议通过决议，发布了"暴动后各县市工作大纲"，明确指出"对帝国主义者取防御政策，防御其挑拨，因此暂时对于租界、海关、

---

[①]《中国共产党的政治任务与策略的议决案》（1927年8月），中央档案馆编：《中共中央文件选集》第3辑（1927），中共中央党校出版社1983年版，第283—292页。

[②]《独秀来信》与《中央常委致广东仲甫的信》，中共中央党史资料征集委员会等编：《广州起义》，中共党史资料出版社1988年版，第139、第141页。

教堂及一切外人生命财产不加妨碍。"并提出,"为对付帝国主义挑拨起见,应准备以罢工、排货等手段对付之。"①9月23日,广东省委根据中共中央发布的文件精神,对"暴动后各县市工作大纲"进行了修改,发布了通告第十号,提出了暴动时的外交政策三条,除了先前两条一字未改之外,增加了一条,即"加强反帝国主义之政治宣传"②。从广东省委的通告来看,其内容与中共中央制定的在革命暴动后新政权不稳固时对帝国主义采取避免直接武装冲突、扩大政治宣传和以经济手段应对其挑衅的策略完全一致,是对中央政策的贯彻执行。事实上在广州起义中,革命军事委员会和广州苏维埃政府虽在宣传时提出了"打倒帝国主义"的口号,但起义军也只是对广州的沙面租界和外国人采取防御的态势,执行着"对于租界、关税、教堂及一切外人生命财产不加妨碍"的既定政策。"时任岭南大学教师的美国人斯威舍(Earl swisher)在给友人的一封信中,描述了他从城郊返回学校的途中几次遇到红军士兵检查,不仅未受到伤害,对方还派两名人力车夫送他至沙面的奇特经历。"③英国驻广州代理总领事璧约翰也承认:"此次事件令人惊讶的是没有外国人受到骚扰。"④另路透社13日香港电也记载,"迄今尚未闻共产党扰及外人"⑤。广

---

① 《暴动后各县市工作大纲》(1927年8月20日),中共中央党史资料征集委员会等编:《广州起义》,中共党史资料出版社1988年版,第33页。
② 《我们目前的任务与政策》(通告第十号)(1927年9月23日),中共中央党史资料征集委员会等编:《广州起义》,中共党史资料出版社1988年版,第53页。
③ 周斌:《列强对一九二七年广州起义的因应》,《中共党史研究》2018年第11期,第70页。
④ 周斌:《列强对一九二七年广州起义的因应》,《中共党史研究》2018年第11期,第71页。
⑤ 《广州大暴动纪要》,中共中央党史资料征集委员会等编:《广州起义》,中共党史资料出版社1988年版,第649页。

州起义爆发后，起义军很快占领了珠江以北地区，控制了电报局，所以张发奎回忆说："我要求李福林的亲戚、煤炭与船务商人谭礼庭到沙面去发电报给我驻在东、北、西江地区以及粤西南的部属，命令他们返回广州镇暴。"①陈公博也回忆说，11日早上，因为长堤电报局附近布满了变兵，张发奎调兵回师广州的两封电报是派人乘船往沙面电报局发的，这表明广州除沙面外其他地方的电报局已被起义军控制，张发奎只能到沙面去发电报，②说明起义军并没有"妨碍"广州的沙面租界和外国人的生命财产安全，也说明广州起义时，广东省委和起义军执行着中共中央制定的"避免与帝国主义直接冲突的政策"。

## （二）起义军英勇反击列强的武装干涉

广州起义军对租界和外国人生命财产"不加妨碍"的政策，并没有能够避免列强的武装干涉。各帝国主义国家在反对共产主义、镇压工人运动上是一致的、从未改变的。在中国的英、美、日、法等国的帝国主义势力一贯敌视中国共产党。大革命失败后，随着"反共反苏"成为国民党各派争权夺利的工具，他们竭力以"仇俄"、"反共"来标榜和洗脱自己，国民党内逐渐形成了"仇俄"、"对俄绝交"的政治氛围，美国等帝国主义国家认为这是国民党在向列强表示友好，各帝国主义国家遂与国民党走向联合。在广州起义前，掌握广州政权的张发奎、黄琪翔就强制解散了广州民众成立的"对日经济绝交委员会"和"对英经济绝交委员会"，并和港英当局来往密切。

广州起义爆发后，列强即开始了对广州起义的干涉，他们不

---

① 张发奎：《张发奎口述自传》，当代中国出版社2012年版，第108页。
② 陈公博：《广州共党的暴动》，中共中央党史资料征集委员会等编：《广州起义》，中共党史资料出版社1988年版，第677页。

仅利用其特殊身份和权利以军舰协助国民党运兵，还直接进行武装干涉。

列强协助国民党运兵，是因为起义爆发后，珠江北岸已经被起义军占领，"广三、广九、粤汉三路，均为共党占据，火车不通，运兵颇不便。"①国民党的军队除李福林第五军在珠江以南外，其余皆在东江、北江和西江各地，从肇庆、江门运兵回广州，都不能乘火车，只能乘舰船到广州再渡江作战，列强的军舰就成了国民党军队运兵的选择。

"帝国主义的列强帮助白色国民党的军阀，他们用尽了种种的方法，他们用许多军舰来反对赤色的广州。"在广州起义爆发后，英、美、日等帝国主义国家纷纷行动，利用他们海军的优势协助国民党军阀进攻起义军。"英国的军舰和商船救出许多的反动派和豪绅资本家，运他们到河南或香港"②，这些反动派和资本家逃脱了起义军的镇压，使得他们能够从容不迫集中力量来对付广州的起义军。据《申报》报载，国民党"飞鹰"号军舰"于十一日掩护日本轮船两艘，满载陈济棠军约千余人，由汕驶来广州，闻系加入讨赤。"③12日，驻广州的外国领事团也紧急会商，"决定调英兵二千、法水兵四百、日水兵三百余名在沙面布防，并派代表面告李福林，谓'广州陷于赤色恐怖之中，如有想需渡河之处，

---

① 《申报》1927年12月12日下午9时香港电，中共中央党史资料征集委员会等编：《广州起义》，中共党史资料出版社1988年版，第646页。
② 《广州暴动之意义与教训——中国共产党中央临时政治局会议通过的决议案》（1928年1月3日），中共中央党史资料征集委员会等编：《广州起义》，中共党史资料出版社1988年版，第271、第272页。
③ 《申报》1927年12月17日，周斌：《列强对一九二七年广州起义的因应》，《中共党史研究》2018年第11期，第69页。

则愿尽力帮助'。"①国民党的军舰"宝璧"号和"江大"号就是完全靠着日、英、美、法海军的掩护，从容往来于珠江上运送国民党军队，而"英国商船公开的运载白军，于是国民党的反动军队在大英帝国的国旗之下得以渡过河攻击赤军。"②这些都表明，列强曾帮助国民党运送兵力，镇压广州起义。

列强对广州起义的直接武装干涉，主要从珠江的军舰上向江北的广州市区射击或者登陆进攻，地点主要在长堤、天字码头一带，广州起义军进行了坚决的反击。据回忆，广州起义爆发的当天下午，列强就开始对广州起义进行武装干涉了。"十一日下午停泊在沙面江中的英、美、法、日等帝国主义军舰，互相打旗语，接着卸下了炮衣，将炮口朝向市区，对准天字码头一带的起义军阵地，进行猛烈的炮击。"列强的炮弹接连落在市区爆炸，房屋倒塌，大批居民受伤。③到12日早，随着张发奎、黄琪翔从西江、北江调集的军队陆续向广州集结，驻扎在珠江以南的李福林第五军"在帝国主义军舰炮火的支援下渡过珠江，从四面八方向市中心推进"④，各国的水兵和陆战队也纷纷出动，"日本水兵在长

---

① 左洪涛：《从两湖书院到广州四标营——忆叶剑英同志率教导团参加广州起义》，中国人民政治协商会议广东省委员会文史资料研究委员会编：《广东文史资料》第27辑，广东人民出版社1980年版，第61页。

② 《广州暴动之意义与教训——中国共产党中央临时政治局会议通过的决议案》（1928年1月3日），中共中央党史资料征集委员会等编：《广州起义》，中共党史资料出版社1988年版，第272页。

③ 刘祖靖：《广州起义中的教导团》（节录）（原载《文史资料选辑》第59辑），中共中央党史资料征集委员会等编：《广州起义》，中共党史资料出版社1988年版，第455页；另见左洪涛：《从武昌两湖书院到广州四标营——忆叶剑英同志率领教导团参加广州起义》，中国人民政治协商会议广东省委员会文史资料研究委员会编：《广东文史资料》第27辑，广东人民出版社1980年版，第59页。文字略有差别。

④ 聂荣臻：《聂荣臻回忆广州起义》，原载《聂荣臻回忆录》第五章《广州起义》，中共中央党史资料征集委员会等编：《广州起义》，中共党史资料出版社1988年版，第410页。

堤登岸，开枪射击赤军，因此长堤的反革命军队更难肃清，使赤军费了一天的工夫，没有能把全力去抵御别方面进攻的白军。"① 外国人对广州起义的记载也证实了列强对广州起义的武装干涉，"12月16日日本驻广州情报员矶谷廉介的报告称：11日下午，因国共军队争夺长堤附近的中央银行和国民党第四军军部，由台湾总督府经办的博爱医院不幸失火，为转移日本侨民，日舰'宇治'号派海军陆战队于长堤登陆，并与中共军队发生枪战，'宇治'号发射空包弹以示威慑。"② 同时，据回忆："英舰'摩轩'号、'莫丽翁'号、美舰'沙克拉明'号，均派陆战队登陆，英海军包围我海员工会，日水兵则在长堤开枪射击起义军民"。③ 亲历者的回忆、中共中央的决议特别是外国人的记录都证实日本等帝国主义列强对广州起义采取了武装干涉的行动。

对于列强的武装干涉，广州起义军进行了坚决的还击。起义爆发后，驻守在珠江北岸的是工人赤卫队第三、四联队和警卫团第三营，他们是对驻扎珠江南岸的李福林军进行警戒的，防止其渡江突袭。11日下午，当列强军舰炮击珠江北岸天字码头一带时，工人赤卫队第三、四联队和警卫团第三营面对帝国主义军舰的暴行，却没有重武器可以反击。起义副总指挥叶剑英闻报后下令教导团炮兵立即前往还击。起义后驻在沙河的教导团炮兵第一排率

---

① 《广州暴动之意义与教训——中国共产党中央临时政治局会议通过的决议案》（1928年1月3日），中共中央党史资料征集委员会等编：《广州起义》，中共党史资料出版社1988年版，第271页。

② 周斌：《列强对一九二七年广州起义的因应》，《中共党史研究》2018年第11期，第69页。

③ 左洪涛：《从武昌两湖书院到广州四标营——忆叶剑英同志率领教导团参加广州起义》，中国人民政治协商会议广东省委员会文史资料研究委员会编：《广东文史资料》第27辑，广东人民出版社1980年版，第61页。

刚参加起义的国民党炮兵团士兵携带数门山炮投入战斗，对珠江上列强的军舰还击数十发炮弹。由于参加起义的国民党炮兵团是陆战炮团，只有榴弹和榴霰弹，没有破甲弹，虽然距离敌舰不远，只有一千多公尺，却也无法破坏敌舰铁甲。无奈之下，炮团又运来15公分口径的重迫击炮对敌舰射击；敌舰甲板、指挥塔和炮塔被连续命中，敌舰水兵也有伤亡，急忙向白鹅潭方向撤退，在起义军重迫击炮射程外的水域游弋，不断向天字码头一带射击。工人赤卫队、警卫团士兵和教导团炮兵继续坚守阵地，在敌人的炮火下前仆后继，朝列强军舰猛烈还击。

# 第五章　广州起义第三日：撤出广州

广州起义高举苏维埃的革命红旗，发动了工人、农民和革命士兵团结奋战，英勇保卫苏维埃。但随着国民党反动军队陆续回到广州，逐渐形成了对广州的包围之势，革命形势从进攻转入防御。在敌我力量严重悬殊的情况下，为了保存革命力量，起义指挥部下令撤退，震惊中外的广州起义宣告失败。国民党对广州革命群众进行了残酷的大屠杀，并断绝与苏联的外交关系。

## 第一节　悲壮的结局

广州起义爆发后，张发奎、黄琪翔急忙于11日晚赴江门、肇庆调兵。12日上午，张、黄所调各部队已经在返回广州的路上。至13日早上，国民党各部队陈兵广州城外，形成了对广州的合围之势。叶挺担心的不利形势还是出现了，起义部队被迫撤出广州，最终导致了一个悲壮的结局。

### 一、广州被围

广州起义指挥部原计划组织三支红军队伍，以教导团补充扩编为一师，工人赤卫队编为一师，海陆丰农民赤卫军向广州进发编为一师。然而，到12日，起义军一直在忙于进攻敌人据点，争夺观音山等战略要地，还来不及在市区内建立革命秩序，来不及以教导团为基础扩编武装力量，来不及整编赤卫队，更来不及把战线推到郊外。中午时分，薛岳的部队就已经到达广州了，开始进攻观音山，有些队伍还冲入市区。12日晚，反革命军队陆续到达广州，从江门赶来的薛岳部、从韶关赶来的许志锐部，以及从石龙赶来的李汉魂部，在美、英、日、法等帝国主义军舰支持和帮助下，进展很快，开始抢占市内的主要据点。① 张发奎也回忆说，12日下午至13日拂晓，国民党各部队陆续到达广州，教导第一师副师长邓龙光率领的第一、第二团已经到达珠江南岸车尾炮台附近，第二十六师第七十八团在团长林祥率领下到达石围塘。于是，张发奎下令，教导第一师由靖海门渡江，第七十八团由黄沙渡江，驻在珠江南岸的第五军由海幢寺渡江，分头向广州珠江北岸的起义部队猛攻，原驻西村的教导第一师莫雄团反复进攻观音山。② 其实在12日下午，叶挺和聂荣臻到财厅楼顶观察广州市区的战斗情况时，就发现局势已经很明朗，两军对峙的阶段过去了，不得不作出撤退的决定。事实证明，在11日晚上，广州起义参谋团开会讨论作战计划时，叶挺认为第二天形势会更危险，提出撤离广州、到海陆丰去的主张是正确的，但张太雷、黄平等都不懂军事，黄平曾回忆说，"那晚上去攻公安局的时候，我还是在半路拿到一个警察的枪，根本还不会开枪，就跟着队伍去冲公安局了"，再加上当时共产国际代表在中国共产党内有着很高的威望，连枪都不会开的广东省委主要领导在军事上严重依

---

① 叶剑英：《叶剑英回忆广州起义》，中共中央党史资料征集委员会等编：《广州起义》，中共党史资料出版社1988年版，第398页。

② 张发奎：《广州暴动之回忆》（原题为《卅年前广州暴动之回忆》），中共中央党史资料征集委员会等编：《广州起义》，中共党史资料出版社1988年版，第665页。

赖共产国际代表纽曼，而纽曼只希望在联共（布）第十五次代表大会召开之际，苏维埃政权能在广州多坚持几天，完全不顾及苏维埃的生存问题，等到敌人包围广州的军事部署完成时，撤退已经来不及，再加上之前的军事战略是"进攻进攻再进攻"，并没有制订可行的撤退计划。结果导致纪律良好、集中作战的教导团官兵接到撤退命令后，多数及时撤退了；而分散作战、阵地与敌人犬牙交错的工人赤卫队很多没有接到撤退命令，仍然坚守在阵地上。到 12 日晚上，形势更加危急，广州四郊都发生战斗，"北面有敌军李福林部和薛岳部进攻观音山；东面有敌军李汉魂部进攻沙河和广九车站；南面有帝国主义军舰和敌军李福林部进攻珠江北面市区；西面除英帝国主义陆战队登陆外，敌军许志锐部和薛岳部已向广三车站和长堤进攻。同时，市内反动分子乘机抢劫并火烧中央银行，火光冲天。"[①] 而教导团的撤离使起义部队能够坚守的阵地更少，到 12 日夜晚，"我们能保存的地方是城内一带，西关已被敌人占有了，我们的重要防线在西门、大北直街、东郊、长堤西至东、观音山。"[②] 其实这个时候，起义部队只能坚守住广州城北的制高点观音山、南边的珠江沿岸、西边的西门口一带和敌人力量相对薄弱的广州东郊，起义部队能够控制的市区已经很小。至 13 日凌晨，国民党各路军队到达预定地点，完成了对广州的包围，准备同时发起进攻。

　　13 日早上 8 点，敌人从各个方向开始反攻，东面是许志锐部驻石龙部队沿广九路赶来，进攻广九车站和大东门一带；北面

---

① 刘祖靖：《广州起义中的教导团》（节录）（原载《文史资料选辑》第 59 辑），中共中央党史资料征集委员会等编：《广州起义》，中共党史资料出版社 1988 年版，第 458 页。

② 《广州工人代表大会报告》（1928 年 1 月），中共中央党史资料征集委员会等编：《广州起义》，中共党史资料出版社 1988 年版，第 244 页。

是福军从韶关调回的陆满率领的第四十四团和周定宽率领的第四十六团沿粤汉路南下,分两路,一路向观音山进攻,一路夺取黄沙车站向西关进攻。西面是从江门调回的薛岳教导第一师一部从石围塘渡江在黄沙登陆,进攻市区;李福林的第五军一部则分路从五仙门、归德门等处渡江,直扑珠江北岸;反动的广东机器工会体育队,也从珠江南岸分三路袭击珠江北岸市区。据杨殷回忆,敌人的反攻"东由中流砥柱过河向东关广九车站等地进攻,石龙方面敌军约一团,沿广九路石牌站向东门进攻;北路约两团,一路由观音山向第一公园进攻;一路夺黄沙站向西关进攻,另由河南分队过海,一路由白鹅潭帝国主义兵舰掩护渡海,入黄沙与北路敌军会合;一路由反动海军掩护在石公祠登岸;一路由东关登岸与东路会合。"① 这时围攻广州的国民党军队已经增至二万余人,在敌人的重兵合围之下,广州苏维埃岌岌可危。

## 二、撤往海陆丰

12日下午,起义形势越来越危急,张太雷在召开庆祝苏维埃群众大会后返回指挥部的路上遭遇突然袭击,不幸牺牲,又使起义军失去领导核心;国民党军队陆续回师,观音山上正在展开拉锯战,敌人越聚越多,准备合围广州。黄昏时分,叶挺和聂荣臻一起来到起义指挥部附近财政厅的天台上,这里可以观察到整个广州的战斗情况。环视广州,他们看到广州城内战斗四起,多处火光冲天,敌人正在冲入市区。聂荣臻看到大势已去,认为坚守广州市区只能是无谓的牺牲,问叶挺怎么办?叶挺因为纽曼不切

---

① 杨殷:《斗争中的回忆》,中共中央党史资料征集委员会等编:《广州起义》,中共党史资料出版社1988年版,第394页。

实际的批评，加上现在难以收拾的战斗局面，没有回答。聂荣臻建议马上撤退，否则就有被消灭的危险。叶挺对这个局面也感到无可奈何，没有表示反对。聂荣臻得到叶挺的默许后返回总指挥部，准备下达撤退的命令。刚到总指挥部门口，聂荣臻遇到恽代英和陈郁，告诉他们，敌人大部队已经攻上来了，建议他们立即撤退。随后，聂荣臻在总指挥部办公室找到黄锦辉，经过简短磋商，决定分头下达撤退命令。当时处于战斗状态，没有通信员，也没有通信工具，二人只好分头亲自下达撤退命令。因为黄锦辉能讲广东话，比较熟悉广州街道，赤卫队多为广东人，只会讲广东话，且分散在广州各区作战；教导团人员相对集中，外地人较多，不太会说广东话，所以，聂荣臻和黄锦辉商定，聂荣臻负责通知教导团撤退，黄锦辉负责通知工人赤卫队撤退。[1] 聂荣臻到了教导团，没有见到叶剑英，只见到了起义后新任团长李云鹏，下达了指挥部决定经花县向海陆丰方向撤退的命令。晚上 10 点左右，参谋长徐光英回到指挥部，认为文人随部队走没什么用处，建议黄平等人留下来继续斗争，并决定由他来负责部队的撤退。撤退命令下达后，教导团因为组织训练良好，行动迅速，又较为集中，得到命令，能够马上集合撤退。而工人赤卫队大多分散在各区作战，不仅相互间距离很远，且在战斗中，敌我双方阵地犬牙交错，难以靠近并一一通知，最终有些赤卫队没有得到撤退的通知，有些队伍得到了撤退的通知却又难以集结，很多人仍然坚持战斗到最后，英勇牺牲。正在长堤指挥战斗的教导团一营长叶镛接到撤退命令后，立即命令各排撤出战斗，迅速集合向黄花岗

---

[1] 聂荣臻：《聂荣臻回忆广州起义》，原载《聂荣臻回忆录》第五章《广州起义》，中共中央党史资料征集委员会等编：《广州起义》，中共党史资料出版社1988年版，第411页。

进发。在黄花岗整合了队伍后向花县转移。12日晚上，徐向前率领的工人赤卫队还在坚守观音山，他们没有接到撤退的命令，大家饥渴难耐，有些人去找吃的就没再回来。对于接下来的计划，徐向前认为有必要到总部请示一下，他独自来到起义总指挥部，发现指挥部已经人去楼空，办公室里凌乱不堪，才知道情况发生了变化，急忙离开指挥部。在门口，他碰到教导团的人，才知道部队在向黄花岗撤退。于是，徐向前带领一部分赤卫队员撤向黄花岗，一路上又集合了一些打散的队员，到了黄花岗，发现主力部队已经向花县转移，遂继续向花县追赶。12日傍晚，叶剑英在长堤指挥战斗，后来据叶剑英回忆，"那天我也没接到撤退的通知"，也是晚上回到指挥部才发现楼已经空了，知道大家撤退了。13日凌晨，敌军开始全面进攻广州市区，午后，坚守长堤的起义军包括教导团女兵班的全体战士全部牺牲。下午，留守观音山掩护主力部队撤退的印刷工人、手车夫工人和教导团炮兵三排的战士也已经大部分牺牲，他们发现广州市区已经陷入敌手，观音山也大部被敌人占领，整个广州正在失去制高点，坚守已不可能，遂撤出战斗，向花县转移。黄埔军校特务营也于13日早到沙河，和民团发生激战后，随部队奔向海陆丰。

起义部队撤退后，张发奎率军夺回广州。这时国民党内部的种种矛盾更加不可收拾。汪精卫是张发奎的靠山，但广州起义后，南京和上海的国民党政要纷纷大骂汪精卫，指责汪精卫不该指使张发奎、黄琪翔发动事变夺取广州，正是这场事变导致张发奎和李济深矛盾爆发，张发奎陈兵西江、北江防御李济深、黄绍竑，这才使广州兵力空虚，给了共产党发动起义的绝好机会。12月16日，南京国民党中央以广州暴动为由下令查办汪精卫、陈公博和顾孟余等人；17日，汪精卫宣布辞职，并立即逃离上海，经香港转欧洲，行前发表声明"不再参与政治"。广东省政府和南京国民政府也都停发了第四军的军饷。李济深一边派人和张发奎谈判，要求张发奎辞职，交出广东；一边组织军队围攻广州，蒋光鼐和蔡廷锴率军从福建南下广东，钱大钧部和陈济棠部从粤东挺进广州，黄绍竑则率军自西向东直逼广州，形成了对广州三面合围的态势。张发奎见自己在中央的后台已远走欧洲，在三面合围的军事形势面前，别无选择，只能接受李济深的条件。22日，张发奎辞去广州政治分会临时军委会主席职务，黄琪翔、陈公博也引咎辞职。第四军由缪培南接任军长，薛岳任副军长，离开广东参加第三次北伐，在粤东的五华等地受到李济深、陈铭枢和桂军的攻击。第四军北伐时被称为"铁军"，而桂系第七军在北伐时则自称"钢军"，双方经过血战，伤亡都很大，第四军二十六师师长许志锐阵亡，第四军损失更惨重。直到1928年1月底，李济深的部队才停止了对第四军的追击。在这段时间，在广州起义的队伍退出广州后，无论哪一派军阀，都认为这支军队已经成不了什么气候，也都无暇派重兵追击，这就为广州起义队伍的修整和行动留下了空间。

广州起义队伍撤出广州后，经过一天的行军，沿途击败了民团的袭击和骚扰，到达花县，14日占领了花县县城。从12月11日凌晨起义爆发以来，起义队伍一直处在紧张激烈的战斗中，连续四天没有片刻的休息，到达花县县城后，极度疲劳的红军干部和战士终于能够休息一下。

在花县中学的校园里修整的起义队伍急需整编。由于撤退仓促，广州起义的主要领导人几乎都没有参加撤退，张太雷牺牲了，叶挺、叶剑英、聂荣臻、黄锦辉、黄平、恽代英、周文雍辗转去了香港，教导团的代理团长李云鹏也不知所踪。到了花县的起义部队有第四军教导团的官兵，有工人赤卫队的队员，还有其他单位的同志，共一千二百多人，不仅需要确立部队的编制和番号，更急需建立指挥机构。因为起义队伍得不到中共中央的指示，部队的建制和番号只能自己确定。教导团的一些负责人开会认为，一千二百人的队伍，按照实际人数整编，建制应为团级，但团的编制对外影响太小；编为一个军，人数又太少，最后大家议定编为一个师。其实编为一个师也是人数不足的，在很多时候，共产党领导的武装在初创时，为了壮大声势，往往用较大级别的建制编制军队，这也是革命的需要。部队的建制定了，就要起番号了。因为广州起义已经打出了红军的旗帜，决定继续沿用，考虑到朱德领导的南昌起义部队也用红军的番号，应该是第一师，海南董朗领导的南昌起义一部已经使用了红二师的番号，海南岛上另一支革命武装应该算红三师，最后决定使用红四师的番号。17日，在花县中学的操场上，起义部队官兵在没有上级指示的情况下，采用民主选举的办法，根据平时的威望推举了师部的负责人。经过投票，由王侃予宣布选举结果：师长叶镛，党代表袁裕，政治部主任王侃予，参谋处长贺国忠，医务处长贺诚。叶镛、袁裕、王侃予和贺国忠都是黄埔军校第四期毕业，有着较好的军事和政治素养。叶镛曾担任教导团党组织负责人，起义时任第一营营长，整编时是教导团的最高军事干部，自然被选为师长。袁裕又名袁国平，参加过南昌起义，在起义受挫后到广州负责党的工作，当然被选为党代表。王侃予曾任中央军事政治学校武汉分校学生连指导员，后任第四军军官教导团连指导员，广州起义前任黄埔军校校长办公厅秘书，在教导团有一定影响力，任政治部主任。贺国忠曾任唐生智第八军第四师师部副官和特务连连长，在黄埔军校高级班学习，参加过北伐，这时负责参谋工作；红四师下辖三个团，第十团团长白鑫，党代表徐向前，第十一团团长赵希杰，党代表缪芸人，第十二团团长饶寿柏，党代表陆更夫。

决定了部队的建制、番号和指挥机构，接下来就要研究队伍下一步的去向问题了。花县距广州只有百余里，又靠近铁路线，并非久留之地。起义队伍在这里之所以有个修养的时间，只是因为国民党粤桂之间战事未息，各派都难以抽身出兵。但无论任何一派在广州站稳脚跟，都会集中兵力对付共产党和广州起义部队。红四师对于可能的去向讨论来讨论去，认为只有两个地方可去，一个是去韶关找朱德，另一个是去海陆丰，与彭湃会合。多数人还是主张去韶关找朱德，但大家只是听说朱德领导的队伍在韶关一带，具体位置并不清楚，慎重起见，红四师决定派人去联络，连续三天，每天派人出去联络，派出去的人却没有回来的。红四师每天受到地主民团的骚扰和袭击，到第三天晚上，只能决定改去海陆丰。次日一早，红四师整装出发，一路宣传党的政策，避免与强敌遭遇，尽量减少无谓的消耗，经过从化、良口、龙门等地，在蓝口附近渡过东江，然后南下进入罗浮山脉东侧的紫金，十多天后，占领了紫金县城。1928年1月初，红四师到达海陆丰，受到彭湃和海陆丰人民的热烈欢迎，成为后来东江大暴动、巩固海陆惠紫根据地等革命斗争的重要力量。

广州起义还有少量部队向北江方向退却，突破敌军重重封锁，到了韶关附近与朱德、陈毅率领的部队会合，后来上了井冈山。还有部分起义者辗转到了香港，后由中共广东省委派到广西，1929年参加了左、右江起义。

广州起义虽然失败了，却为革命保留了一支英勇无畏的力量，成为后来革命的骨干。叶剑英在1981年时还说："教导团是很好的队伍。如果调到部队，一个兵就可以当个连长。后来我到江西时，毛主席知道了教导团的情况后，也说：'哎呀，太可惜了，1000多人，要是到这里来就好了。'"①

## 第二节 "红带友"血流成河

国民党反动派重新占领广州后，立即实行戒严，对来不及撤出的起义队伍和革命群众大肆搜捕，展开疯狂的大屠杀，并包围苏联驻广州领事馆，杀害苏联领事人员，把广州变成了人间地狱。为了反抗国民党的疯狂屠杀，广东省委迁往香港，进行改组，并组织了春季骚动。

### 一、蒋介石对广州起义的态度

广州起义是中国共产党继南昌起义、秋收起义后反抗国民党反动派、创建红军、探索中国革命新道路的伟大创举和尝试。正在重回国民党权力中心的蒋介石对南昌起义和广州起义的反应有所不同，蒋介石的态度对广州起义和后来共产党领导的革命都产生了深远影响。

1927年8月，南昌起义爆发时，蒋介石仍然对中国共产党采取一贯的敌视的态度。汪精卫发动七一五政变后，武汉政府也走上反共的道路，蒋介石和汪精卫在反共上趋于一致，但仍处于对立的地位。南昌起义是共产党策动武汉政府张发奎的部队在武汉政府控制的南昌发动的武装暴动，这多少有些武汉政府内部争斗的味道，这种争斗使武汉政府更加无力与南京抗衡，这对于南京政府显然是有利的。作为南京政府领导核心的蒋介石得知南昌起

---

① 徐雁：《广州起义全记录》，湖南人民出版社2009年版，第397页。

义的消息，不仅没有感到震惊，反而有些坐山观虎斗的幸灾乐祸，共产党与武汉政府的公开武装决裂恰是蒋介石乐于看到的。8月5日，蒋介石在日记中写道："晚闻共党第四军第十一军在南昌独立，脱离武汉伪政府伪党，自杀之期不远矣！"[1]这时的蒋介石一心想促成宁汉合作，对于南昌起义，蒋介石只是看作武汉政府内部的事情，再加上江西南昌也不是蒋介石的势力控制的范围，他也不能直接采取军事行动，更重要的是，在蒋介石眼里，脱离了国民党的共产党实力还很弱小，完全不具备威胁国民党的实力，也不可能成为手握重兵的蒋介石的对手。所以，听到南昌起义的消息，蒋介石只是认为，这是共产党自取灭亡的行动，南昌起义和中国共产党都没有成为蒋介石关注的对象，他所关注的是武汉政府的态度。随后的秋收起义，蒋介石应该也没有放在眼里，对秋收起义也没有什么评论。直到张黄事变后、广州起义之前，蒋介石始终认为，清党之后，共产党在中国已经没有立足之地，他说，"国民革命之劲敌，绝非军阀与共产党，惟武装同志不能确实认识中央威权之必要与最高性，政客从而利用拨弄，始为国民革命之致命伤。"[2]在蒋介石看来，共产党还是不足虑的，对"革命"影响最大的是国民党内手握重兵的人不承认中央的权威，被政客利用，制造国民党内部的矛盾。其实这里指的就是盘踞广州的张发奎部在汪精卫等武汉派的指使下，在广州抢夺地盘，发起"护党"运动，以党权对抗蒋介石的政权和军权。12月11日，广州起义爆发后，蒋介石很快作出了反应，13日，广州起义部队还未撤出

---

[1] 《蒋介石日记》（1927年8月5日），易凤林：《南京方面国民党要员对中共三大起义的反应》，《军事历史研究》2017年第3期。

[2] 周美华：《蒋中正总统档案：事略稿本》（二）（1927年9月至1928年3月），易凤林：《南京方面国民党要员对中共三大起义的反应》，《军事历史研究》2017年第3期。

广州时，蒋介石即在接待新闻记者时说：广州问题"确是本党生死存亡的关键。不赶快解决，党国都很危险，所以无论党员，无论国民，一定都承认解决这个问题是最重要的。这次共产党占据广州以前，先有十一月十七日的事变。……许多同志研究十七日事变，认为问题重大。几位中央监察委员对汪同志不能谅解，他们对我说，并非对汪个人，实在是为党国。他们认定汪与粤变有关。我对汪同志说，旧同志总要谅解，要互信，否则不能团结。现在如有方法证明在粤各委员非事变主谋，保障第四军不共产，老同志间当然没有问题。汪同志相信张发奎和他的几个师长不是共产党，但不能保证张的部属和政治部人员。我说广东能驱逐包庇共党的苏俄领事，第四军调令北伐，仍属李任潮（李济深）同志指挥，则心迹自可大白于天下，否则总难释疑。……我相信共产党这种暴动，是很容易消灭的，所以我绝不悲观。如果共党不在此刻暴动，等他布置周妥，危险更大了。并且党内从前互相猜测的原因，现在有事实来证明，反足以促成老同志的团结，这是可以乐观的。"[①]蒋介石在广州起义爆发后即发表自己的观点，显示了他对广州起义的关注，但从他对消灭共产党领导的暴动"绝不悲观"可以看出，在蒋介石眼里，广州起义不过是共产党人杀人越货的叛乱行为，注定是要失败的，当时社会舆论的判断也与蒋介石基本一致。因此，蒋介石关注广州起义并不是重视共产党及其领导的武装力量，而是因为广州起义可以把汪精卫、张发奎与共产党联系起来，借以打击汪精卫派。广州起义为蒋介石提供了一个斡旋国民党内部纠纷、提高自己政治地位的机会。广州起义后，蒋介石借广州起义在汪精卫派和国民党老派人物之间左右逢源。一方面蒋介石

---

① 易凤林：《蒋介石对南昌起义、广州起义的反应》，《苏区研究》2018年第4期。

以老派国民党员之口，认定"汪与粤变有关"，明确指出汪精卫与共产党脱不了干系，把广州起义与国民党汪精卫派关联起来向汪精卫施压，逼迫张发奎交出兵权和广东政权；汪精卫也被迫宣布辞职，离开上海赴香港，远走欧洲；另一方面，蒋介石为了推倒国民党中央特别委员会，打击桂系和老派党员，实现自己重新掌权，还需要联合汪精卫派，推动国民党二届四中全会召开，因而，反对国民党老派党员提出的通缉汪精卫派人物，主张只要汪精卫、张发奎以实际行动反共，放弃军权，支持北伐，是可以谅解的，又让李济深取代张发奎指挥第四军，拉拢了李济深，分化、打击了桂系和国民党老派。广州起义后，蒋介石抓住了这个机会，通过斡旋国民党内部不同党派的纠纷，提高了自己在国民党政权中的地位，逐渐使自己重回了国民党权力的中心。但蒋介石对于广州起义的这种态度却也使得广州起义后，国民党各派都把精力放在了处理内部纠纷上，而没有把主要力量用来对付中国共产党及其领导的武装力量，使得广州起义部队在花县有了一个休整的时间，中国共产党的力量不断发展壮大，这恐怕是蒋介石和国民党各派都没有想到也不愿看到的。

其实，广州起义也使蒋介石完成了一个彻底的转变。广州起义之后，蒋介石彻底改变了孙中山确立的、大革命时期执行的"联俄联共"政策，在广州逮捕和杀害苏俄领事，宣布与俄绝交，彻底走上了反苏反共的道路。同时，蒋介石认为大革命时期的工农政策是给共产党创造"扰乱治安"的机会，宣布停止工农运动，也意味着，广州起义后，蒋介石完全放弃了孙中山主张的"扶助农工"的政策，日益脱离人民群众，彻底走到了人民群众的对立面。

## 二、国民党的大屠杀

12月13日11时,国民党军队进入市区后,不仅对来不及撤退的革命士兵和赤卫队发起疯狂进攻,还借搜捕之机,大肆抢掠,致使大量无辜群众遇害,苏联领事馆人员也未能幸免于难。

### (一)对革命军民的大屠杀

敌人首先对来不及撤出的起义队伍展开屠杀。13日下午3时后,在维新路起义总指挥部,敌人越来越多,不断靠近,工人赤卫队的英勇顽强使敌人胆战心惊,虽四面包围总指挥部,却不敢进去。最终,工人因为弹尽援绝,四面被铁桶一样包围,无法突围,尽被屠杀。在珠江北岸的长堤一带,未得到撤退命令的赤卫队员和部分教导团战士还在坚守阵地,面对越来越多的敌人,凭借街头临时堆起的沙包抗击敌人,腹背受敌仍坚持战斗。游曦率领的教导团女兵班面对几十倍于己的敌人,在粮水断绝的情况下,子弹打尽,手榴弹扔光后,便同敌人拼刺刀,除了一位被派回指挥部联络的女战士外,其余全部牺牲。凶残的敌人还把游曦的尸体砍成数块,悬挂在天字码头示众。一直到13日下午5时,广州城内还有巷战,国民党军队还在屠杀未能撤出广州的起义士兵。

国民党军队占领广州后,也开始了对人民群众的疯狂报复,"反革命重新占领广州,对广州人民实行了疯狂的和极端野蛮的大屠杀。许多走避不及和不愿意离开的工人、农民、学生和革命兵士,不管武装的、非武装的,都大批被逮捕,被严刑拷打、枪杀、活埋。"[1]其实敌人对人民群众的屠杀是伴随着反攻广州开始的,

---

[1] 陈郁:《陈郁回忆广州起义》,原载《南方日报》1962年12月29日,中共中央党史资料征集委员会等编:《广州起义》,中共党史资料出版社1988年版,第403页。

"十三日敌人向广州包围时,在海上用兵舰的大炮向市内射击,着地开花,以至房屋焚毁极多,进城时著名土匪的李福林军队及薛岳新编的土匪,乘机放火、抢劫,被难者何止千家。更逞其凶残,逢人便杀,因勒索不遂而被诬为共产党者为数甚众。……更将工友包围屠杀至三千余人,尤其是红花岗、东较场、观音山三处,每处五、六百人,用机关枪扫射。工友于高呼'苏维埃万岁!''共产党万岁!'声中而血肉横飞,惨遭屠杀矣。至十六、七、八日仍继续其杀人抢劫的生活,尸骸遍地,血流通渠,用汽车运送至十八日始得完竣。"① 国民党军队反攻广州时不仅屠杀革命群众,反革命军警还满街搜捕,大肆屠杀无辜市民,看着不像本地人的,或者听讲话不是广东口音的,甚至连问都不问,抓住就杀。更有甚者,有些人从街上过,想看看热闹,也被杀害了。据回忆,"教导团的队伍撤出城后,敌人搞大搜捕、大屠杀,见到口音不对、衣服不对的人就抓、就杀,三天之内杀了七千多人,党和工人赤卫队的力量几乎被搞垮。"② "甚至见到身上有挂红布条的以及剪短发的妇女,野蛮的国民党反动派就不加讯问,就地枪杀。苏联驻广州副领事和领事馆人员七人,亦遭杀害。"③ 据当时报纸记载,敌人占领观音山后,"各军分路搜捕,见红颈带者辄杀。"④ 当时参加广州起义的朝鲜革命者对国民党的大屠杀有清楚的回忆,"从十二月十三日至十八日,白军杀害了近七千人。集体屠

---

① 杨殷:《斗争中的回忆》,原载《红旗》周刊1928年第3期,中共中央党史资料征集委员会等编:《广州起义》,中共党史资料出版社1988年版,第396页。
② 徐向前:《参加广州起义》,中共中央党史资料征集委员会等编:《广州起义》,中共党史资料出版社1988年版,第421页。
③ 陈郁:《陈郁回忆广州起义》,原载《南方日报》1962年12月29日,中共中央党史资料征集委员会等编:《广州起义》,中共党史资料出版社1988年版,第400—403页。
④ 《广州民国日报》1927年12月22日。

杀发生在十七日和十八日。每一个缠有白色臂章的人，都可以随意杀人。白军重新夺取权力时……国民党的非战斗人员同军队一起，什么也做得出。两千名人力车夫被杀害了。大多数受害者是男女工人，只有少数是学生。"①在国民党的大搜捕中，"他们认为可疑的，悉数提出枪决，枪决了约一千余是无辜的。"②

对于国民党的大屠杀，有很多的记载。当时苏联驻广州总领事波赫瓦林斯基记述了他13日的亲眼所见，"几乎就在领事馆前边，一伙系白领带的人抓住了一名未来得及或者不愿摘下自己的红领带的工人。他们把他捆了起来，一直殴打他，并在领事馆对面的大街上把他枪杀了。整个下午还发生了两起这样的事，这三具尸体就这样在我们附近整整放了一天。"③据北京《晨报》记载，12月14日，"广州情形，殊可悲悯，全城至少有三百尸体横于街，房屋被焚者不计。肃清赤党，正在进行。"这表明国民党正在广州大肆搜捕共产党和革命工人。15日，"李福林军夺回广州后，大捕共产党，捕获后立即捆缚枪决，现被杀者达千人，街市尸骸累累，惨象不忍入目。"④据广州粤海关15日记载，"今天，警察和兵士仍然搜查隐藏在公共旅店和工会楼层的各赤色工会人员和共产党煽动分子。昨天，约有七十

---

① 《广州公社》，中共中央党史资料征集委员会等编：《广州起义》，中共党史资料出版社1988年版，第624页。
② 《广州工人代表大会报告》（1928年1月），中共中央党史资料征集委员会等编：《广州起义》，中共党史资料出版社1988年版，第244页。
③ ［苏］波赫瓦林斯基：《广州的悲剧——一个目睹者的记述》，中共中央党史资料征集委员会等编：《广州起义》，中共党史资料出版社1988年版，第633—634页。
④ 《晨报》（北京）1927年12月17日，中共中央党史资料征集委员会等编：《广州起义》，中共党史资料出版社1988年版，第652页。

名赤色分子被枪毙了，其中包括四个苏俄人。"① 甚至国民党广州军政当局也承认他们对共产党人和革命群众的搜捕，1927年12月21日，广州军政当局李福林、陈公博、张发奎等致电汪精卫，报告镇压广州起义经过，宣布拥护汪蒋合作，拥护蒋介石就任国民革命军总司令，广州政治分会免去张发奎、陈公博、朱晖日、黄琪翔等人职务，由缪培南继任第四军军长。同时他们还报告，"咸获共逆千余人，俄人十数人。"②

在国民党反动当局大肆捕杀共产党人和革命群众之际，港英当局为了防止共产党到香港煽动罢工和工人运动，也同时大肆搜捕共产党人。据香港十四日国闻电，"十四日午，港警在码头，捕获有共党嫌疑者三十九名。"香港15日路透电，"为预防计，刻警察实行逮捕由广州来此图谋煽动罢工之赤党煽乱人犯，散布传单及贴粘布告之人，及企图鼓惑电车工人者，均在被捕之列。"香港15日东方电则报道，"香港政府对于避港难民之身体检查极严，因有共产党员之嫌疑而被逮者，百有余名。"③ 截止12月19日，国民党反动军警即在广州屠杀共产党人和革命群众数千人，"在十二月十四日至十九日五六天之中，杀死了五千七百多人。"④ 聂荣臻也回忆说，后来看到的书报记载，"十二月十三日以后的

---

① 《粤海关日记》（1927年12月15日），中共中央党史资料征集委员会等编：《广州起义》，中共党史资料出版社1988年版，第654页。

② 《广州民国日报》1927年12月22日。

③ 中共中央党史资料征集委员会等编：《广州起义》，中共党史资料出版社1988年版，第651页。

④ 《悼广州死难的五千七百工农兵士！》（1928年1月），中共中央党史资料征集委员会等编：《广州起义》，中共党史资料出版社1988年版，第357页。

五六天时间，敌人枉杀广州人民多达五千七百多人。"①但国民党当局的大搜捕并没有就此停止。据报载，12月20日下午5时许，国民党广州市公安局二区署警员张镇坤等警察十多人，"到华宁里19号仇氏家塾内，即旧日沙泥工会旧址，严密搜查，当即搜出共党秘密文件两箱，"以及子弹200余发，"又在瓦面搜出七九枪一支、六六枪一支，该枪为共党捣乱时，在二区第三派出所抢获之物。"反动警察立即将租用仇氏书塾的梁振兴等人带回警察局。广州起义后，国民党针对共产党人和革命群众的大搜捕持续了一个多月，期间被抢劫、勒索和残害的百姓不计其数。

因为大量工人参加起义，国民党军队占领广州后，反动军警还加紧了对工会组织的摧残。12月20日，反动政府决定，"广州、佛山两市，除广东总工会、革命工人联合会、海员工会、广九广三粤汉铁路工会、机器工会及其所属各工会外，其余一律下令农工厅公安局解散。"②1928年1月，在全国工会代表大会上，广州代表也讲到，"敌人将工会除广东总工会及'革命工人联合会'一部外，悉数封闭，没收一切家私，捕到人就枪决，所有一切铺户被搜查，城内不准行人通过，他们的军警也趁势抢劫，四、五日仍非常戒严，入夜街上行人绝迹。"③广州起义后，国民党军政当局在广州实行了白色恐怖，不仅大肆屠杀共产党人和革命群众，大肆抢劫和勒索，大量无辜群众被害，也屠杀了苏联驻广州领事人员。

---

① 聂荣臻：《聂荣臻回忆广州起义》，原载《聂荣臻回忆录》第五章《广州起义》，中共中央党史资料征集委员会等编：《广州起义》，中共党史资料出版社1988年版，第412页。

② 《广州民国日报》1927年12月21日。

③ 《广州工人代表大会报告》（1928年1月），中共中央党史资料征集委员会等编：《广州起义》，中共党史资料出版社1988年版，第245页。

## （二）逮捕和屠杀苏联领事馆人员

广州起义时，国际上已出现反苏反共的浪潮，中国国内也出现了搜查苏联驻华使馆、驱逐甚至逮捕苏联驻华领事人员的严重事件，广州起义恰好给了蒋介石国民党政府迫害和残杀苏联驻广州领事馆人员的借口。

当时社会上普遍认为苏联领事馆人员参与了广州起义，甚至是广州起义的主谋。据北京《晨报》12月13日报道，"当混战时，有俄人十余名参加指挥，市内青年团男女学生，亦提新式勃壳加入作战。" 15日，《晨报》又报道，"查共军此次窃据广州，其初只得三四千众，然有作战能力者，则唯黄琪翔部之第四军教导团及第十二师炮兵一连，余皆所谓农军、赤军，皆属乌合之众，不能称之为军。但其枪械极为充足，每人皆有新式长枪或短枪与手榴弹。此项枪械，乃由俄国最近秘密运入广州，存储于东山苏俄领事署者。"① 这些报道虽有出入，但却说明当时苏联领事人员参加广州起义已经是公开的秘密。在广州起义后，国民党上海会议也认为，"此次共党所以敢在广州实行爆发，实有苏俄要人在后指挥"，"查共党现以东山苏俄领事馆为大本营……至于公安局则为前敌总指挥部，一切作战计划，皆由俄人四名指挥"。② 陈公博也说，"这次暴动，俄国领事署是策动中心的机关，连夜东山的俄领事署都有会议，都有不三不四的人出入。"③ 正是因为国民党相信苏俄人员不仅策划而且参加了广州起义，所以，在

---

① 徐元宫：《1927，广州起义中的苏联因素》，《同舟共进》2011年第8期。
② 《二次粤变之爆发和扑灭》，中共中央党史资料征集委员会等编：《广州起义》，中共党史资料出版社1988年版，第661页。
③ 陈公博：《广州共党的暴动》，中共中央党史资料征集委员会等编：《广州起义》，中共党史资料出版社1988年版，第671页。

广州起义失败后，国民党即以苏俄领事人员参与起义、干涉中国事务为由，包围苏联驻广州领事馆，屠杀苏俄人员，并宣布与苏俄断交。

13日下午，随着国民党军队陆续占领广州市内主要据点，位于东山的苏联领事馆也被警察包围；晚8点，大队士兵到来，他们首先把总领事波赫瓦林斯基和一位姓鲁的中国翻译绑起来带到街上；随后，领事馆的其他人员，包括妇女和孩子，都被两个两个地绑在一起，又一对一对地拴在一根长绳子上，带往公安局。黄琪翔也承认，"十四号尚陆续搜查俄领事馆。搜查得文件极多，……此次连俄国领事亦在拘捕之列，另有十余俄人，将来锁押候我广东公民之裁判。"[①] 被逮捕的苏联人共12人，包括7位成年男性，3位成年女性，还有2个孩子，分别为2岁和5岁。3名女性中一名是打字员，另两位分别是领事波赫瓦林斯基和乌沙罗夫的妻子。[②] 他们一直被捆绑到14日上午，国民党军官来核实了身份，中午时分，苏联领事馆人员何锡思、乌沙罗夫、马卡罗夫、波波夫和伊万诺夫又被捆绑起来，同鲁姓中国翻译等4名中国人以及一个寄居在领事馆的中国小孩一起被粗暴带走，他们以为是被拉出去枪决，进行了临行告别，但一阵排枪过后，苏联领事人员都被带回来了，只有4个中国雇员和中国小孩被枪杀。后来才知道，这可能是国民党为达到以死相威胁的目的，故意在苏联人面前枪决了领事馆的中国雇员和小孩。随后，这5名苏联人被带去游街示众，他们身上都绑着一块牌子，上面写着"俄国共产党分子"等，押解的国民党士兵甚至鼓励围观的人群侮辱他们，一

---

① 《黄琪翔最近之重要谈话》，中共中央党史资料征集委员会等编：《广州起义》，中共党史资料出版社1988年版，第669页。

② 徐雁：《红色起点：广州起义全记录》，湖南人民出版社2009年版，第379页。

些人对他们扔石块、吐口水，甚至有人拿小刀刺他们，受尽屈辱后，他们被带到原广州市公安局，就在他们指挥广州起义的地方，这5位苏联领事人员拒绝了国民党的劝降，大义凛然，为自己的信仰和中国人民的解放事业贡献了自己的生命。

国民党指责苏联领事人员参与广州起义，涉入了中国内部事务。聂荣臻回忆中"幕后指挥"的人就是苏联驻广州领事馆副领事哈西斯，另外领事馆的外交人员乌沙罗夫也是暴动专家。但国民党以参与起义、涉入中国内部事务为由包围苏联驻广州领事馆，并屠杀领事馆的外交人员还是站不住脚的。一方面，中国共产党从成立之日起就是共产国际的一个支部，共产国际和苏共中央派驻华代表指导中国共产党的各项工作。另一方面，共产国际和苏共中央也帮助了国民党，推动了国民大革命的发展。在国共走向合作之际，共产国际和苏联也派代表帮助孙中山改组国民党，创办黄埔军校，鲍罗廷就是在这时来到中国的。1923年10月，鲍罗廷被孙中山任命为国民党"组织教练员"，倡议创建黄埔军校；1924年10月，鲍罗廷又被孙中山聘任为"革命委员会顾问"，并在孙中山缺席会议时有表决权。廖仲恺被刺身亡后，鲍罗廷立即成立汪精卫、许崇智和蒋介石组成的特别委员会，使蒋介石进入国民党权力的核心，并在随后蒋介石发动的中山舰事件、整理党务案等反革命事件中，支持、纵容蒋介石。事实上，在大革命时期，在广州国民政府、武汉国民政府的中央政府和各军队以及很多地方政府中都有共产国际派驻的代表，共产国际和苏联代表一直都在"涉入中国内部事务"，并在蒋介石取得国民党中央权力和军权的过程中发挥了重要作用。另外，说起干涉中国内部事务，近代以来，哪个帝国主义国家没有干涉中国内政呢？他们对中国内部事务的干涉有哪个不及后来的苏联呢？即使在广州起义的过程中，英、美、日不仅派出海军舰艇帮助国民党运送军队，还向珠江北岸的起义部队射击，日本甚至派出了海军陆战队直接参战，这些国家对起义的干涉不是远远超过苏联吗？国民党在广州起义后敢于对苏联领事人员进行屠杀，其实是国际上出现的反苏反共浪潮的影响，也是国民党既定政策的结果。蒋介石在和江浙财团联合后，在南京重掌政权，在英、美、日等帝国主义的支持下，逐渐确立了反苏反共的政策，国内已经出现了北京、长沙等地驱逐苏联领事人员的事件，就在广州起义之前，在上海开会的汪精卫连续致电张发奎、黄琪翔、陈公博等人，一再嘱托要对苏联领事馆下手，12月9日，汪精卫致电陈公博、张发奎等，指责苏联驻广州领事馆"为共产党活动机关"，表示"深可痛恨"，要求"请派兵围捕，将俄领驱逐"，并强调"此为目前要招"，提醒张发奎、陈公博尽快执行。同一天，汪精卫再次致电陈公博等，再次指责苏联驻广州领事馆藏匿共产党，名为外交和商务机关，"实则为阴谋煽乱之机关"，对国民党来说，"实为心腹大患"，要求认真纠察，只要发现纵容共产党，"立即严加惩办，决勿稍存宽恕"。[①] 在这样的大背景下，广州起义的爆发给了国民党屠杀苏联领事馆人员一个借口，他们不仅屠杀了哈西斯、乌沙罗夫等5人，还宣布与苏联断交。

苏联驻广州总领事馆外交人员被捕和遇害的消息传到莫斯科，12月22日，联共（布）中央政治局召开会议，决定由契切林、布哈林、米高扬和托姆斯基组成委员会，在当晚前就中国事变制定应对纲领，内容包括对外关系和与华南贸易联系方面以及各个

---

① 《广州事变前后汪精卫等与广州往来文电》，中共中央党史资料征集委员会等编：《广州起义》，中共党史资料出版社1988年版，第639—640页。

国际组织和苏联国内方面。23日，通过征询政治局委员意见的方式通过决议，决定："将拥护国民党军阀的中国反革命分子（学生和其他人）逮捕和监禁起来，直到华南领土上的所有苏联公民被释放为止，此后将他们驱逐出境"，"关闭和撤走所有经济机构，包括苏联消费合作社中央联社和苏联商船队的机构"，"在逮捕中国反革命分子的同时发表相应的声明，责成外交人民委员部起草该声明"，"通过外交人民委员部报刊部门和塔斯社发布关于华南反革命派野蛮暴行的详细和真实的消息，并鼓动外国报刊出来揭露这些暴行"，甚至断绝与中国的茶叶贸易，要求有关部门"研究茶叶贸易问题，以便有可能在中国以外的地方采购茶叶"。①23日还决定"建议联共（布）莫斯科委员会组织东方劳动者共产主义大学和孙逸仙大学学生抗议华南的野蛮暴行。"同一天，共产国际执行委员会发出致各国共产党中央委员会的电报，表明"共产国际执委会建议采取最强有力的行动来反对中国的反革命、白色恐怖和杀害苏联驻广东代表的暴行。必须举行群众集会、示威游行和在英国、日本和美国领事馆前游行。口号是保卫中国革命和苏联。"共产国际执委会认为国民党屠杀苏联领事人员，"事件极其严重，必须唤起民众，使所有附属机构（同盟、国际革命战士救济会等）都行动起来。"②24日，中共中央发表《中国共产党反对反动的国民党政府对俄绝交宣言》，指出："'对俄绝交'的命令，绝对不是中国广大多数人民的公意"，谴责国民党政府

---

① 中共中央党史研究室第一研究部译：《共产国际、联共（布）与中国革命档案资料丛书》第7辑：《联共（布）、共产国际与中国苏维埃运动》（1927—1931），中央文献出版社2002年版，第176—177页。

② 中共中央党史研究室第一研究部译：《共产国际、联共（布）与中国革命档案资料丛书》第7辑：《联共（布）、共产国际与中国苏维埃运动》（1927—1931），中央文献出版社2002年版，第178页。

屠杀苏联领事人员并与俄绝交的行为。广州起义后，中国国民党政府与苏联断交，苏联政府的强烈反应也没有改变国民党政府对苏联的态度，直到九一八事变后，为了应对日本对苏联和中国日益严重的军事威胁，中国国民党政府和苏联政府才重新恢复外交关系。

## 三、中国共产党的应对措施

广州起义失败后，中共广东省委在香港总结广州起义的教训，分析革命形势，改组了广东省委，组织了春季骚动，反抗国民党反动派的屠杀和进攻。

### （一）改组省委

广州起义第二天，张太雷牺牲；起义失败后，叶挺、叶剑英、聂荣臻、黄锦辉、黄平、恽代英、周文雍辗转去了香港，广东省委在广州无法继续开展工作，也随之迁往香港。

广州起义失败后，中共中央委派李立三以巡视员的身份考察和总结广州起义的经验和教训。李立三到香港后，积极从组织层面查找广州起义失败的原因。1927年12月28日，李立三在给中央的报告中指出，全省党员据统计有三万人以上，但是有几成可靠却是"还不能有正确的估量"，他总结称，"各地党部指导机关大多数还是旧的知识分子，七个巡视员没有一个是工人同志"，因而认为这导致省委制定的政策"各地几乎完全不能执行或者执行起来便仍是旧的机会主义的方法，这是各地暴动失败或简直不能起来暴动的原因。"同时，李立三认为，香港的党部很好，"市委中除 XX 同志外都是工人",①无论开会、交党费还是开展群众工作都很好,多数人对党的政策都能了解而且能发表意见。1928年1月1日至5日,在李立三的主持下,广东省委通过了"中共广东省委关于广州暴动问题决议案",在总结广州起义失败的原因时,首先就指出,"此次暴动最高的指导机关完全系智识分子,表现极缺乏指挥的能力,到了紧张的时候,便慌乱恐怖,动摇起来,这是教训我们以后低级至高级的指导机关都须有多数的工人同志参加,方能始终坚决的领导暴动,达到最后的胜利。"同时认为,"苏维埃委员中没有一个广州工人和农民参加,最大部分都是智识分子,以至临危恐慌退缩"。②在李立三看来,广州起义失败的重要原因之一是党的领导机关以知识分子为主,而工人太少。会议在以工人为主改组省委上达成共识,黄平、周文雍、陈郁、吴毅、杨殷、徐光英等人被处分并开除省委委员,同时决定改组广东省委,大力吸收工人身份的党员进入省委常委,决定由李立三、张善铭、李源、沈青、罗登贤、王强亚、黄谦组成新的省委常委,李立三任书记。1月10日,广东省委向中央报告时称,"新的常委,工人同志三人(皆系参加此次暴动最勇敢、最明白的分子),农民同志一人",再加上做工人运动工作多年的同志一人和另外两人,共七人组成。其中参加广州起义的"工人同志三人"指的是罗登贤、王强亚和李源。罗登贤香港船业工人出身,长期从事工人运动,起义时为省委委员,任工人赤卫队第

---

① 《中共广东省委关于广州暴动问题决议案》(1928年1月1日至5日全体会议通过),中共中央党史资料征集委员会等编:《广州起义》,中共党史资料出版社1988年版,第234—235页。

② 《中共广东省委关于广州暴动问题决议案》(1928年1月1日至5日全体会议通过),中共中央党史资料征集委员会等编:《广州起义》,中共党史资料出版社1988年版,第249、第251页。

一联队队长；王强亚为广州印刷工人，省委委员，参加了起义的筹划和领导工作；李源是香港海员出身，参加过省港大罢工，广州起义时为广东省委委员，组织工人赤卫队，率领工人参加了广州起义；"农民同志一人"指的是黄谦，长期领导广州南郊一带农民运动，起义时任省委委员；"做工运多年"的同志指的是沈青，沈青于1924年10月开始在广州青年中开展青工运动，1925年开始深入广州手车夫工人中开展革命工作，广州起义时为省委候补委员，任工人赤卫队第二联队联队长，率领赤卫队员死守观音山，直到撤退。另外两人指的就是李立三和张善铭了。张善铭长期从事农村革命活动，起义前任中共东江特委书记。李立三、张善铭和沈青为知识分子，其余为工农身份。改组后的广东省委领导机关不再以知识分子为主，工人和农民占了多数。以李立三为首的广东省委对这次会议高度评价，"此次会议的确是广东党部新的精神的开始，新的生命的产生"，并决定按照这次会议的精神"来改造全省的党部领导全省的暴动。"① 随后广东省委发布的"中共广东省委通告（第一号）——省委会议的经过"中就工人阶级对党的指导机关错误的批评大加赞赏，认为以前对于指导机关的错误，特别是对于高级指导机关和负责同志的错误，很少政治批评甚至不敢批评，但在这次会议上，不仅小资产阶级的知识分子能够自我批评，把自己的错误摆在群众面前，而且能够开展批评，"特别是工人分子，最能毫不容情的批评，把指导机关和负责同志所犯的错误，严格的指出来，更使我们相信尽量增加工农同志到指导机关来，是目前改造党的最主要的条件。"同时强调，"改

---

① 《中共广东省委报告（三）——关于省委全体会议情况》（1928年1月10日），中共中央党史资料征集委员会等编：《广州起义》，中共党史资料出版社1988年版，第288页。

造党的方法，最主要的"，首先便是"尽量增加工农分子到各级指导机关中来，各级指导机关负责同志，必须工农分子占多数，并且要扫除过去之形式主义，表面上增加了几个工农分子，实际上还是智识分子包办。"通告明确，"在极短时间，彻底改造党的组织，这就是此次会议新的精神"，要求在1月15日前，"各县须彻底的改组，从支部一直到县委"[①]，并决定一月底召开全省代表大会改组省委。

在广东省委全体会议总结广州起义经验教训时，中共中央临时政治局也通过了《广州暴动之意义与教训》，充分肯定广东党组织在广州起义中的工作和取得的成绩，积极评价广州起义的伟大意义，反对广东省委惩办主义的做法。但广东省委不认可中共中央的决议，坚持广东省委自己"关于广州暴动问题的决议案"，致使广东党组织中形成了排挤知识分子、重视工人的风气，不少知识分子被迫离开党的领导岗位。广东省委批判知识分子的"恐慌退缩"，却未能及时纠正"左"的错误，冒险主义和盲动主义在党的机关中盛行。

1月上旬，在广东省委全体会议结束后，按照广东省委的指示，广州市委重新建立，以麦裕成为书记，季步高、周文雍、黄丽江、范慎修、王华、谢田为委员，以海珠中路七株榕乐安坊20号2楼为市委秘密机关。但仅十多天后，广州市委机关就被国民党广州卫戍司令部破坏，麦裕成、范慎修、黄丽江等数十人被捕；30日，广东省委指示，恢复广州市委，由季步高、周文雍、王华、谢田和叶耀球为委员，以季步高为书记，并指示目前的工作是迅速恢复被破坏的党组织，注意秘密工作，组织秘密工会，开展士

---

[①] 《中共广东省委通告（第一号）——省委会议的经过》（1928年1月），中共中央党史资料征集委员会等编：《广州起义》，中共党史资料出版社1988年版，第289—291页。

兵运动。但是在敌人力量集中且正处于白色恐怖的广州重建党的组织、开展工农运动，非常危险。随后，广州市委机关屡遭破坏，许多党的优秀干部因此牺牲，周文雍和陈铁军假扮夫妻，受组织派遣秘密回到广州开展工人运动，2月2日不幸被捕，2月6日即被杀害于广州红花岗。

正是在这种情况下，广东省各级党部从上到下进行改组，吸收了大量工人进入党的各级领导机关。其实，李立三的对广州起义时的广东省委和广州起义的这种认识是不符合实际的，一方面，广州起义时的广东省委并不是真的只是知识分子组成，25名正式委员中已经包含了12名工人、5名农民，党团员只有8人，工人几乎占了一半，工农出身的占了三分之二；在省委常委中也包含1名工人即陈郁和1名农民即黄谦，绝不是全由知识分子构成。① 在广州起义后成立的苏维埃委员中，苏兆征、陈郁和何来都是广州工人或者香港工人，并不是"没有一个广州工人和农民参加"。另一方面，广东省委及广州起义的领导机关并不是"慌乱恐怖"的，而是临危不惧，在强大的敌人面前，为了保存教导团这支革命力量，拼死一搏，张太雷和工人赤卫队副总指挥梁桂华牺牲在广州起义的战场上，张太雷也成为我党历史上第一个牺牲在战斗一线的中央政治局候补委员，显示了共产党人和革命群众英勇无畏的革命精神，张太雷虽然不懂军事，却也依靠参谋长徐光英和共产国际代表纽曼等制订了细致的军事进攻计划，明确了各起义部队的进攻目标和任务，起义后两个多小时即占领广州、成立苏维埃的事实也恰好说明起义时机选择和战斗任务分配得当。同时，当时的中国工人绝大多数没有读过书，虽然很勇敢、很积极，但

---

① 广东革命历史博物馆编：《广州起义资料》（上），人民出版社1985年版，第35页。

容易盲目冲动，对党的方针政策理解不透认识不深，大量工人进入各机关领导岗位也是后来党内"左"倾错误不断出现并难以纠正的一个重要原因。

### （二）省委会议总结经验教训

李立三在从组织上查找广州起义失败的原因、改组省委的同时，也带领广东省委全面总结广州起义的经验教训。12月19日，中共广东省委向中央报告广州起义的经过与情形，以"同志及群众意见"的形式总结了教训，认为：1.广州起义时间太早，应该等军阀战争最激烈的时候发动起义；2.广州起义自始至终都是军队和赤卫队在打仗，很少发动人民群众；3.群众最不满意的"就是没有随地枪决反革命"；4.起义准备不充分，没有周全的计划。①12月21日，中共广东省委再次致信中央，报告广东省委临时会议讨论中央对广东目前工作指示的情况，指出"广州暴动因为全省农民暴动未能充分起来，致广州的苏维埃政权未能持久的胜利"，再次强调广州起义失败的重要原因是未能发动农民群众以形成大规模农民暴动，并进一步指出，要实现全省的暴动，"党的指导是非常必要"，目前广东不能马上夺取政权，各地没有真正布尔什维克的党是主要原因，因此，提出改造各级党部十分重要，并提出"收容此次变乱中的流离的其中为工农分子的"党员，将他们加派到各地党部去工作。②12月28日，省委书记李立三致信中央，在省委会议召开前夕，根据参加暴动同志的报告，重申

---

① 《中共广东省委给中央的报告（一）——关于广州暴动的经过与情形》（1927年12月19日），中共中央党史资料征集委员会等编：《广州起义》，中共党史资料出版社1988年版，第225—226页。

② 《中共广东省委给中央的报告（二）——省委临时会议讨论中央对广东目前工作的指示》（1927年12月21日），中共中央党史资料征集委员会等编：《广州起义》，中共党史资料出版社1988年版，第229—231页。

广州起义存在未尽力发动群众、未执行镇压反革命派的工作、未执行没收一切政府及反动派财产的政策、撤退时无计划等问题；到1928年1月1日至5日，广东省委全体会议召开，通过了"关于广州暴动问题决议案"，重点从主观方面分析了广州起义失败的原因，认为广州起义存在指挥机关因为以知识分子为主而缺乏指挥能力、未能充分发动群众、工人群众未组织起来、农民群众很少参加、党的组织未发挥核心和领导作用等问题，党的指导机关也存在偏重军事工作而未充分发展广大群众、宣传工作薄弱、军事指挥不统一、苏维埃政府中没有工农分子、撤退时无计划等错误。1月3日，中共中央临时政治局会议通过了"广州暴动之意义与教训"的决议案，对广州起义失败的原因进行的总结与广东省委决议案有很大的分歧，却也认为虽有几千农民参加了起义，但"没有能在广州市内暴动期间，立刻发动几十万市郊农民的暴动"、撤退时"没有充分的规则"等，这就使得广东省委把广州起义失败的主要原因归咎于未能充分发动农民群众以形成大规模的农民暴动和党的组织不够布尔什维克化上面，却没有客观分析敌强我弱等客观原因。广州起义后，广东省委一方面改组党的组织，充实大量工人、农民党员到省委和各级党部，同时开始在全省范围内发动农民，组织大规模的农民暴动，以形成包围广州的革命形势。

### （三）"春季骚动"和夏收暴动

在总结经验教训时，广东省委认为广东的革命形势并没有因为广州起义的失败走向低潮，而是不断走向高涨。12月17日，广东省委、团省委在致各地党团通告中认为：海陆丰政权依然存在，东莞、宝安的暴动时刻准备发起，潮梅一带农民不断暴动，普宁等地的农民暴动也在酝酿中，因而指示各地党团，"各地暴动不特不能因广州暴动影响而和缓或停止",而且"更应加紧发动群众,发展暴动,准备夺取全省的政权。"① 在广东省委准备扩大暴动时,12月18日,中共中央在致广东省委的信中表示:中央深信"这次广州暴动是广东总暴动的开始,是全国各地工农暴动的信号","只要我们党努力领导已经暴动的农民革命的高潮,……全省暴动的局面是必然成就的",并指出,东莞、宝安、北江、花县、英德、曲江、紫金等地的暴动"全是目前对敌人最迫切的反攻"。② 中共中央这封信中对广州起义的评价和对广东工作的指示,更加坚定了广东省委扩大农民暴动的信念与决心。12月19日,广东省委报告中央,认为广州起义失败后,广东"各地暴动正在发起或正在扩大深入",宝安农军攻打深圳后又攻打县城,惠州也发生农民暴动,潮汕铁路被掘断,普宁、潮安、澄海都发生了农民骚动,清远农民也曾攻打县城;而广州起义后,广东政局也发生了变化,张发奎被迫放弃军权,广州政权又回到桂系手中,李济深重新集结重兵,准备追击张发奎部队。在军阀斗争日益激烈的情况下,广东省委看到了农民暴动的时机,因而指示各地,目前的工作是"极力宣传广州暴动爆发或扩大各地暴动",具体的做法是:海陆丰积极向外发展,极力帮助普宁、五华、惠来和紫金各县,以保护海陆丰苏维埃,并帮助惠州南部农民起来与东莞、宝安会合影响广州。在北江开创新的局面,西江也要暴动起来影响广州、潮梅积极起来暴动,这样就可以利用剧烈的军阀斗争,扩大农民暴动,相互联结和影响,"促成全省夺取政

---

① 中央档案馆编:《广州起义》资料选辑,中共中央党校出版社1982年版,第116页。
② 中央档案馆编:《广州起义》资料选辑,中共中央党校出版社1982年版,第118—119页。

权的大暴动。"①

12月20日,广东省委致北江特委信中又指出,"广州这次暴动虽然胜利未能持久,但我们所得是很多,意义是非常伟大",认为各地的工农斗争在一天一天的发展,"全省夺取政权的暴动,不久就要再爆发",要求北江特委按照省委的命令,"努力做去,与各地工农一齐起来,重夺广州政治的中心,那时各地农民的暴动将可以保卫广州苏维埃政权的持久。"②

1927年12月28日,李立三致中共中央的报告再次表明:"现在广东客观的情形,革命仍是高涨",所以广东省委决定"继续暴动之策略",并提出了全省暴动的具体计划。同时,省委决定"积极恢复广州工作,恢复支部和秘密工会、赤卫队的组织,领导群众做经济斗争,做政治破坏工作,加紧在兵士中的工作等"③。广东省委发布了"号召全省工农兵士继续暴动宣言",号召各地农民"应当广大的起来,在每个乡村自动手的杀地主豪绅,没收及分配土地,建立像海陆丰一样巩固的苏维埃政权。"④

1928年1月1日至5日,广东省委通过"关于广州暴动问题决议案",认为这次暴动失败最主要的原因"就是工人的群众尚未起来",另外,附近各县农民也都没有发动起来,致使敌人调兵围攻广州时,毫无顾虑长驱直入,直达广州市区,提出今后

---

① 中央档案馆编:《广州起义》资料选辑,中共中央党校出版社1982年版,第133页。
② 中央档案馆编:《广州起义》资料选辑,中共中央党校出版社1982年版,第135、第139页。
③ 中央档案馆编:《广州起义》资料选辑,中共中央党校出版社1982年版,第154、第155页;中共中央党史资料征集委员会等编:《广州起义》,中共党史资料出版社1988年版,第235—236页。
④ 《中国共产党广东省委员会号召全省工农兵士继续暴动宣言》(1927年12月),中共中央党史资料征集委员会等编:《广州起义》,中共党史资料出版社1988年版,第169页;中央档案馆编:《广州起义》资料选辑,中共中央党校出版社1982年版,第160页。

的暴动"必须发动广大的农民群众起来响应，方能保障暴动的胜利。"①在这次省委全体会议上，还通过了"目前党的任务及工作的方针决议案"，认为广州起义虽然失败，但"革命潮流并不因此而低落，反是继续高涨"。同时，广东省委也认识到，在广州起义刚刚失败之际，马上在广州举行暴动不仅客观上暂时不可能，而且在各地的暴动没有发展起来之前，仅仅是广州的暴动很难维持长久的胜利，因此，广东省委提出了目前的主要策略，"极力发展各县农民暴动，在东江、西江、北江、南路都造成一县至数县的割据局面，形成包围广州的形势，同时恢复广州的工作，积极领导工人的斗争，并发展中路各县农民运动，然后在军阀战争极剧烈，政权极动摇时，在广州举行第二次暴动，夺取全省政权。"决议认为，海陆丰应向有农民运动基础的紫金、普宁、惠来、潮阳等地发展，帮助各县暴动，把割据局面从两县扩大到全东江；在北江以清远为中心、在西江以广宁、罗定为中心、在南路以廉江为中心，都造成割据局面，西江与北江联络，南路与琼崖相呼应，琼崖则在短时间内肃清反革命，建立苏维埃。②广东省委的决议与李立三致中共中央信中提到的党的任务和策略大致相同，但在指导各地的策略上更加具体，更具有指导意义。1月4日，中共中央临时政治局会议通过了"广州暴动之意义与教训"后，致信广东省委，认为"广州暴动是全省暴动的开始，广州失陷全省总暴动的进行当益亟。"③8日，中共中央再次致信广东省委，

---

① 《中共广东省委关于广州暴动问题决议案》(1928年1月1日至5日全体会议通过)，中共中央党史资料征集委员会等编：《广州起义》，中共党史资料出版社1988年版，第250页。

② 《广东省委全体会议目前党的任务及工作的方针决议案》(1928年1月)，广东革命历史博物馆编：《广州起义资料》(上)，人民出版社1985年版，第214—217页。

③ 《中央致广东省委信》(1928年1月4日)，广东革命历史博物馆编：《广州起义资料》(上)，人民出版社1985年版，第266页。

对广东省委全体会议关于"目前的任务及工作的方针"决议案表示同意,同时指出:广东各地支部执行党的政策,开展土地革命,不仅需要一个总的指导方针,更需要进一步的具体计划。并强调"广州市的恢复工作十二万分重要,省委须以全力促其成,没有广州市工人暴动的再起,广东全省暴动是汇合不起来的。"中共中央明确要求,"工人群众和四郊农民的广州工作的恢复必须有一切实计划指导市委迅图实现。"[①] 中共中央通过的关于广州起义的决议案虽然与广东省委的决议案在广州起义失败原因上分歧较大,但在目前任务与策略上却是一致的,那就是动员农民群众,组织大规模农民暴动,形成包围广州的形势,夺取全省政权。

其实,这种认识是不符合广州起义前后广东乃至全国的革命形势的。在广州起义之前,党内就出现了严重的"左"倾思想,"否认中国革命形势总的来说是处于低潮和中国革命发展不平衡性的现实。在革命总的策略上,反对有秩序退却,主张继续进攻,发动武装暴动。强调以工人暴动为中心的武装暴动,搞城市中心论;同时,不顾主客观条件而普遍发动城乡的武装起义。"而"广东省委对广州起义前广东形势的分析与中央是基本一致的,由于指导思想来自于共产国际,因此,与共产国际的分析也是一致的。"[②] 直到广州起义失败后,中共中央和广东省委对革命高潮论始终坚信不疑,广东省委过高估计革命的有利条件和局部的工农暴动,低估敌人的力量和各地工农革命的不平衡性及弱点。正是在这种情况下,广州起义失败后,广东省委在改组省委和各级党部的同

---

[①] 《中央致广东省委信》(1928年1月8日),广东革命历史博物馆编:《广州起义资料》(上),人民出版社1985年版,第269页。

[②] 杨琪:《大革命失败后中共对广东形势的认识与广州起义的发动》,《纪念广州起义80周年学术研讨会论文集》,广州出版社2008年版,第552、第553页。

时，加派工人党员和农民党员到各地指导农民暴动。1928年春，一场轰轰烈烈的农民暴动随即展开。因为按照广东省委的指示，各地暴动时正值农历春节年关，所以这场暴动就被称为"春季骚动"了。

为了贯彻执行全省暴动计划，中共广东省委派遣省委常委、军委书记张善铭任北江特委书记，派遣省委巡视员周其鉴、赵自选到北江，组织指挥北江暴动。北江特委随即致信朱德，要求其率部支援北江暴动，朱德于1月下旬攻占乐昌坪石。到2月，北江地区的仁化、英德、南雄和乐昌以及西江的广宁等地的农民武装都在共产党的领导下举行了武装起义，阮啸仙领导仁化农军两次攻占仁化县城，建立了董塘苏维埃政府，南雄和广宁也建立了县苏维埃政权。

在海南岛，琼崖工农革命军配合农军举行起义，在乐会、万宁和崖县等地建立了区、乡苏维埃政权，创建了包括琼东、陵水和崖县部分地区的东路苏区；乐会县第四区苏维埃召开农民代表大会，提出土地分配办法，开展土地革命，取得了土地革命经验，后推广到其他苏区；海南岛逐渐建立了文昌、琼山、定安、琼东、乐会、万宁、陵水、澄迈等8个县委和海口市委。

1月25日，中共中央致信李立三，决定广东省委书记一职由邓中夏代理，要求李立三"即来沪与中央面谈一切"，解决广东省委决议案与中共中央决议案在广州起义问题上的根本不同。[①]2月初，李立三按照中共中央的要求赴上海，2月9日，邓中夏主持召开广东省委扩大会议，一致通过了接受中共中央关于广州起

---

① 《中央致立三同志信》（1928年1月25日），广东革命历史博物馆编：《广州起义资料》（上），人民出版社1985年版，第305页。

义问题的决议案,指定吴毅、恽代英起草《广州暴动的经过》报告中共中央。2月20日,临近年关,广东省委遭敌人破坏,代理省委书记邓中夏和常委罗登贤、王强亚、黄谦等被捕,由恽代英、沈宝同、吴毅等组成临时常委会。24日,李立三从上海回到香港,立即召开省委常委会,成立由李立三、张善铭、李源、沈青、陈郁、黄焯、黄钊组成的新常委,李立三为书记,继续领导省委确定的春季暴动计划。

2月9日,中共潮梅特委在汕头召开县市党团书记会议,研究武装暴动问题,部署省委关于暴动的计划,因叛徒出卖导致汕头市委机关被破坏,省委巡视员叶浩秀等二十多人被捕牺牲。2月中旬,中共广东省委派沈青为中共潮梅特委书记,决定恢复汕头市委,恢复和发展党的组织,恢复汕头总工会,开展工人运动,发动各县举行农民暴动。同时,省委决定派李源、黄雍到海南岛指导工作;省委又加强了对西江地区暴动工作的领导,成立了中共西江上游特别委员会,以省委常委黄钊为书记。省委还决定恢复中共南路特委,以杨石魂为书记。2月底,李济深派军队2万人围攻海陆丰地区,中共东江特委发布宣言,号召工农群众和革命士兵誓死保卫海陆丰。但因为对敌我力量估计不足,在敌强我弱的形势下分兵作战,陆丰和海丰县城相继失守,根据地大部分被敌人占领,海陆丰地区的斗争转入低潮。3月中旬,国民党政府又派蔡廷锴等部四千多人进攻海南岛琼崖苏区,广东省委受盲动主义影响,不顾敌我力量悬殊的事实,要求琼崖特委集中力量守海口,完成全岛割据;琼崖特委根据省委的指示,分东中西三路发起暴动,结果被敌人各个击破,红军总司令冯平牺牲。随着海陆丰失守和琼崖苏区陷落,因为广东省委错误判断形势,在革命低潮时却认为革命处于高涨阶段,在"左"倾错误思想指导下作出的"春季骚动"归于失败。4月13日，广东省委在香港主持召开了广东省委扩大会议，周恩来到会指导，延续了广东省委内存在的"左"倾盲动主义倾向，通过了一系列决议。会议认为广东的革命仍处于高潮，已经发展到了"争夺城市"的阶段；党的总策略是加紧扩大各路的暴动局面，向全省政治中心发展，完成全省总暴动。会议要求东江特委完成割据，琼崖特委夺取全岛，各路完成割据后向广州发展，夺取全省政权。到5月，广东省委作出了在全省发动夏收总暴动的决定，但事实上，全省各地的革命斗争已经转入低潮，夏收暴动的计划实际上未能实现。

# 第六章 广州起义的历史地位

广州起义是中国共产党在革命低潮时期领导的一次武装暴动,是继南昌起义、秋收起义之后对国民党反动派叛变革命和实行屠杀政策的又一次英勇反击,也是工农武装在城市夺取政权的一次伟大尝试。这次起义虽然失败了,但为中国共产党人探索新的革命道路,提供了宝贵的经验教训。起义军民勇往直前、不怕牺牲的革命精神,必将永垂青史。

## 第一节 对广州起义的历史评价

### 一、中共党内对广州起义的评价

广州起义失败后,1928年1月初,中共广东省委和中共中央临时政治局几乎同时通过了关于广州起义的决议案,这两个决议案对广州起义的评价却大相径庭,前者主要是批评与追责,后者则主要是赞扬和肯定。由此开始了中共两级党组织关于如何评价广州起义的一场争论。

(一)两个决议案

1927年12月中下旬,当广州起义失败的善后工作还在紧张进行时,广州、香港方面就着手收集和反映有关的情况。12月

19日，留驻香港的中共广东省委常委张善铭、秘书长沈宝同等向中共中央报告了广州暴动的简要情况，指出起义中存在发动时间太早、群众动员不广、肃反不力和撤退慌乱的问题。

12月20日，中共中央政治局候补委员李立三以中央巡视员的身份到达香港，当晚召开在港的广东省委委员临时会议，讨论广州起义失败的原因和当时广东各地暴动的形势，并于次日向中共中央作出书面报告，其中也涉及对广州起义的总结、评价问题。28日，李立三致信中共中央临时政治局，又以反映参加暴动同志意见的方式，指出暴动过程中存在的一些问题。

1928年1月1日至5日，在李立三的主持下，中共广东省委全体会议在香港举行。广东省委常委黄平、恽代英、张善铭、黄谦、陈郁，省委委员王强亚、罗登贤、黄钊、何潮，候补委员沈青、吴毅，秘书长沈宝同及团中央巡视员陆定一等人参加会议。这是广州起义失败后，中共广东省委在极其困难的条件下召开的一次全体会议。会议选举产生了新的广东省委领导班子，以李立三为书记。

这次会议着重讨论广州起义问题，通过了《中共广东省委对于广州暴动决议案》。决议案的主要内容是：（1）肯定广州起义意义和影响。指出这次起义是推翻统治阶级，建立苏维埃政权"最重要的一幕"，"是全省暴动的开始"，"表现工人阶级伟大的力量"，等等。（2）指出起义失败的原因。主要是：知识分子缺乏指挥能力，没有执行广东省委以群众为中心的策略，把暴动变成军事投机；工人尚未发动起来，农民很少参加，赤卫队力量小，未积极做士兵的工作，参加起义的军队少；党组织未发挥作用，党员自由行动，无法指挥；偏重武器，偏重军事；等等。（3）指出指导机关所犯的错误。除在失败原因中提到之外，主要还有镇反不力、军事指挥不统一、各种工作组织得不好、退却时毫无计划、酿成莫大牺牲，等等。（4）宣布政治纪律。处分了周文雍等九位起义领导者。①广东省委在1月间还发出两份通告，指出广州起义即具有"莫大的意义"，得到"莫大的教训"，指导机关犯了"莫大的错误"；强调要从错误中吸取教训，改变知识分子"包办"指导机关的状况，改造党的组织。由此可见，广东省委虽然肯定了广州起义的意义和影响，但着重点却在于批评错误和追究责任，显示对起义组织者的极度不满。

几乎与广东省委讨论总结广州起义同时，中共中央临时政治局会议于1928年1月3日通过了《广州暴动之意义与教训》的议决案。这个近二万字的决议案对广州起义作了很高的评价，认为起义时机选择很好、形势有利、条件具备、准备充分、组织领导严密、政策策略正确、意义重大、影响深远。如在提到广州起义的形势和时机时，决议案认为：到1927年12月初，"国民党、军阀、豪绅、地主、资产阶级的内部，纷纷分裂争扰到极点，发生不断的公开的战争，而工农兵士方面却一日千里的兴起革命高潮"，这样"便已经有了可以胜利的无产阶级暴动的条件，列宁所指示的那种条件——阶级斗争的最大的剧烈已经成了事实……"②，对发动起义的决定给予充分肯定，从而否定了那种起义发动过早和条件不成熟的说法。

决议案高度评价了广州起义的组织领导工作，特别是对群众

---

① 《中共广东省委对于广州暴动决议案》（1928年1月1日），中央档案馆编：《广州起义》资料选辑，中共中央党校出版社1982年版，第171—178页。

② 《广州暴动之意义与教训》（1928年1月3日中国共产党中央临时政治局会议通过的议决案），中央档案馆编：《广州起义》资料选辑，中共中央党校出版社1982年版，第191页。

的发动,"能够在广州调动这样广大的群众,完全因为共产党在广州成年累月的工作,确能深入广州工人群众的日常斗争,而与广州工人阶级结合同生共死的密切关系,永久在领导他们的日常斗争,知道工人群众的一切要求,一直到极琐细的,并且能够替他们提出来,能够领着他们去力争这些要求",甚至不吝称赞"广东党部组织指导十二月十一日暴动时的政策,完全是和马克思列宁所说一样,就是'暴动是艺术'","共产党对于暴动,真能像艺术一样,很有系统很细心的组织它,注意一切现有的条件,建立自己的政策与正确的估计各阶级力量的相对关系,估计一般的政治形势及当地的政治形势。"[①] 显然,这与认为起义组织得不好、军事指挥不统一、把暴动变成军事投机的说法,是大相径庭的。决议案用大量的篇幅去论述起义的意义和影响,只用很少的文字去分析失败的原因;谈到失败原因时,则又强调敌强我弱的客观因素,这同前述广东省委一月会议偏重于分析领导上的失误,也是有所不同的。总之,这篇决议案从各方面对广州起义作了充分的肯定和高度的评价,用欣赏、赞美的笔调去描述起义的经过,同广东省委的决议案相比较,显得基调完全不同。

中共党内关于广州起义的认识分歧,主要就是因为上述两篇决议案而产生的。对同一个事件,评价如此不同,甚至截然相反,一方面是由于当时环境恶劣,人们难以全面了解有关的情况,另一方面,更在于中共党内指导思想不统一。当时正处在从北伐战争结束到土地革命转变的时期,中共党内在中国革命一系列基本问题上还没有得出正确的、统一的认识,对革命形势、革命性质

---

[①]《广州暴动之意义与教训》(1928年1月3日中国共产党中央临时政治局会议通过的议决案),中央档案馆编:《广州起义》资料选辑,中共中央党校出版社1982年版,第194、第196、第206页。

和革命道路这些问题，党内看法不一致。1927年11月上旬临时中央政治局通过了《中国现状与共产党的任务决议案》，由于提出了许多"左"倾盲动主义的错误主张，一开始就引起了党内许多同志的批评和指责，自然难以统一全党的认识。在这种情况下，党内对广州起义的认识也就不易取得一致。中共中央临时政治局和中共广东省委，作为上下级组织，站在不同的角度，对广州起义的分析和评价，自然也有各自的出发点。

### （二）广东省委与中央的争论

广东省委和临时中央政治局两篇决议案分别产生后，对广州起义认识上的分歧即在党内公开，一场讨论就以互送文件、通信和会面谈话的形式，在内部展开。

1928年1月中旬，广东省委召开常委会议，讨论了临时中央政治局1月3日的决议案，于16日通过《中共广东省委对中央政治局会议通过之〈广州暴动之意义与教训〉的决议案》。广东省委在决议案中同意中央决议案对于"广州暴动前之中国一般情况"、"广东省内的政治情形"和"广州暴动之国际意义"几部分的分析，但认为将暴动准备和暴动经过写得"差不多有列宁创造俄国'十月艺术'一样"是不符合事实的，"这样一来，使我们得不着正确的教训，将要使我们甚至影响群众将要走入更深的机会主义式的军事投机的方面，的确是重大的问题"[①]。文中列举中央决议案中16点与事实"不相符合"的叙述，一一加以反驳。如前述中央决议案称赞广州起义时"共产党能够调动这样广大的群众"，广东省委则称"当时参加暴动的群众实在不广大，自始

---

① 《中共广东省委对中央政治局会议通过之〈广州暴动之意义与教训〉的决议案》，中央档案馆编：《广州起义》资料选辑，中共中央党校出版社1982年版，第247页。

至终恐不过一两万人"①。广东省委也不同意将失败原因归结于客观方面,认为中央决议案"几乎是替当时指导机关掩饰错误,没有给我们一点正确的教训"。最后还要求中央依照广东省委决议案精神,修改或更正中央的决议案,认为广东省委决议案"是从多数参加这次广州暴动的同志,所发表的意见和经过事实的报告的结晶"②。

同一天,李立三致信中央政治局,认为中共中央决议案"的确与当时事实多不符合,把我们正确的教训完全蒙蔽了"。信中提议中央政治局向共产国际建议"惩罚"那个以"虚报中央来掩饰自己的错误"的参加暴动的"外国同志",并以中央政治局候补委员的资格,坚决要求中央重新讨论修改决议案③。共青团广东省委1月23日所作《对参加广州暴动决议案》,其精神与中共广东省委的决议也大体相同。广东省委还专门派常委罗登贤到中央陈述关于广州起义的意见。

中共中央已发觉广东省委的决议案同中央的决议案基调不同,观点、认识完全不一致,遂于1月18日致信广东省委,指出广东省委的决议是"根本错误"的,"没有认识广州暴动的全部意义和其给予全世界、全中国工农兵的伟大创造,而仅很狭义地受了广州一部分同志在失败后一时愤激的影响,轻轻地将省委会讨论和注意的中心寄托在查办当事指导机关和负责同志的这一

---

① 《中共广东省委对中央政治局会议通过之〈广州暴动之意义与教训〉的决议案》,中央档案馆编:《广州起义》资料选辑,中共中央党校出版社1982年版,第248页。

② 《中共广东省委对中央政治局会议通过之〈广州暴动之意义与教训〉的决议案》,中央档案馆编:《广州起义》资料选辑,中共中央党校出版社1982年版,第250页。

③ 《李立三给中央政治局的信》(1928年1月16日),中央档案馆编:《广州起义》资料选辑,中共中央党校出版社1982年版,第277页。

问题上去"①。并有针对性地做出了九点"严重指示"。1月25日，中共中央收到广东省委1月16日决议案和李立三来信后，又致信"广东省委并转全体同志"，严厉地指出广东省委对广州暴动所作出的"不正确结论"，认为省委的决议"无异在客观上为敌人张目，与举世反革命派特别是蒋介石、吴稚晖所攻击我们的论调相类"，如果这样的决议案和广东省委会议的精神在工农群众中宣传起来，"必将减少工农群众向敌人斗争的情趣，转而调转头来消极地怀疑于我党的政策和领导机关，并为敌人造了反宣传机会"②。中央这两份文件着重阐述了如下几个问题：第一，即前述关于广东省委决议案的"根本错误"，否认和抹杀广州起义的伟大意义。第二，关于发动群众和军事投机的问题。没有充分发动群众和把暴动变成军事投机，这是围绕广州起义所争论的两个主要问题。中央认为，这次暴动因情势所迫和情势所许，没有走先举行工人罢工和农民示威，然后才转入武装暴动的"常轨"；而是采取了"以群众的军事行动会合城市工人、乡村农民直接行动起来，夺取革命的政权"的做法，这是事实上所需要的。这种行动仍然是群众的，不应妄指为军事投机。第三，关于失败原因。指出客观、主观双方都应论到，不应专责备于主观上指导的错误，不能把总结经验教训变成"着重于党内争论"。第四，关于事实问题。承认中央决议案"是根据于国际代表的报告"而作的，有些事实的确还有遗漏，但"大都是程度的深浅、数量的多寡和言论上出发点的差别，或是已经决定了的事，尚未有做到，并非是

---

① 《中央致广东省委信》（1928年1月18日），中央档案馆编：《广州起义》资料选辑，中共中央党校出版社1982年版，第251页。

② 《中共中央致广东省委信——中央不同意省委对广州暴动的结论》（1928年1月25日），中央档案馆编：《广州起义》资料选辑，中共中央党校出版社1982年版，第266页。

原则上的冲突或是故意造谣",这些批评,至多只能看作事实的补充,决不能动摇中央决议案的根本精神。第五,关于政治纪律。认为在广州暴动中,指导机关和负责同志不仅坚决地执行党的暴动政策,而且尽了不少力量,广东省委作出的处分决定不能成立,不能因群众的激愤而严惩负责同志。中共中央在信的最后特别要求广东省委"必须服从中央的意见,停止省委决议案在各级党部的讨论,速将中央决议案散布下去"[①]。中央并决定调李立三来沪面谈,派邓中夏代理广东省委书记。

起初,中共中央的批评并没有在广东引起太大的触动。1月24日,李立三致信瞿秋白,对中央关于防止"着重于党内争论"的说法,明确表示"不同意",认为"现在的确要唤起同志注意党内的问题",否则,党将无法改造。他信中说明,之所以在广州暴动的评价问题上持有不同的意见,关键仍在于"总的问题"没有解决,这就是他坚持认为要改变知识分子"包办"党的指导机关的现象,改造党的组织。他还将这个问题称作"我党现在系统的政治路线",并逐条作了阐述。在这封信中,李立三虽然表示他并不赞成广州起义是"军事投机"的提法,申明"我始终没有这样的意见",但从信的内容来看,他仍然坚持他一贯的观点,同中央的看法仍有分歧。1月25日,广东省委发出第七号通告,将广东省委决议案中"遂把这次暴动变成军事投机"这句话,正式更正为"遂把这次暴动计划,变成军事投机的方法"。但对其他方面的内容,并未作出改动。广东省委代理书记邓中夏到任后,情况才发生较大变化。邓中夏主持召开了广东省委常委扩大会议,李立三列席。这次会

---

[①]《中共中央致广东省委信——中央不同意省委对广州暴动的结论》(1928年1月25日),中央档案馆编:《广州起义》资料选辑,中共中央党校出版社1982年版,第276页。

议虽然对某些问题仍然保留意见,主要是:"中央决议案中的确有些不符",应请中央作出修改,"政治纪律不能取消","改造党仍是要积极去做",等等。但会议总的精神是肯定中央的决议,明确指出:"我们应适用中央的决议,不适用广东省委的决议,应立即根据中央根本精神宣传下去",并决定"依照中央根本精神做一个《广州暴动的经过》报告给中央"①。这就说明,广东省委已原则上放弃了自己的决议案,肯定和接受了中央的决议案。

1928年2月26日,中共中央发出第三十五号通告,将党内在广州起义评价问题上不同意见的分歧和争论的经过通告全党,并针对广东省委仍持保留态度的几个问题提出了结论性的意见,主要是:不但不应将广州暴动指为"军事投机",而且不应指为"运用军事投机的方法";政治纪律"根本不能成立";不能将"党的改造同广州暴动"混在一起;等等。通告最后指出:"望广东以及各地党部都须根据中央这一补充通告和原决议案,继续在党内外做广大而更明确的宣传,终止一切与中央不同意见的讨论和传播,以巩固党的布尔塞维克的指导"②。至此,党内这场关于广州起义的争论,才宣告结束。

广东省委和中共中央对广州起义的评价,由于都受到"左"倾指导思想的影响,都是在"不断革命"和革命形势"不断高涨"的思想指导下进行的,因此对于广州起义意义和失误的分析,虽有程度的不同,但无实质的区别,只是广东省委偏重于追究指导

---

① 广东革命历史博物馆编:《广州起义资料》(上),人民出版社1985年版,第329—330页。

② 《中共中央通告第三十五号——〈广州暴动之意义与教训〉决议案的补充》(1928年2月26日),中央档案馆编:《广州起义》资料选辑,中共中央党校出版社1982年版,第286页。

机关的错误,而中央则偏重于强调客观的不利形势。

### (三)中共六大的评价

1928年6月18日至7月11日,中共六大在莫斯科召开。根据斯大林对广州起义的评价,六大通过的《政治议决案》指出:"南昌暴动,秋收暴动,尤其是广州暴动,在政策上决非盲动主义的政策。""广州暴动是必要的英勇的尝试,是为保障革命胜利的斗争,是使革命深入,直接创造苏维埃政权的斗争,不过客观上广州暴动在革命失败过程中成为'退兵时的一战'。……广州暴动的意义是非常伟大的,大会特别号召各级党部,要详细研究广州无产阶级英勇斗争的丰富的经验。"决议同时认为:"工农之中的工作,尚未充分;反动军队之中的工作,也是如此;对黄色工会群众的态度不对;党部与青年团自己的准备暴动工作不充分;政治上调动群众还太薄弱(没有广大的政治罢工等)。第六次大会认为这些错误,也是暴动不能胜利的原因之一"[①]。

中共六大还通过《决定广州暴动为固定的纪念日的决议》,规定广州起义的12月11日为固定的纪念日。决议并没有遵循斯大林认为广州起义是革命低潮到来的说法,也没有坚持《政治议决案》中所说的是"退兵时的一战",而提出:"广州暴动是中国苏维埃革命阶段的开始,是中国的无产阶级及其同盟者——贫苦的农民、兵士,开始单独的用自己的血,力量和勇气,企图推翻一切恶势力而建立我们自己的政权——苏维埃政权……广州暴动不是一个简单的军事行动,也不是一个简单的广东工农兵以至于全国工农兵群众之行动,而是一个世界无产阶级革命史上的伟

---

① 《政治议决案》(1928年7月9日),中共中央党史研究室、中央档案馆编:《中国共产党第六次全国代表大会档案文献选编》下卷,中共党史出版社2015年版,第858页。

大的著作"①。

值得注意的是，1928年6月27日，周恩来在中共六大军事委员会第一次会议上作报告时毫不隐讳地指出："八月会议和十一月全会后，没有完整的军事工作计划。……我们没有搞懂什么是起义。这是盲动主义。我们不懂农民暴动的作用和意义。"他还认为广州起义失败的原因在于："1.它是在工人被击溃后发生的。2.工人没有受过训练。3.作战计划不好。没有进攻精神。根本没有撤退计划。4.没有做士兵工作。5.没有同农民建立联系"②。实际上，许多参加广州起义的人都与周恩来有相同的看法。但是，在充分肯定广州起义伟大意义的强有力的声音面前，这样的声音或者被压制，或者受到指责和攻击。

为了纪念广州起义一周年，从1928年11月开始，中共中央、共青团中央、中华全国总工会相继发出宣传大纲、宣言、通告等，详细阐述了广州起义的意义，提出"广州暴动不是一个简单的军事行动，并且不仅开辟了中国民权革命的新阶段——苏维埃革命的阶段——而是一个世界无产阶级革命的伟大著作，与英勇的、伟大的巴黎公社有同样的价值。"同时喊出"工农群众只有暴动才有出路"、"继续广州暴动精神"③的口号。不过，在宣传大纲中，还能看到总结起义教训的内容，尽管已经很少。

1929年11月1日，广州起义二周年前夕，中共中央发出《关

---

① 《决定广州暴动为固定的纪念日的决议》（1928年7月9日），中共中央党史研究室、中央档案馆编：《中国共产党第六次全国代表大会档案文献选编》下卷，中共党史出版社2015年版，第889页。

② 《周恩来在中共六大军事委员会第一次会议上的报告记录》（1928年6月27日），中共中央党史研究室、中央档案馆编：《中国共产党第六次全国代表大会档案文献选编》下卷，中共党史出版社2015年版，第759页。

③ 《中共中央关于广州暴动宣传大纲》（1928年11月15日），中央档案馆编：《广州起义》资料选辑，中共中央党校出版社1982年版，第315页。

于广州暴动二周年纪念宣传大纲》。大纲分六个方面：1. 广州暴动有伟大的国际和历史的意义；2. 广州暴动开辟了中国革命的新阶段；3. 广州暴动使中国共产党成为中国人民的领袖；4. 中国工农兵贫民永远不会忘记广州苏维埃政府的政纲；5. 广州起义给予我们许多宝贵的斗争经验；6. 广州暴动是中国工农兵革命大暴动的预演。这个宣传大纲一方面扩展了以前对广州起义意义的阐述，一方面以从广州起义失败的教训中"学习"的表述，代替了以前明确提出起义的缺点和不足。

1930年10月28日，中共中央以"为发动全国的反抗帝国主义国民党军阀进攻红军苏维埃区域运动，以纪念十月革命和广州暴动"为主题，发出通告第九十二号，要求各地："从十月革命节起，调动全国群众，一致起来举行不断的示威和反抗，一直发动到广暴纪念日举行全国的总示威。"中央在通告中还提出，当前最中心的任务是调动全国劳动群众和红军，这样"不但可以使敌人进攻的企图受到严重的打击，而且一定可以扩大革命战争，更加动摇帝国主义国民党的统治，确立一省几省首先胜利的阵地，开辟革命总进攻的局面"[①]。

## 二、共产国际对广州起义的评价

广州起义既有共产国际代表坐镇指挥，更有苏联驻广州领事馆数人遇害。在中国共产党人对广州起义的评价问题进行争论的同时，共产国际内部也对起义进行了反思和评价。由于政治局势的影响，共产国际对广州起义的评价，前后也发生了明显的变化。

---

① 中央档案馆编：《中共中央文件选集》第6辑（1930），中共中央党校出版社1989年版，第469—470页。

## （一）反思广州起义的失误

以共产国际执委会委员、红色工会国际总书记洛佐夫斯基为代表的一批人认为，广州起义是在条件并不成熟的情况下采取的盲动和冒险行动。他们提出，广州起义的社会基础不够广泛，取胜的条件不够成熟，革命和反革命军事力量的对比不利于起义，起义的时机选择不当。洛佐夫斯基还特意指出，广州起义时没有考虑到列宁关于如何组织和在什么样的条件下组织起义的忠告。列宁这样论述："起义要获得胜利，就不应当依靠密谋，也不是靠一个党，而是靠先进的阶级。此其一。起义应当依靠人民的革命高潮。此其二。起义应当依靠革命进程中的转折点，即人民先进队伍中的积极性表现得最高，敌人队伍中以及较弱的、三心二意的、不坚定的革命朋友队伍中的动摇表现得最厉害的时机。此其三。在这三个条件下提出起义问题，正是马克思主义和布朗基主义不同的地方。"[1] 而广州起义在发动时，实际上并不完全具备这三个条件。因此，洛佐夫斯基认为，中国共产党存在着盲动主义倾向，他担心"盲动主义会造成党和群众之间的裂缝。只要这种裂缝一形成，那么它就会自动地发展和扩大。"[2]

共产国际领导人布哈林也是从总结教训的方面来评价广州起义的。1928年1月31日，布哈林在共产国际执委会讨论中国问题的会议上，针对纽曼认为广州起义的失败只是由于军事技术上的原因，指出纽曼的说法是不正确的。他认为，"没有足够广泛

---

[1] 列宁：《马克思主义与起义〈给俄国社会民主工党中央委员会的信〉》，《列宁全集》第 2 卷，人民出版社 1984 年版，第 235—236 页。

[2] 《洛佐夫斯基给米特凯维奇和琼森的信》，中共中央党史研究室第一研究部译：《共产国际、联共（布）与中国革命档案资料丛书》第 7 辑：《联共（布）、共产国际与中国苏维埃运动》（1927—1931），中央文献出版社 2002 年版，第 198 页。

的社会基础来举行胜利的暴动"才是根本原因。他说:"在未做一些准备工作之前,我们本应等一等再举行暴动。"他总结广州起义的经验教训是"必须加强党在群众中的工作,工会工作,说服群众的工作",并提出"要同恐怖主义和盲动主义作斗争"。[1]这也说明,布哈林也认为广州起义存在着盲动主义的成分。

在上述认识的影响下,1928年2月25日,共产国际执委会第九次会议在肯定"广州暴动是中国无产阶级建立苏维埃政权之英勇的尝试,对于工农革命的发展有极大的作用"的前提下,批评指导机关的错误是"工农之中预备的工作不充分,敌人军队之中的工作也不充分,对于黄色工会会员的态度不正确,党部及青年团本身的准备不充分"等等。在总结广州起义教训的基础上,共产国际执委会提出,"必须坚决的反对工人阶级某种成分之中的盲动主义,反对无准备无组织的城市与乡村中的发动暴动,反对玩弄暴动";党的当前任务之一是"反对'左倾的高调'('先锋主义',组织'新共产党'的论调,恐怖主义,盲动主义,强迫罢工等等)"。[2]可以说,在这一阶段,共产国际对广州起义的看法,是以寻找失败原因、总结经验教训为主。

### (二)树其为"苏维埃阶段的一面旗帜"

1928年6月9日,斯大林在会见参加六大的瞿秋白、周恩来、苏兆征、李立三、向忠发等中共领导人时,数次提到广州起义。在谈到"农民武装暴动"问题时,斯大林说:"广州暴动是革命临

---

[1] 中共中央党史研究室第一研究部译:《共产国际、联共(布)与中国革命档案资料丛书》第7辑:《联共(布)、共产国际与中国苏维埃运动》(1927—1931),中央文献出版社2002年版,第238、第242页。

[2] 中央档案馆编:《中共中央文件选集》第4辑(1928),中共中央党校出版社1989年版,第760—761页。

时退后的一个动作,现在准备一个高潮。"在回顾中国革命的历程时,他说:"南京事件起,革命渐渐低落,(不久)到叶贺,他们是一个反抗的尝试,广州也是一个尝试。""广州暴动引起了全国的同情。1871年、1905年和1917年7月都唤起了工农群众的同情。……虽然暂时取得了胜利,但终究还是失败了。"

在谈到如何认识中国革命的形势时,斯大林比较全面地表达了对广州起义的评价。他说:"广州暴动是不是盲动主义?不是!盲动主义是幻想出人工造成的军事阴谋,广州暴动则不是。广州暴动的结论是,中国党和工人阶级想巩固革命地位的英勇的企图。他们向国内外作一次公开的反抗。一方面是想巩固自己的革命势力,另外开展了一个新的革命斗争的局面。这个企图结果是失败了。当暴动者去暴动时,一定要想是可以战胜敌人的,故他们可以说,这是新的革命高涨的开始。但在客观上只是工人阶级在过去高潮中的最后一次斗争——回光返照的企图,故遭到失败了。假如我们如此说,是否减轻了广州暴动的意义?1871年的巴黎公社和1905年的十二月暴动也是一个最后的企图?中国工人阶级最后的英勇企图,虽未展开新的革命高潮,但给了一个苏维埃形势的信号,指出了以后新的高潮来时的新阶段,这仅是信号,不是已经开展了这个高潮。"[①]

总之,斯大林认为:广州起义不是盲动主义;广州起义是革命高潮结束前的最后一次斗争;广州起义是预示苏维埃新阶段的信号,但不是苏维埃运动的开始。

1928年7月至8月间,共产国际第六次代表大会召开。会上,

---

① 《周恩来对斯大林同瞿秋白和中共其他领导人会见情况的记录》(1928年6月9日),中共中央党史研究室、中央档案馆编:《中国共产党第六次全国代表大会档案文献选编》上卷,中共党史出版社2015年版,第42—44页。

对于广州起义的评价成为中国革命有关问题中重要的问题之一。根据斯大林对广州起义的评价,与会代表普遍肯定广州起义的伟大意义,反对将广州起义与"盲动"一词联系起来。会议通过的《关于国际形势和共产国际的任务提纲》认为:"把广州起义看作盲动是完全错误的。广州起义是中国无产阶级在中国革命过去一个阶段所进行的英勇的后卫战,尽管领导犯了严重错误,但它终究是中国革命的新的、苏维埃阶段的一面旗帜"[①]。

共产国际六大之后,随着由斯大林发动的反对布哈林"右"倾的斗争愈来愈激烈,联共(布)和共产国际内部的"左"倾情绪也日益高涨,一些认为广州起义犯有盲动错误的人,被指责为"托洛茨基派"、"孟什维克",对广州起义的评价,在"左"倾思想的影响下愈来愈高。

1930年12月12日,苏联《真理报》以《纪念广州公社》为题,发表署名文章。文章针对托洛茨基等人认为广州起义犯了盲动错误的说法进行了驳斥,一方面坚持广州起义是"革命的新阶段即苏维埃阶段的旗帜",一方面认为广州起义是"中国无产阶级第一次作为独立的阶级,作为为争取建立苏维埃政权,反对资产阶级、封建主、军阀和外国帝国主义的联合力量的中国革命的领导者而行动"。文章也赞成共产国际执委会第九次全会指出的广州起义领导人的错误,但却将其原因归结为:一是广州起义前中国共产党很少吸收工人入党;二是"中共的思想家中有不少'左'倾的和右倾的机会主义者",他们一方面对无产阶级独立的领导作用估计不足,另一方面存在有"左

---

[①] 《关于国际形势和共产国际的任务提纲》,中国社会科学院近代史研究所翻译室编译:《共产国际有关中国革命的文献资料》(1919—1928)第1辑,中国社会科学出版社1981年版,第575—576页。

倾幼稚病"，对群众工作认识不足，对世界革命形势的成熟程度过分夸大。①

1931年12月，广州起义四周年时，《真理报》再次发文对广州起义大加赞扬，认为"公社是革命的新阶段，即苏维埃阶段的旗帜"，"广州起义极其鲜明地反映了作为中国革命的领导者工人阶级的作用，因为在这次起义中，正是无产阶级肩负起了把革命推向高级的苏维埃阶段的使命"，"现在的苏维埃运动是1927年广州公社的继续"②，等等。这样，在这种政治气氛下，对广州起义的评价越来越高，甚至一度让人忽略了南昌起义和秋收起义的作用。

对广州起义的不同评价，既反映了革命斗争实践的残酷和复杂，也说明当时中国共产党内以及与共产国际之间，对中国革命的一系列基本问题还没有统一的认识，不免站在各自立场，从不同角度，因时因地作出各自的分析和评判。

## 第二节 广州起义的历史影响

广州起义是中国共产党高举民主革命的旗帜，探索中国革命道路的一次伟大尝试，是中国革命历史上第一次在大城市建立工农兵人民政权的尝试，是中国共产党创建人民军队的重要组成部

---

① 中共中央党史研究室第一研究部编：《共产国际、联共（布）与中国革命档案资料丛书》第11辑：《共产国际、联共（布）与中国革命文献资料选辑》（1927—1931）（上），中央文献出版社2002年版，第31—33页。

② 约尔克：《纪念广州公社四周年》，中共中央党史研究室第一研究部编：《共产国际、联共（布）与中国革命档案资料丛书》第11辑：《共产国际、联共（布）与中国革命文献资料选辑》（1927—1931）（上），中央文献出版社2002年版，第36页，苏杭：《20世纪30年代前后中共和共产国际对广州起义的评价及我见》，《纪念广州起义80周年学术研讨会论文集》，广州出版社2008年版，第161页。

分；同时，广州起义也为中国共产党开辟新的革命道路，最终夺取全国革命的胜利，提供了宝贵的经验教训。

## 一、建立了第一个城市苏维埃政权

广州起义后建立的广州苏维埃政府，尽管只存在了短短三天时间，但它是大革命失败后中国共产党建立的第一个城市苏维埃政府，是一个完全新型的革命政权。其制定颁布的一些政策、纲领，为此后的政权建设提供了宝贵的经验和财富。

### （一）创建无产阶级性质的政权

1927年12月11日，在广州起义爆发几个小时后，广州苏维埃政府即宣告成立。这是中国共产党建立的第一个城市苏维埃政权，正如不久后中共中央决议案所说："暴动在苏维埃旗帜之下胜利了。……广州苏维埃便从无产阶级暴动的最高机关，变成革命政权的最高机关"，"这一暴动绝不是政权从一派政客之手移转别派，而是政权之阶级与社会的移转，这是全中国以及全亚洲第一次的伟大尝试：用被剥削者的政权代替剥削者的政权"；"城市中的苏维埃政权第一次出现于中国及整个殖民地的亚洲；被压迫及受列强帝国主义与国内反动势力双层剥削的民众，用自己的力量把压迫者及剥削者的统治推翻了，建设起自己的政权，这是世界历史上的第一次。"①

这个政权自然是无产阶级性质的政权，起义者在准备起义时就已树立了明确的目标，"推翻统治阶级的统治，夺取统治阶级的政权，而建立工农兵自己的政府——苏维埃"，提出"一切政

---

① 《广州暴动之意义与教训》（1928年1月3日中国共产党中央临时政治局会议通过的议决案），中央档案馆编：《广州起义》资料选辑，中共中央党校出版社1982年版，第197、第207—208页。

权归工农兵政府"的口号，并拟定这个政府"以工人九、农民三、兵士三、党三人组织之"。①在起义后发布的告民众书中，更是明确宣布"广州政权已被我们无产阶级夺取过来了"，号召"一切工人、农民、兵士应该选举出席苏维埃大会的代表，以便参加选举苏维埃政府委员"，再次申明"一切政权归工农兵代表会议（苏维埃）"。②之后组成的政府各个机构的成员，更是清一色的共产党员，也充分说明了这个政权的无产阶级性质。

苏维埃政府一成立，就根据工作需要设置机构和人员配备。设有主席和内务、军事、劳动、土地、外交、经济、司法、肃反等委员会。这样的设置，充分考虑到当时政权建设的紧迫性和军事斗争的严峻性。既有直接的军事机构——海陆军委员会、肃反委员会，保障军事斗争的顺利开展，同时土地、司法等都是围绕军事开展工作，为军事斗争提供保证。围绕一个中心设置机构、开展工作，也成为中国共产党政权建设的一条宝贵经验。比如镇压反革命，当时对新生的政权来说显得尤为重要。广州苏维埃对此作出了有益的探索。暴动前广东省委给中央的报告中拟定的行动政纲包括"消灭反革命派（杀工贼及缴敌人武装等），革命治安由政治警察维持"③，暴动发动以后，在第一次苏维埃大会上的决议和告民众书中更是对镇压反革命作出明确的指示："苏维埃宣布一切南京国民政府委员和一切张发奎省政府委员都是革命

---

① 《广州暴动前的准备》（1927年12月5日），中央档案馆编：《广州起义》资料选辑，中共中央党校出版社1982年版，第54、第63页。

② 《广州苏维埃政府告民众》（1927年12月11日），中央档案馆编：《广州起义》资料选辑，中共中央党校出版社1982年版，第68、第69、第70页。

③ 《中共广东省委报告》（1927年12月11日），中央档案馆编：《广州起义》资料选辑，中共中央党校出版社1982年版，第63页。

的叛徒，工农兵的仇敌"①，并列出名单，悬赏缉拿。在《苏维埃宣言》中也宣布："应该一点都不怜惜的消灭一切反革命，应该枪毙一切有一点反共产行动或宣传，或有反苏维埃的行动和宣传，及与帝国主义做反革命宣传的分子"②。为了从组织上保证镇压反革命的有效实施，成立了由杨殷任负责人的人民肃反委员会，加强对反革命的镇压，维护苏维埃政府的权威。

### （二）维护工农利益的政策措施

广州苏维埃政府成立后制定和颁布的各项政策法规，切实维护工农大众的利益，既充分体现这个政权的无产阶级性质，也具有一定的开创性意义，为此后中共进行根据地政权建设提供借鉴。

对于工人阶级，首先规定了工人的劳动时间，实行八小时工作制。当时广东运输工人每天工作时间为 10 小时，店员为 14 小时，手工业工人工作时间不定，粮食业工人工作时间为 12 小时，酒业工人工作时间为 13 小时。因此，规定劳动时间，实行八小时工作制成为工人阶级的共同愿望。

其次，对工人工资作了保障性规定。要求"一切工人都增加工资"。为防止资本家不能切实贯彻，还规定了"国家保证工资"，以国家的名义对工人进行保证，即使资本家因经营不善致使工资不能及时发放，也可以以国家财政进行适当的保障，发挥稳定社会的作用。

为了突出工人阶级的地位和作用，还规定"工人监督生产"，改变了过去工人处于被剥削者的地位，从制度上保证工人地位的

---

① 《广州苏维埃政府告民众》（1927 年 12 月 11 日），中央档案馆编：《广州起义》资料选辑，中共中央党校出版社 1982 年版，第 68 页。

② 《广州苏维埃宣言》（1927 年 12 月 11 日），中央档案馆编：《广州起义》资料选辑，中共中央党校出版社 1982 年版，第 66 页。

提高；在改变工人地位的同时，也鼓励资本家扩大生产，因而"工人监督生产"而不是工人"主导"或者"管理生产"，这就为发挥资本家的主动性提供了条件和保证，从而有利于经济的发展。此外，对失业工人也给予保障，广州苏维埃宣言强调"应该维持失业工人的生活，其需要若干，先由各自工会制定预算呈报苏维埃核发"。

广州苏维埃政府不仅保障工人的经济权利，也保障工人的组织和政治权利，规定"中华全国总工会系统之下的工会为唯一的工会组织"，"只有中华全国总工会与他所属的工会才有一切自由的行动，什么广东总工会、机器工会和什么国民党自称的革命工人联合会（其实是反革命的工会），应该即刻封闭。"[①]

广州苏维埃政权充分认识到农民的力量，为动员广大农民，在告民众书中号召"全广东农民即刻暴动起来，没收一切土地，杀尽地主富农，不交租，不纳税，不还债，烧尽一切田契和债约。"[②] 考虑到农民的要求，制定了以土地政策为核心的政治纲领，规定"一切土地收归国有，完全归农民耕种"，改变土地归地主所有的私人占有制和农民对封建地主的人身依附关系，土地收归国有以后再分配给农民耕种，而农民通过参与工农兵苏维埃的形式来实现自己的权利，使得农民成为国家的主人。为了革新农村的生产关系，解除套在农民身上的枷锁，还规定"销毁一切田契租约债券、消灭一切田界"，从根本上解放农民。为了巩固农民的地位，壮大农民的力量，广州苏维埃实施了"镇压地主豪绅"，并从组

---

[①] 《广州苏维埃宣言》（1927年12月11日），中央档案馆编：《广州起义》资料选辑，中共中央党校出版社1982年版，第66页。

[②] 《广州苏维埃政府告民众》（1927年12月11日），中央档案馆编：《广州起义》资料选辑，中共中央党校出版社1982年版，第69页。

织上保障农民的权利,即"各村各区立即成立工农民主政权"。这些政权建设的措施,在当时都具有开创性意义。

此外,为了改善社会底层的生存条件,广州苏维埃政权围绕居住、社会救济、社会负担等作出了一些规定,将资产阶级的房屋给劳动民众居住,没收大资本家的财产救济贫民,并取消他们的一切捐税、债务和利息,将原来收归当铺的贫民财产发还给贫民,等等。这些政策措施,对于新生的苏维埃政权获得广大民众的支持,无疑会有所帮助。

当然,在当时形势下,这些政策纲领总体而言并不是制定者经过深思熟虑和广泛讨论之后颁布的,有些还带有"左"的色彩,甚至有的仅仅体现在宣言口号中,只是规定了一些原则性内容,很多问题如土地如何分配、中小资本家如何改造等,并没有制定具体的实施细则或方法;加之广州苏维埃政权存在时间极短,这些政策纲领也没有来得及付诸实践。

## 二、举起了斧头镰刀标志的红旗

大革命失败后,中国共产党汲取教训,开始建立自己的军队,进行武装斗争。广州起义提出创建人民军队的任务,并进行了许多有益的尝试,为中国共产党建立革命军队作出了重要贡献。

### (一)中国共产党对于建设革命军队的认识过程

在无产阶级武装斗争中,革命军队的建设问题极为重要。马克思主义经典作家中,马克思和恩格斯提出了无产阶级暴力革命理论,而对革命军队建设进行系统论述的当属列宁。1905年7月,列宁即发表文章论述革命军队在武装斗争中的决定性作用:"革命军队是进行军事斗争和对人民群众实行军事领导以对付专制制度军事力量的残余所必需的。革命军队之所以必要,是因为只有靠暴力才能解决伟大的历史问题,而在现代斗争中,暴力组织就是军事组织。"①列宁认为构成革命军队有三种力量:武装的无产阶级和农民、这些阶级的代表组成的有组织的先进部队和愿意转到人民方面来的军队,而武装的无产阶级和农民在革命初期往往发挥着关键的作用。1916年,为了纠正"废除武装"的错误倾向,列宁发表《无产阶级革命的军事纲领》一文,在谈到武装工农的必要性时强调,不能忘记"我们是生活在阶级社会里",历史告诉我们,"在任何一个阶级社会里,不管它建立在奴隶制、农奴制或现在的雇佣奴隶制上,压迫阶级总是武装起来的。不仅现在的常备军,而且现在的民兵,连瑞士的民兵也不例外,都是资产阶级反对无产阶级的武装"。列宁因此认为,提出"废除武装"的要求,就等于完全放弃阶级斗争的观点,放弃一切革命的思想。被压迫阶级如果不努力学会掌握武器,获得武器,那它只配被人当作奴隶使唤。所以列宁郑重宣布:"武装无产阶级,以便战胜、剥夺资产阶级,并且解除其武装——这是革命阶级唯一可行的策略,这种策略是由资本主义军国主义的整个客观发展所准备、奠定和教给的。"②列宁同时也系统阐述了无产阶级在联合武装斗争中保持独立性和掌握领导权的原则,成为俄国武装斗争和军队建设的行动指南,指导俄国十月革命走向了胜利。

中国共产党从成立到国共合作开展国民大革命,由于经验不足,无法对中国国情有准确的把握,特别是深受共产国际的影响,难以把马列主义和十月革命经验同中国实际情况结合起来,缺乏

---

① 列宁:《革命军队和革命政府》,《列宁全集》第10卷,人民出版社1987年版,第318—319页。

② 列宁:《无产阶级革命的军事纲领》,《列宁全集》第28卷,人民出版社1991年版,第90页。

独立探索中国革命道路的条件,这就导致在探索武装斗争的问题上不可避免地出现偏差和失误。

中国共产党虽然一成立就确定武装斗争夺取政权的原则,但其武装斗争规划也是限于工农兵最后一次总的联合武装暴动。施存统在《我们要怎么样干社会革命?》一文中就提出,干社会革命最有效力的方法,就是让有觉悟的学生到无产阶级和兵士团体里作宣传,"等到无产阶级和兵士相信社会主义的多了,然后三者团结一致,利用机会,猛然干起社会革命来,把那个地方底政权夺在我们手中,凭借政权来建设社会主义经济组织"①。正是基于这样的认识,中国共产党早期才将主要精力投放在宣传、组织和动员广大人民群众上,并对孙中山及国民党的一些政治路线和军事路线提出质疑和批评,甚至还一度提出放弃组织广州政府的主张。在中国共产党人心目中,武装斗争只能是通过动员、宣传民众,最后以工农兵总的武装暴动形式夺取全国政权,任何通过政治妥协或依靠军队逐步打败对手的办法,都不能算是革命,而且必然带来腐败和对群众运动的反制。

五卅运动后,中国共产党认识到武装斗争已是不可避免的发展趋势,开始强调无产阶级政党应是"随时都须准备武装暴动的党",应积极参加武装斗争的工作。但在中国共产党内对武装斗争的方式又出现严重分歧,正如瞿秋白所说:有人主张革命的武装暴动,要等到有了"充分的武装准备"和"胜利的保障"之后才能进行,"这是'先宣传,再组织,然后武装暴动'的老公式

---

① 施存统:《我们要怎么样干社会革命?》,中国社会科学院现代史研究室、中国革命博物馆党史研究室选编:《"一大"前后》(一),人民出版社1980年版,第280页。

之新形式，而且更加死板了一层"①。

由此，中国共产党对于革命武装领导权的关键作用也缺乏足够的重视。国共合作实现后，不可避免带来革命领导权的问题。1925年中共四大通过的《对于民族革命运动之议决案》对此作了明确说明：无产阶级的加入赋予了中国民族革命运动新的意义，由于中国资产阶级富有妥协性，"最受压迫而最有集合力的无产阶级是最有革命性的阶级"，"因此中国的民族革命运动，必须最革命的无产阶级有力的参加，并且取得领导的地位，才能够得到胜利"②。但在如何实现领导权的问题上存在偏差和不足，没有明确提出对革命武装的争取和领导，更没有提出建立独立武装的设想，仅将其局限于对工农运动的领导，强调大力发展工农运动，建立巩固的独立的群众的阶级组织，使它在民族革命运动中"成为独立的政治势力"，以保障无产阶级在革命中的领导地位。即使五卅运动后，中国共产党强调加强军事工作亦是以一种参与的姿态，没有提出掌握革命武装及具体实施的方案，反而在蒋介石一次又一次的攻击下，逐渐放弃了对革命领导权的争取，试图以妥协让步和束缚工农运动等消极措施拉住即将叛变的同盟者。

需要指出的是，瞿秋白曾在国共合作后期分析了当时国内的形势和各阶级对北伐的态度，论述了无产阶级争取革命和武装领导权的重要性、必要性。他认为，广大农民在革命浪潮中为了自身利益，迫切要求武装自己投入革命中去，而资产阶级恰恰不能满足他们的要求，这足以证明无产阶级争取革命及其武装领导权

---

① 瞿秋白：《中国革命中之争论问题》，中共中央书记处编：《六大以前》，人民出版社1980年版，第692页。

② 中央档案馆编：《中共中央文件选集》第1辑（1921—1925），中共中央党校出版社1989年版，第333页。

是万分必要的。蒋介石发动四一二反革命政变后,瞿秋白在中共五大散发《中国革命中之争论问题》一文,将领导权与军权进一步结合起来,指出:以前我们党把无产阶级的革命领导权仅仅局限在民众运动上,现在必须清楚军队的领导权才是无产阶级与资产阶级争夺革命领导权的关键因素,无产阶级在赞助和参加被压迫阶级反抗官僚买办阶级的革命战争中,必须力求取得革命军队的领导权,"无产阶级与资产阶级互争其在革命军队中之影响,这是互争领袖权的斗争之很重要的一方面"。劳动平民决不能放任资产阶级永久地握住这些武力,应当争取这些武力,只有这样才能实现无产阶级专政。因此,"革命发展到现时阶段,工人阶级争取革命军队是尤其紧急而重要的责任了"。至于如何争取,他强调无产阶级"应当百倍于现今的进行革命军队中的政治工作,协同左派领导右派,去巩固革命势力于士兵群众之中;不但如此,还要和农民对于驻在地军队一样,使工人群众(不仅只是工会)与各城市驻在地军队兵士发生密切的关系,实行经常的有系统的群众政治宣传。"①

不过,瞿秋白的这些意见并没有在党内引起特别的注意和讨论,虽然后来党的五大也提出了改造现有的唐生智军队,并将工人纠察队定位为革命武装之一,但也没有制定具体措施,这些计划会后也没得到切实贯彻。除瞿秋白之外,共产国际曾在1927年5月底给中国共产党发出紧急指示,要求组建一支可靠的工农军队,蔡和森和毛泽东也先后提出进行工农独立武装斗争的想法。遗憾的是,这些意见没有被采纳。

---

① 瞿秋白:《中国革命中之争论问题》,中共中央书记处编:《六大以前》,人民出版社1980年版,第690、第715页。

正是中国共产党在整个大革命时期没有充分认识到革命武装领导权是革命领导权的关键，导致其在革命过程中没有积极争取革命武装，因而在蒋、汪先后反共后，革命力量遭到疯狂屠杀，损失惨重，留下了深刻的教训。

大革命失败后，面对国民党的恐怖政策，中国共产党别无选择，只有通过武力进行反击，"注意军事"和"建立武装"成为此时中国共产党领导革命工作的重心。八七会议系统检讨了以往对武装问题与军队之关系的认识，认为过去"中央始终没有认真想到武装工农的问题，没有想着武装工农的必要，没有想着造成真正革命的工农军队"。会议确定了实行土地革命和武装反抗国民党屠杀政策的总方针，决定在湘、鄂、粤、赣四省举行秋收起义。毛泽东在会上指出："从前我们骂中山专做军事运动，我们则恰恰相反，不做军事运动专做民众运动"，并提出"以后要非常注意军事。须知政权是由枪杆子中取得的。"[1] 在之后关于湖南秋收起义的讨论中，毛泽东再次提出："我们党从前的错误，就是忽略了军事，现在应以百分之六十的精力注意军事运动，实行在枪杆上夺取政权，建设政权。"[2]

### （二）红军的创立与建设

广州起义明确提出建立红军问题，第一次使用"红军"称号，改用斧头镰刀为标志的红旗，在中国共产党创建人民军队的历史上，占有重要的地位。正如后来毛泽东所说："革命失败，得了

---

[1] 毛泽东：《在中央紧急会议上的发言》（1927年8月7日），中共中央文献研究室、中国人民解放军军事科学院编：《毛泽东军事文集》第1卷，军事科学出版社、中央文献出版社1993年版，第2页。

[2] 毛泽东：《湖南民众组织更需要武装》（1927年8月9日），中共中央文献研究室、中国人民解放军军事科学院编：《毛泽东军事文集》第1卷，军事科学出版社、中央文献出版社1993年版，第7页。

惨痛的教训，于是有了南昌起义、秋收起义和广州起义，进入了创造红军的新时期。"①

1927年10月15日，中共广东省委在准备广州起义时决定，废除国民革命军名义，党领导的革命武装"一律改称工农革命军"，"一律废除青天白日旗，改用红旗，以斧、镰为标志，与国际旗同"②。这是见诸正式文件的关于党领导的革命军队旗帜式样的最早记载。12月8日，中共广东省委向中央汇报广州起义的准备工作，着重介绍争取军队的情况："张、李军阀的混战使军阀势力在广州动摇，广州所遗两团（教导团、警卫团），教导团一千余枪，完全受我们的指导；警卫团团长是我们的，至少可以使该团不致反对我们。……我们的力量：教导团一团警卫队，已有两千五百，可望扩充至三千以上；警卫团两营是旧的，无同志，一营是我们的，惜枪不足，但可用团长的地位帮助解决那两营，那两营将就地分散。"③12月11日起义爆发前夕，广东省委在给中央的报告中进一步明确提出"组织红军"，并说明"预备教导团补充成一师，赤卫队一师，海陆丰一师，共三师"④，这是广州起义的主体军事力量。起义爆发以后，在广州苏维埃政府第一次会议上，正式决定组建红军。在发布的苏维埃宣言中将"组织工农红军"列为重要的政纲之一，宣布："苏维埃的武力组织三军，

---

① 毛泽东：《战争和战略问题》（1938年11月6日），《毛泽东选集》第2卷，人民出版社1991年版，第548页。

② 《中共广东省委通告第十四号——关于最近工作纲领》（1927年10月15日南方局、省委联席会议通过），中共中央党史资料征集委员会等编：《广州起义》，中共党史资料出版社1988年版，第66页。

③ 《中共广东省委关于目前暴动工作的准备情形给中央的报告》（1928年12月8日），中共中央党史资料征集委员会等编：《广州起义》，中共党史资料出版社1988年版，第108页。

④ 《中共广东省委报告》（1927年12月11日），中央档案馆编：《广州起义》资料选辑，中共中央党校出版社1982年版，第63—64页。

第一军由赤卫队扩大组织而成,第二军是海陆丰的农民赤卫军,第三军是以教导团作中心,加上许多走到工农方面革命的军士组织而成",号召"为保护苏维埃政权,一切工人、农民、兵士及下级革命军官应该到红军中去反抗帝国主义、军阀及反革命派。在最近几天至少应该组织五万红军!"动员"广州工人们即刻来广州市各处红军征募处登记"。

《广州苏维埃宣言》同时阐明了红军的性质和任务:"红军不是军阀的军队,是志愿的革命军队。红军不是为军阀的腰包奋斗的,是为给米与工人吃,给土地与农民耕,解放一切被压迫阶级及给帝国主义与一切反革命的死亡而奋斗的。"[1]向世人昭告,人民军队不是军阀的雇佣军队,不是为军阀奋斗的,而是为工人、农民和全民族利益而奋斗的。这样,使起义武装一开始就明确了建军的方向和建军的宗旨,划清了同旧式军队的根本界限。同时,起义武装取消了雇佣军队的制度,实行志愿兵制,并且对起义武装进行了纪律教育,使之军纪严明。这些都充分显示了起义武装跟旧军队截然不同。由于起义军一开始就明确了为人民利益奋斗的宗旨,因此他们在起义中勇往直前,英勇杀敌,能够得到人民群众的衷心拥护。

广州起义的领导者还在工人中进行了组织军事武装的尝试。广州起义总指挥部派出周文雍负责组织工人武装,把原来以行业为单位分散组织的"工人自救队"、"剑仔队"和"省港罢工工人利益维持队"等工人秘密组织,统一改编为工人赤卫队,共七个联队,此外还有直属汽车队等,约三千人,并选派懂得军事的

---

[1] 《广州苏维埃宣言》(1927年12月11日),中央档案馆编:《广州起义》资料选辑,中共中央党校出版社1982年版,第65—66页。

同志担任赤卫队的联队指挥员。同时，还在农民中组织了农军。中共广东省委对海陆丰农民自卫军进行改编，并在广州郊区组织了"广州市郊工农赤卫队"、"南海县农民赤卫军"直接参加广州起义。广州起义领导者在农民中组织革命武装的主要办法，就是组织秘密的农民训练班，宣传土地革命，号召农民为推翻封建剥削制度而斗争。为提高战斗能力，各个联队秘密进行军事训练，教官到工人家里讲解城市暴动的特点和常识，进行必要的军事战术素养的培训，提高赤卫队的作战能力和战术素养，使赤卫队成为具有一定政治觉悟和战斗力的起义武装。

在创建人民军队的过程中，起义军的政治工作制度也逐步建立起来，对于加强党对军队的领导，鼓舞起义军的士气，提高部队的战斗力等发挥了重要作用，并为后来人民军队的政治工作建设提供了许多经验。首先，在起义军中建立各级党组织和设立党代表制度。1927年11月17日，中央常委会通过的《广东工作计划决议案》明确要求"建立军队中之支部"，"军队编制须依照红军的编制，自上至下设党代表"[①]，这就从组织上保证了思想政治工作的顺利进行，保证了党的意志能够迅速地传达到每一名士兵，也加强了党对军队的领导。第四军教导团是广州起义武装的主力之一，中共广东省委在发动该团起义过程中，在教导团内健全和发展党组织，建立了党委，营连成立了党支部和党小组。党组织经常开展活动，保证了党的指示能及时地在教导团中贯彻，使起义发动工作顺利开展。组织工人赤卫队时，广东省委为了加强党的领导，在赤卫队的联队、大队、中队中设立党代表制度，

---

[①] 《广东工作计划决议案》（1927年11月17日中共中央常委通过），中央档案馆编：《广州起义》资料选辑，中共中央党校出版社1982年版，第26、第28页。

经常开展政治思想教育工作。其次,在起义队伍中进行宣传鼓动和教育工作。除了出版革命刊物,进行宣传鼓动外,广州起义领导人经常深入起义武装中去做动员。11月28日和12月4日,张太雷出席教导团秘密召开的党小组长联席会议和全体党员大会,对广州起义的目的、意义作了说明,鼓励广大的官兵认清形势,明确立场,为建立工农兵苏维埃而努力奋斗。起义前夕,张太雷、叶挺、恽代英等来到教导团驻地进行动员,极大地鼓舞了参加起义官兵的斗志。再次,在军队建设中,确立官兵平等的原则,建设新型军队。官兵享有平等权利,起义领导者不论职位多高,都以普通一兵的姿态出现。在生活上官兵同甘共苦。起义武装占领广州期间,从士兵到最高领导,都没有支饷,而只领取革命军事委员会所征发资本家的各种物品和粮食。其中由撤出广州的起义部队在转移途中建立的红四师,领导人是经过民主推选产生的,官兵平等,薪饷一致,从师长到士兵,都亲如手足,团结互助。

广州起义失败后,部分起义部队撤出广州奔向农村,他们后来成为各地创建工农红军和革命根据地的骨干。向东转移的武装队伍一千二百多人到达花县县城后,改编为中国工农红军第四师,后转移到海陆丰,与南昌起义余部编成的工农红军第二师会师,加强了海陆丰的革命力量,扩大了海陆丰革命根据地。向西撤退的起义武装转移到广西,在思林、恩隆、东兰、凤山等地开展农村游击战争,参加了邓小平、张云逸、韦拔群、雷经天等领导的百色起义,其中许多人成为红七军、红八军的骨干力量。向北撤退的广州起义队伍二百多人冲破国民党军队的围困和截击,到达北江,在粤北与朱德、陈毅率领的南昌起义部队会合后,参加了湘南暴动,随后上了井冈山,与毛泽东领导的秋收起义部队会师,成立了中国工农红军第四军。此外,还有一些起义者转移到东江、琼崖、鄂豫皖等地参加武装斗争。参加广州起义的叶挺、叶剑英、聂荣臻、徐向前等，都为后来的中国革命作出了卓越贡献，成为杰出的军事家。

广州起义武装在转移途中环境险恶，困难重重，起义武装领导人遵照广东省委的指示，加强对军队的政治宣传，使广大士兵认识到：自己是为土地革命而去当兵，而不是为粮饷勉强当兵；只有共产党领导，才能取得中国革命的胜利。从而激发广大官兵的革命斗志，继续坚持革命斗争。

### 三、积累了开辟革命新道路的经验教训

广州起义在中国革命史、中国共产党史及人民军队创建史上的伟大意义，已早有公论。而这次起义留给后世的宝贵财富中，自然也包括起义过程中出现的失误乃至错误，它为中国共产党人及时调整革命路线、改变发展方向、开辟革命新道路提供了可资借鉴的经验教训，这是起义者用鲜血和生命换来的，弥足珍贵。

#### （一）正确判断革命形势

关于广州起义失败的原因，党史学界长期以来做了大量研究。一般认为，起义失败客观上是由于帝国主义的武装干涉和国内敌人的强大，主观原因是在起义后，没有主动及时地向农村发展，与海丰、陆丰农民运动相结合，建立农村根据地，开展以土地革命为中心内容的游击战争，以及起义准备工作的不充分等。事实上，起义失败后中国共产党内对失败原因也有多次总结，有的前已述及。如1928年1月3日，中共中央临时政治局会议通过《广州暴动之意义与教训》的议决案，认为广州苏维埃政权失败的原因是：反动军队的数量很多；赤军大多数是工农，在军事上没有经验；各派军阀在暴动后，立刻联合起来拼命反扑；帝国主义列

强用尽各种办法,帮助军阀进行武力镇压等[1]。同年7月中共六大通过的《政治议决案》,在总结过去革命失败的客观原因时,归纳为帝国主义的力量强大、民族资产阶级背叛革命联合战线、地主资产阶级军队数量上的优势、工农革命运动发展的不平衡、小资产阶级的动摇等五点[2]。对于这些造成起义失败的客观原因,当时党内尚能大体达成共识。而至于主观原因,因涉及如何评价这次起义,加之受共产国际影响,一度产生很大分歧,如前述广东省委与中央临时政治局之间的激烈争论。了解广州起义失败的主观原因,更有利于总结这次起义的经验教训。事实证明,中国共产党正是通过不断总结经验,汲取教训,校正前进方向,才最终找到农村包围城市、武装夺取政权的正确道路。

广州起义失败的主观原因之一,是大革命失败后中国共产党人对革命形势的错误估计,认为革命形势不是处于低潮,而是正处在"高潮中",直接导致广东省委在广州起义决策时对起义时机的乐观估计,这为起义的失败埋下伏笔。

对革命形势的估计出现偏差,在八七会议上就已露出端倪。八七会议在党内混乱的状况下,制定了新的策略路线,整顿了党和革命的队伍,对领导人民坚持革命斗争起了重要作用。但会议也存在着缺点和错误,在反对右倾错误的同时,也为"左"倾错误开辟了道路。在革命性质这个基本问题上,会议认为:"现在仍是资产阶级德谟克拉西革命,但由民权革命的发展中而发展的

---

[1] 《广州暴动之意义与教训》(1928年1月3日中国共产党中央临时政治局会议通过的议决案),中央档案馆编:《广州起义》资料选辑,中共中央党校出版社1982年版,第202页。

[2] 《政治议决案》(1928年7月9日),中共中央党史研究室、中央档案馆编:《中国共产党第六次全国代表大会档案文献选编》下卷,中共党史出版社2015年版,第856—857页。

阶级冲突仍未消灭。"而中国资产阶级民权革命之完成，"必须实现于反对已成反革命的资产阶级之斗争之中"。[①] 事实上，由于蒋、汪相继反共，对共产党人和革命群众实行血腥的屠杀政策，革命力量遭到严重损失。会议并未认识到当时革命形势已是低潮，反而认为依然在"高涨中"，因此在农民运动问题上，认为"虽农民革命运动有暂时的失败与紊乱，但在最近期间不仅客观上有提高的可能，而且这种重新高涨是不可免的"。在工人运动问题上认为"工人阶级应时刻准备能领导并参加武装暴动，以乡村农民之胜利为依据推翻反革命政权，而建立革命平民的民权的城市政府"，因而没有根据各地区的革命和反革命的力量对比，来组织正确的进攻和必要的策略上的退却，以保存革命阵地和收集革命力量，反而容许和助长了冒险主义和命令主义的倾向。

这种"左"倾情绪，到1927年11月于上海召开的中共中央临时政治局扩大会议进一步发展。会议指出："现时全中国的状况是直接革命的形势；中央临时政治局扩大会议的这一观察，并不带着'革命在最短期间必定完全胜利'的幻想。中国的客观情形是如此；直接革命的形势之时期，并非几个星期或几个月的事，而是好几年的事。中国革命带着长期的性质，但是是无间断的性质。中国革命是马克思所称为'无间断的革命'……在现今这种反动局面之下，群众的革命斗争终于重新爆发；如果对于这种情形估量太少，那就是不可救药不能轻恕的错误。"[②] 会议认为当前的革命形势，是发动广大工人、农民组织暴动，以达到无间断

---

[①]《中共"八七"会议告全党党员书》，《中共党史教学参考资料》（一），人民出版社1979年版，第90页。

[②]《中国现状与共产党的任务决议案》，中央档案馆编：《中共中央文件选集》第3辑（1927），中共中央党校出版社1989年版，第336页。

革命之目的。至此，"左"倾错误一度在党的领导机关取得主导地位。1928年中共六大决议案对这次会议错误估计革命形势也提出批评，称其对中国革命的估量，不正确地采用了"不断革命"的名词，"于是解释革命是不断高涨之可能，就可以发生由此而得到不正确的策略"①。

  这种思潮自然直接影响广州起义领导者对革命形势的判断和起义时机的选择。正如周恩来所说："中国党在策略的运用上所犯的错误是：在革命处于高潮应当进攻的时候，不善于进攻，如在武汉时期；在革命处于低潮应当退却的时候，不善于退却，如在广州起义时期"②。广州起义前，广东省委的"最近工作纲领"承袭了八七会议以来中共中央对革命形势高潮的估计，指出："中央及广东省委为什么决定发动广东暴动？这完全是根据广东工农群众的伟大力量与剧烈斗争，以及广东封建资产阶级之不能稳定而自行崩溃之实际状况"，"省委认为广东土地革命运动仍是高涨，暴动计划仍应该继续实现，现在的暴动还不应该停止，而应努力扩大"③。之后中央通过的《广东工作计划决议案》中，再次强调："目前广东的局面正是工农进攻的一个好机会，广东省委应全体动员进行这个运动"④。对革命形势过于乐观的估计，自然会导致在行动中出现盲动主义和冒险主义的倾向，难以正确把握起义

---

① 《政治议决案》（1928年7月9日），中共中央党史研究室、中央档案馆编：《中国共产党第六次全国代表大会档案文献选编》下卷，中共党史出版社2015年版，第858页。

② 周恩来：《关于党的"六大"的研究》（1944年3月3日、4日），《周恩来选集》上卷，人民出版社1980年版，第174—175页。

③ 《中共广东省委通告第十四号——最近工作纲领》（1927年10月15日南方局、省委联席会议通过），中央档案馆编：《广州起义》资料选辑，中共中央党校出版社1982年版，第15—16页。

④ 《广东工作计划决议案》（1927年11月17日中共中央常委通过），中央档案馆编：《广州起义》资料选辑，中共中央党校出版社1982年版，第24—25页。

的时机，起义后也处理不好进攻与撤退的关系。就当时客观形势而言，抓住张发奎军队调动之机，发动起义打敌人一个措手不及，未尝不可，但面对优势敌人反攻时，应当机立断，组织有序撤退。就如周恩来所分析："要起义是可能的，但坚守不容易"①。广州起义当晚，叶挺就提议立即将部队撤出广州，拉到海陆丰，同农民运动结合，避免不必要的损失，但共产国际代表纽曼固执地认为只能以城市为中心，而且必须"进攻进攻再进攻"，退却就是"动摇"，是想去当"土匪"。这一错误策略，导致革命队伍损失惨重，最后只有少量部队撤退到农村。

### （二）寻找适合中国国情的革命新道路

广州起义"以城市为中心"发动工人暴动的革命策略，教条地理解和照搬了苏联革命经验，对中国社会和中国革命特点缺乏具体分析，导致广州起义在占领广州后，未能及时组织战略退却以保存实力。广州起义就是早期共产党人用苏维埃的形式对工农武装割据的伟大探索，这种"以城市为中心"的革命思维直接来源于八七会议对如何贯彻武装起义和土地革命总路线的教条规定。这种照搬苏联革命经验的做法，一方面是当时中国共产党自身缺乏民主革命经验的表现，另一方面也源于共产国际对中国革命的教条指导。

这种理论认识和革命实践的矛盾集中反映在广州起义领导层革命策略的考量上，在广州起义的工作计划中就明确指出："广州市工人应站在阶级利益上，自主的公开各地革命工会组织，召集产业的、职业的、地域的工人代表会议（苏维埃制度之开始），

---

① 周恩来：《关于党的"六大"的研究》（1944年3月3日、4日），《周恩来选集》上卷，人民出版社1980年版，第174页。

开始一切斗争，实现各项要求……直到形成全市的政治的总同盟罢工，以夺取政权。"[①]建立工农兵苏维埃政权，并以广州起义带动广东全省的工农暴动，这种设想就带有一省实现革命胜利，然后带动全国革命形势的俄国经验的明显印记。正如叶剑英后来所说："广州起义留下的教训是多方面的，其中主要的一条是：无产阶级必须同农民建立牢固的联盟，才能赢得革命的胜利。南昌起义失败后，大革命失败的形势已经确定了，革命开始转入低潮。在此形势下，革命最迫切的任务不可能是马上夺取反革命势力强大的城市，而是如何保存力量，把它转入反革命势力薄弱的农村，组织、发动广大农民进行游击战争，建立和发展农村根据地，并依靠农村包围城市，采取波浪式推进的方式，最后夺取城市，取得革命胜利。""如果当时我们不留恋城市，在起义之后主动地迅速向农村转移，与当时正蓬勃发展着的海陆丰农民运动相结合，建立农村根据地，开展以土地革命为中心内容的游击战争，那么，起义将会取得很好的结果"。[②]

因此，这里就涉及另一个问题，即坚持"以城市为中心"，在革命力量的判断上，党内就出现认为革命主体是工人阶级，只有组织广大工人的大暴动才能实现一省或者几省首先革命胜利的认识偏差，忽视占中国人口绝大多数的农民群体的革命主体地位，对资产阶级的两面性也缺乏合理分析，因而在广州起义的过程中过分依赖工人的战斗力，而非有效地组织并实现农民运动与武装起义的有机结合。一定程度上，广州起义就是这种思想的一次实

---

[①] 《广东工作计划决议案》（1927年11月17日中共中央常委通过），中央档案馆编：《广州起义》资料选辑，中共中央党校出版社1982年版，第23页。

[②] 《叶剑英回忆广州起义》，中共中央党史资料征集委员会等编：《广州起义》，中共党史资料出版社1988年版，第399页。

## 第六章 广州起义的历史地位

践。起义领导人张太雷曾就起义计划致信中央，信中写道："广州工人必须起来保卫广州，以抗拒李济深重入广州，建立其反动政权。……广州工人只有自己起来夺取广州政权方有出路"[1]。虽然广州起义多次把农民暴动作为工人暴动的重要补充，提出"暴动必须是农民群众的大爆发，而不是少数农军或土匪的行动"[2]，认为"为要保卫广州之胜利，则须各地农民群众暴动起来，才有把握。特别是海陆丰暴动必须向惠州之南部平山、淡水发展，直趋广九路与东莞、宝安之农民联合，以保护广州之暴动胜利"[3]。不过依然没有跳出以城市为中心的思维模式，没有提出具体的武装农民的军事计划，还是强调依靠工人发动广州暴动，这在广东省委呈中央的报告中得到充分体现："目前估计我们的力量：在工人群众方面，已经召集过各种代表大会，煽动他们起来总同盟罢工，作夺取政权之暴动，现在主要如海员、油业、手车夫等是有把握的……至武装方面，工人赤卫队已有三千人之组织，发展仍是可以，教导团差不多全数可以指挥，警卫团亦有二百余，工人赤卫队枪亦很少；至于敌人军队里之宣传工作，仍做得不尚好；市郊农民方面已派得有同志去，如果广州暴动起来，是可以随之而起的。"[4] 可见在革命力量的判断上依然受八七会议以来对工人作用过分强调的影响，没有很好处理工人暴动与农民运动的结

---

[1]《张太雷的信——决定准备夺取广州政权》（1927年11月28日），中央档案馆编：《广州起义》资料选辑，中共中央党校出版社1982年版，第34页。

[2]《中共广东省委通告第二十五号》（1927年11月25日），中央档案馆编：《广州起义》资料选辑，中共中央党校出版社1982年版，第30页。

[3]《中共广东省委报告》（1927年12月11日），中央档案馆编：《广州起义》资料选辑，中共中央党校出版社1982年版，第62—63页。

[4]《中共广东省委报告》（1927年12月11日），中央档案馆编：《广州起义》资料选辑，中共中央党校出版社1982年版，第62—63页。

合。担任广州起义军事指挥部总指挥和工农红军总司令的叶挺,在六大期间所写的有关广州起义的材料中,总结了七条起义的缺点和教训,其中包括:"在这次暴动中参加的工农群众并不广大,两次群众大会成绩并不甚佳";"广州市区的暴动不能与三条铁路暴动同时动作,除石围塘等三车站为农民占领外,粤汉路还能为反动势力所利用,如打电话运兵由韶关至江村。佛山的暴动在广州失败才开始"①等,反映出广大农民并没有被广泛发动、外围地区未能和广州采取同步行动等问题。对于这一教训,中共中央在纪念广州起义一周年时,仍然痛心疾首,进行深刻反思:"广州附近以及各地的农民没有能够很普遍的同时起来,援助广州的工人群众,因而不能够截断敌人的援兵,扰乱反革命的后方,解除反革命军队的武装;所以反革命军队能够很快的集中来包围我们。这就是教训我们,武装暴动,工人与农民,乡村与城市,都必须有很好的配合,有很密切的联系,造成一个总的暴动才能制敌人的死命!"②

中国革命正是通过不断总结经验教训,寻找正确发展方向,进而走上胜利之路的。事实上,在广州起义失败后不久,李立三即在代表省委给中共中央的报告中提出,应"先从农运较有基础的地方发动暴动,造成一县或数县割据的局面,形成包围广州的形势"③,较早提出了"农村包围城市"的战略思想。接着,广东省委全体会议制定并通过的《目前党的任务及工作方针决议案》

---

① 叶挺:《关于广州暴动的经过情形》,中共中央党史研究室、中央档案馆编:《中国共产党第六次全国代表大会档案文献选编》下卷,中共党史出版社2015年版,第830页。
② 《中国共产党对广州暴动纪念宣言》(1928年12月11日),中央档案馆编:《广州起义》资料选辑,中共中央党校出版社1982年版,第337页。
③ 《李立三关于广州起义失败后的任务向中共中央的报告》(1927年12月28日),中央档案馆编:《广州起义》资料选辑,中共中央党校出版社1982年版,第154页。

更将这个战略思想具体化。决议案指出:"要马上在广州举行一次暴动,来夺取全省的政权。这不但在客观上是暂时不可能,而且在各地的暴动没有广大的发展以前,遽然在全省政权中心的广州暴动很难维持长久的胜利"。省委确定党在当前的主要任务就是"从乡村直到城市,从局部的割据直到夺取全省的政权";主要策略是"在东江、西江、北江、南路都造成一县至数县的割据局面,形成包围广州的形势"。① 为了实现这一战略目标,广东省委还确定了各地区的具体措施。在这一方针指导下,各地相继建立了一批苏维埃政权,中共党组织和工农武装迅速发展壮大。特别是在琼崖和东江地区,建立了拥有相当力量的工农红军,从而直接推动了琼崖和东江两个革命根据地的创建。可以说,中共广东党组织正是总结了正反两方面的经验教训,认识到仅仅依靠城市起义难以取得革命胜利,决定把工作重心转移到农村,领导农民武装起义,提出以"农村割据""包围广州"进而夺取政权的战略设想,为寻找中国革命的新道路进行了可贵的探索,对农村包围城市的正确道路的最终形成作出了重要贡献。这也是广州起义在中国革命史上书写的光辉篇章。

---

① 《中共广东省委关于目前党的任务及工作方针决议案》(1928年1月5日),《广东区党、团研究史料》(1927—1934),广东人民出版社1986年版,第94页。

# 结语：广州起义精神感召后人

广州起义短短三天便告失败，大量共产党人和革命群众惨遭杀害，广州苏维埃政府仅仅存在了57[①]小时。但是，正如中共中央所说："广州暴动决不因他的失败而减少他的价值"[②]。这次起义所体现出的革命精神，将与世长存，感召后人。

## （一）不忘初心，坚持理想

广州起义是在异常险恶的条件下发动的。1927年，正当北伐战争取得节节胜利之时，国民党右派公开背叛革命，屠杀共产党人和革命群众，中国共产党及其领导的革命力量在突然袭击下遭到惨重的损失，轰轰烈烈的大革命遭到失败。大革命发起地的广州同样血雨腥风，4月15日，广州军阀继蒋介石之后叛变革命，实行全面"清党"，大肆捕杀共产党员和革命分子，短短几天之内，二千多人被捕，一百多人被秘密杀害，著名的共产党人萧楚女、刘尔崧、邓培、熊雄等英勇牺牲。

但是，正如毛泽东所说，"面对白色恐怖，共产党人没有被吓倒、被征服、被杀绝，他们从地下爬起来，揩干净身上的血迹，

---

① 《广州工人代表大会报告》（1928年1月），中共中央党史资料征集委员会等编：《广州起义》，中共党史资料出版社1988年版，第245页。

② 《中共中央关于广州暴动宣传大纲》（1928年11月15日），中央档案馆编：《广州起义》资料选辑，中共中央党校出版社1982年版，第311页。

掩埋好同伴的尸首，继续战斗，先后举行了南昌起义和秋收起义，向国民党反动派发起英勇反击"。具有光荣革命传统的广州人民，面对国民党的残酷压迫和血腥屠杀，同样毫不畏惧，坚决反击。中共广东省委按照中共中央指示，成立暴动委员会，决定在全省举行武装暴动，夺取广州政权。

共产党人也是血肉之躯，却能视死如归，慷慨赴难，就在于有坚定的革命理想和信念做支撑。这个理想和信念，和中国共产党的奋斗目标相一致，正如二大党的纲领所规定的那样：推翻帝国主义和封建军阀的统治，统一中国，实现社会主义和共产主义。共产主义的理想和信念建立在马克思主义科学理论揭示的人类社会发展规律的基础之上，顺应历史潮流，符合最广大人民群众的根本利益，所以具有无比强大的精神力量。理想的力量是无穷的。有了这样崇高的理想和信念，面对各种考验时，才能立场坚定，矢志不移。就如广州起义领导人张太雷，在大革命失败后，始终毫不动摇，坚持革命立场。八七会议后，坚定不移执行中共中央开展土地革命和武装反抗国民党反动派的总方针，他在文章中表示："必须抛弃过去的错误观念，全力以赴地贯彻执行党的新政策，这样的胜利才是真正的胜利。"[①] 为了准备起义，张太雷多次在党的秘密联络点主持召开会议，部署起义准备工作，召集教导团、警卫团、黄埔特务营等单位革命骨干分子，代表省委作动员报告，主持召开秘密的工农兵代表大会，讨论行动部署。起义爆发后，领导起义队伍顽强战斗，身先士卒，直至在指挥前线英勇牺牲，为革命献出宝贵的生命。聂荣臻元帅为其题词："羊城

---

① 张太雷：《未来的课题》（1927年10月15日），中共中央党史资料征集委员会等编：《广州起义》，中共党史资料出版社1988年版，第63页。

举义 革命先驱 传文传世 以教后人"[1]，高度评价以张太雷为代表的广州起义者的革命精神。

### （二）勇往直前，不怕牺牲

有了坚定的革命信念，即使面对敌人的屠刀，也能大义凛然，向死而生。

广州起义爆发后，战斗异常激烈，起义军民伤亡惨重，战斗过程中，共产党人和革命群众充分展现了无产阶级的大无畏精神，不怕牺牲，勇往直前。正如前文介绍过的游曦，带领女兵班在长堤阻击敌人，由于与总指挥部失去联系，没有得到撤退的命令，坚持在街垒与数倍的敌人进行战斗，子弹打光，刺刀拼弯，仍然毫不畏惧，绝不后退，直至全部壮烈牺牲。

已经广为人知的陈铁军、周文雍两位烈士同样如此。大革命失败后，陈铁军拒绝了兄长送她去国外过安稳生活的要求，毅然坚持战斗。她奉命和广州市委组织部部长周文雍同志以夫妻名义作掩护，在广州建立地下市委机关，开展了卓有成效的秘密革命工作。八七会议之后，一起投入发动广州起义的筹备工作中，发动群众，组织武装，筹集经费，运送弹药。起义失败后，一度转移到香港，不久便冒着危险返回广州，重建广州市委秘密机关，因为叛徒告密，一同被捕入狱。在狱中，他们忍受敌人种种酷刑，始终保持共产党员大义凛然、坚贞不屈的革命气节，没有向敌人吐露党组织的任何机密。1928年2月6日，陈铁军和周文雍这对志同道合的革命伴侣共赴刑场，在铁窗下合影并宣布结婚。在红花岗上，他们并肩屹立，英勇就义。

再如起义爆发后担任广州苏维埃政府人民肃清反革命委员的

---

[1] 《张太雷文集》所刊题词，人民出版社1980年版。

杨殷，在张太雷牺牲后继任广州苏维埃政府代主席，面对敌人的疯狂进攻，率领部分工人赤卫队员坚持战斗，最后率十余人撤出广州。到香港后，杨殷在受到不公正纪律处分（后被中共中央撤销）的情况下，仍然积极处理起义的善后工作，并鼓励大家坚持斗争。1929年8月，杨殷与彭湃等人在上海被捕，坚贞不屈，英勇就义。

这样的例子，不胜枚举。正是无数像他们这样的共产党人，不怕牺牲，前赴后继，中国共产党才能生生不息，一路披荆斩棘，取得今天如此辉煌的成就。

### （三）勇于探索，敢于创新

如前所述，在广州起义的过程中，中共广东党组织从实际出发，敢于尝试，进行了多方面开拓性的实践。

首先，创建了中国第一个城市苏维埃政权——广州苏维埃政府。

这是中国共产党在大城市创建新型人民政权的一次伟大尝试，它由中国共产党独立领导，通过工农兵代表大会选举产生，是具有无产阶级专政性质的苏维埃政权。广州苏维埃政府的建立，对后来各革命根据地的苏维埃政权建设具有重要的示范作用，它给全国革命运动以明确的旗帜——苏维埃的旗帜，引导并推动了苏维埃运动在中国的发展。正如中共六大《政治议决案》所说："南昌暴动的失败结束了中国革命第二时期——左派国民党的时期——于是广州暴动便开始了中国革命的第三时期——苏维埃时期。"[①]

其次，率先将中国共产党领导的革命武装命名为"红军"，规定了军旗的样式，对土地革命战争时期人民军队建设产生了重

---

① 《政治议决案》（1928年7月9日），中共中央党史研究室、中央档案馆编：《中国共产党第六次全国代表大会档案文献选编》下卷，中共党史出版社2015年版，第856页。

要影响。

广州起义首次在中国革命中将党领导的军队命名为"红军",并明确规定了红军的性质和任务。虽然广州苏维埃政府组建5万红军的计划未能实现,但"红军"这一名称在广州起义中首次出现,直接影响了土地革命战争时期党领导的革命军队的名称确定。1928年4月13日,中共广东省委扩大会议通过军事问题决议案,在总结广州起义和东江革命斗争实践的基础上,明确提出在全省建立红军的问题。根据广东的情况,决定红军试行"五五制",目的是为了适应游击战争的需要。决议案对红军中党组织的建设及军事指挥等问题,也作出具体规定。中共中央高度重视并基本采纳了广东省委关于红军建设的意见。5月25日,中央发出《军事工作大纲》,规定党领导的各地革命武装,统一改称"红军"。从此,"红军"成为土地革命战争时期党领导的革命军队的统一名称。1930年10月,中共中央又将红军正式定名为"中国工农红军"(简称"红军")。这支在广州起义中正式命名的"红军",高举镰刀斧头为标志的红旗,冲锋陷阵,为中国革命建立了赫赫功勋,在中国革命史上书写了光辉的篇章。

广州起义精神的核心,就是坚持斗争。在革命和战争年代,为打倒中外反动势力,争取国家独立和民族解放,要坚持斗争。今天,在进行社会主义现代化建设、实现中华民族伟大复兴的征程中,面对各种挑战,同样也要坚持斗争精神。习近平总书记在2019年秋季学期中央党校(国家行政学院)中青年干部培训班开班式上讲话指出:"马克思主义产生和发展、社会主义国家诞生和发展的历程充满着斗争的艰辛。建立中国共产党、成立中华人民共和国、实行改革开放、推进新时代中国特色社会主义事业,都是在斗争中诞生、在斗争中发展、在斗争中壮大的。当今世界正处于百年未有之大变局，我们党领导的伟大斗争、伟大工程、伟大事业、伟大梦想正在如火如荼进行，改革发展稳定任务艰巨繁重，我们面临着难得的历史机遇，也面临着一系列重大风险考验。胜利实现我们党确定的目标任务，必须发扬斗争精神，增强斗争本领。"[1] 包括广州起义在内，中国共产党自成立以来，经历了无数次血雨腥风的考验，进行了长期艰苦卓绝的斗争。在此过程中，既有胜利的经验，也有失败的教训，这些都是我们今后斗争道路上不可遗失的宝贵财富。

---

[1] 《发扬斗争精神 增强斗争本领 为实现"两个一百年"奋斗目标而顽强奋斗》，《人民日报》2019年9月4日，第1版。

# 大 事 记
（1927年4月—1931年12月）

## 1927年

1927年四一二反革命政变发生后，广东党组织迅速作出反应，决定武力反抗国民党的大屠杀，派专员赴西江、潮梅等地，准备在5月初发动全省规模的总暴动。因为四一五反革命政变后敌人的戒严和大屠杀，各专员未能及时出发，全省总暴动的计划未能实现。但随后，广东各地农军在党组织领导下发动起义四十多起，掀起了武装反抗国民党反动派的第一次起义高潮。

4月15日

中共澄海县委陈国威等领导东江地区、澄海农军打响了反蒋起义第一枪，失利后转移到青岚山地区坚持斗争。

4月17日

广东区委召开紧急会议，决定区委迁往香港，在广州成立中共广州市委。

4月22日

中共广州市委成立，吴毅任市委书记。

4月26日

刘琴西率领紫金农军攻下紫金县城，5月1日成立紫金县人民政府，公布了十项施政纲领。

5月5日

中共饶平县委领导农军和农会会员发动武装起义，攻下县城。

7月15日

汪精卫集团在武汉发动反革命政变，大肆逮捕和屠杀共产党员和革命群众。不久，国民党第二方面军叶挺第二十四师和贺龙第二十军以东征讨蒋为名，出师江西。

8月1日

叶挺、贺龙所部及朱德率领的部队在南昌发动武装起义，打响了大革命失败后中国共产党武装反抗国民党反动派的第一枪。3日，起义部队撤出南昌，按照计划南下广东。

8月7日

中共中央召开紧急会议，坚决纠正陈独秀为首的中央所犯的右倾机会主义错误，总结了大革命失败的教训，讨论了党的工作任务，确立了实行土地革命和武装起义的方针，选举了中共中央临时政治局，张太雷被选为候补委员。

8月9日

中央临时政治局召开第一次会议，选举瞿秋白、李维汉、苏兆征为中央临时政治局常务委员会委员，决定成立中共中央南方局，以加强对广东、广西和闽南等地的武装斗争和政治军事工作的领导。南方局以张国焘为书记，周恩来、张太雷、彭湃、恽代英、黄平、陈权为委员，设军事委员会，由周恩来任主任。会议还决定张太雷任广东省委书记。中央常委于10日决定张太雷赴粤之任务：1、传达中央紧急会议之决议；2、准备全省特别是东江地区的暴动。

8月19日

中共广东省委书记张太雷和黄平到达香港。

8月20日

中共广东省委会议在香港召开，张太雷传达了八七会议精神。会议一致通过了拥护八七会议决议的决议案，详细讨论了广东全省的暴动计划，改组了广东省委，并决定成立广州、西江和北江暴动委员会，准备发动各地暴动。

8月22日

张太雷致信中央，报告广东省委贯彻八七会议的情况，附上省委接受八七会议决议之决议案、省委委员名单，并报告广东省委准备在南昌起义部队到达增城附近时发动起义的计划、口号、军事编制与暴动工作大纲等，请中央审查批准。

8月31日

中央致函广东省委，明确指出张发奎已是革命的反叛者，是我们公开的敌人，告诫广东省委不要再想与之妥协。

9月初

南昌起义部队按照中央部署向广州进发。周恩来致信中央，希望广东省委组织、发动潮汕地区工农暴动，响应南昌起义部队。

9月9日

中央致信南方局和广东省委，同意广东的暴动计划，并指示不要等待叶、贺部队到来，要求"立即开始"暴动；同时指示省委在准备暴动时要参照两湖计划，广东省委加紧了广州暴动的准备工作。

9月12日

张太雷在香港召开省委会议，决定广州工作大纲，派人赴广州开展工运、军事和暴动预备工作。

9月16日

张太雷致信中央，报告叶、贺部队在潮汕的战斗情况和广东敌我双方军事形势。

9月20日

张太雷亲赴潮汕接应南昌起义部队，21日到汕头。

9月22日

广东省委向全省各地发出指示（即第九号通告）——《暴动的策略：暴动各区县目前应注意之十件事》，要求各地迅速举行武装暴动，配合叶、贺部队南进广东。

9月23日

中央致信南方局和广东省委，对于省委报送的《暴动后各县市工作大纲》《农军作战方法》及《告广东、闽南民众书》等文件提出了修改意见，并指示省委不要等待叶、贺军队到达广东才发动群众；广东省委根据中央意见，修改了《暴动后各县市工作大纲》。

中共广东省委发出通告第十号——《我们目前的任务与政策》，要求各地建立革命委员会。

9月26日

南方局在汕头召开第一次会议，决定改由张太雷任书记。

9月27日

张太雷向中央报告叶、贺部队在汕头的战斗情况。

9月28日

南方局召开会议，增选李立三、恽代英为南方局委员，以罗琦园为秘书。

9月29日

张太雷自汕头给广东省委写信，告知在张发奎的军队中已经做了一些工作，广州起义的准备也在积极进行。省委随即将张太雷写的信转报中央。

10月初

中央给南方局暨广东省委指示信，要求广东省委"勇猛的号召工人、手工工人、一般贫民起来，夺取驻军、警察武装，以建立工农平民代表会议的政府为主要口号"，尽快发动起义，并指示广东省委要特别注意发动广州附近的农民。中央同时指示，广州起义取得胜利后，要召开工人、农民代表参加的革命会议，选举成立中国临时革命政府，即苏维埃，并提出中国临时革命政府应选举陈独秀、苏兆征、周恩来等为主要干部，设常务委员会，以保证党的绝对领导权为原则。

10月2日

南昌起义指挥部在普宁流沙天后庙召开紧急会议，张太雷向革命委员会及指挥部全体成员传达了八七会议精神，讨论并确定南昌起义部队去向问题。

10月12日

中央致"关于叶、贺军队失败后广东的工作及善后问题"的函给南方局和广东省委，分析了南昌起义部队失败的原因，指示广州暴动的计划"应即停止"，要求做好叶、贺部队失败后的善后工作，并指示广东省委应相信农民为暴动的主力，坚决地领导他们继续不断地暴动。

10月13日

张太雷从普宁流沙脱险辗转回到香港。

10月14日

广州市委领导广东海员工人公开举行集会示威，五千多名香港罢工工人参加。示威工人高举红色的斧头镰刀旗，决定加入革命的工人代表会，驱逐工贼，要求取消一切工会改组委员会、释放政治犯和工会自由，形成了有九十多个工会、十万工人参加的大规模运动。

10月15日

南方局及广东省委在香港召开联席会议，张太雷作了《"八一事件"之经过，失败原因及其出路》的报告，总结南昌起义军入粤失败及潮汕起义失败的教训，宣布不再以国民党的青天白日旗来号召民众，"我们改用红旗"。会议坚持在广州举行暴动的方针，通过了《关于最近工作纲领》，认为广东土地革命的形势在高涨，暴动不应停止，并制订了相应的行动计划；广东的工农要破除等待军队的依赖思想，坚持以工农自己的斗争夺取政权；共产党领导的军队一律改称工农革命军，一律改用红旗；在行动中尽量发展党的组织，公开宣传党的主张与共产主义。会议还通过了组织、宣传、工运、农运等决议案，并通过省委及各部负责人名单。

10月16日

广东省委向中央报告南方局和省委联席会议情况和改选后南方局、广东省委成员名单。南方局委员由张太雷、周恩来、恽代英、黄平、杨殷、彭湃六人组成，下设军事委员会，由周恩来、张太雷、黄平、赵自选、黄锦辉、杨殷六人负责；张太雷仍任广东省委书记。

10月17日

广州工人召开工人代表大会，决定今后不再使用国民党的青天白日旗，改用工农的镰刀斧头红旗。

10月19日

为处理南昌起义失败后的善后工作，张太雷离开香港赴汕头。

10月中旬

改选后的广东省委举行第一次会议，肯定了广州市委领导的10月14日海员示威运动；鉴于敌人已有准备，同意停止执行预定在10月24日举行的广州全市罢工计划。

10月22日

张太雷从汕头抵达上海，向中央请示并研究有关广州暴动的问题，参加中央常委会会议，就广东情况及南昌起义部队在潮汕的失败以及广州、琼崖等地暴动的准备工作作了报告。

10月23日

中央致函广东省委，认为广东省委的暴动计划仍带有偏重军事的倾向，没有把暴动的主力放在农民身上，决定另制订一个计划给广东；决定共产党领导的工农武装合称工农革命军，用工农的红旗。中共中央还决定取消南方局，广西划归广东省委指挥，福建南北合并后改组成一临委，直接由中央指挥，二十五师则设一特委归广东省委指挥。

11月3日

广州市委组织数千铁路工人聚集在汪精卫官邸前请愿，要求恢复失业工人工作，遭拒后开始游行，周文雍及数十名工人被捕。第二天，广东省委向中央报告了广州铁路工人示威请愿情形。

11月7日

广州工人举行大规模示威游行，纪念十月革命十周年。

11月8日

张太雷在上海出席中央临时政治局召开的扩大会议，他揭露并批判了张国焘在南昌起义中的严重政治错误。会后，苏兆征、张太雷参加研究制订广州起义计划。

11 月 17 日

粤桂战争爆发。

中央政治局常委会议通过中央《广东工作计划决议案》，明确作出了在广州发动起义的决定，要求广东省委利用粤桂战争的有利时机，坚决扩大工农暴动和士兵的哗变，并使这些暴动会合为总暴动，夺取全省政权，建立工农兵士代表会议的政府。会议还决定改组广东省委常委。

11 月 20 日

张太雷离开上海回香港。

11 月 22 日

张太雷在香港致信中央政治局，报告广州暴动的准备情况，并决定亲赴广州，处理广州市委与共产国际代表关于在广州暴动中要不要与张发奎谈判并争取张发奎的争论。

11 月 25 日

广东省委发出"关于组织暴动，建立工农兵政权问题"的通告第二十五号，明确提出利用粤桂军阀厮杀之机，要求各县农民在交冬租、年尾还债时一致起来暴动。各地农民暴动与广州工人联合成夺取全省政权的总暴动。

广东省委发表《为反对两广军阀战争告兵士》，号召兵士们起来打倒国民党军阀政府，创立工农兵苏维埃的政权。

11 月 26 日

张太雷从香港到广州，召集省委常委黄平、陈郁、吴毅、沈青、王强亚等以及共产国际代表纽曼，主持召开了省委常委扩大会议，认为时机已到，决定发动广州暴动，由张太雷、黄平、周文雍组织暴动总指挥部——革命军事委员会，由张太雷任总指挥；并决定组织工人赤卫队，筹备总同盟罢工。

11月28日

张太雷致信香港，将26日会议情况通报在香港的省委常委恽代英、张善铭、沈宝同。同日，广东省委发布《中国共产党广东省委员会号召暴动宣言》，揭露国民党当局的军阀面目，宣布广州暴动的政纲，号召用工农兵自己的力量，夺取一切武装，反对军阀，保卫广州，打倒反革命的国民党！准备为广州苏维埃而战争！变军阀的战争为工农兵革命胜利的战争！用群众革命及苏维埃政权反对帝国主义军阀及资本家！

教导团党团召开组长联席会议，积极酝酿暴动工作。

11月29日

广东省委将张太雷11月28日关于广州暴动问题致省委函转中央，向中央报告了决定举行广州暴动的计划。

11月底

省委派出大批干部分别到广东各地，组织农军暴动，配合广州起义，并通知在湘粤边活动的由朱德、陈毅率领的部分南昌起义军南下，参加广州起义。

广州工人赤卫队按行业和地域改编成七个联队，成立总指挥部，并成立敢死队、消息局、交通队等，以破坏敌人联络，侦察敌情，同时秘密制造炸弹和转运枪支，组成专门汽车队以便调运军队。

张太雷在财政厅前附近的党的地下联络站召开教导团党团骨干会议，进行起义发动工作，并召开了秘密的广州工人代表大会的负责人会议，传达和部署起义的有关各项工作。

12月初

张太雷连续召开支部书记联席会议、工代会负责人会议以及教导团、警卫团骨干分子的秘密会议，紧锣密鼓部署起义的具体事项。

12月1日

广东省委认为时机成熟，发出"号召准备暴动"的紧急通告，决定广州立即准备暴动，要求全市同志全体动员，广州发动总罢工，各县发动农民暴动，实行夺取政权。

12月4日

傍晚，张太雷召集教导团、警卫团以及黄埔特务营等单位革命骨干分子二百余人，在广州东郊黄花岗七十二烈士墓旁举行秘密会议，代表省委作起义动员报告，会上大家一致表示拥护省委关于组织广州暴动的决定，誓死为工农兵革命而奋斗。

12月5日

中央致信广东省委，对广东省委11月29日上报的广州暴动计划表示赞同，要求扩大群众斗争，要把广州的工代会"做成群众斗争之公开指导机关，做成发动暴动的机关"，并提醒千万不要忽略了各县土地革命苏维埃政权的根本工作，广州以外各县农民的发动必须迅速，苏维埃的宣传必须普遍。

广东省委向中央报告粤桂战争爆发后的广东政治状况和党的策略，汇报了广东各地党组织的工作情况和起义准备情况。

12月6日

张太雷在西桥附近党的联络站召集在广州的省委成员开会，讨论广州起义后建立的苏维埃政府成员名单以及政纲、宣言、文告和起义的策略等问题。

12月7日

张太雷等在广州广大路禺山市场召开工人代表会秘密会议，推举工人代表10人，初步确定了广州工农兵代表会议执行委员会名单，通过了广州起义计划，决定12月12日举行起义。

广东省委召开会议，讨论了苏维埃的政纲、宣言及行动部署，张太雷被推举为苏维埃政府代理主席。

12月8日

广东省委向中央报告广州暴动的准备情况，主要包括敌我力量对比情况、起义的口号和政纲等。为了便于领导起义，决定将省委机关从香港迁回广州，香港只留一交通处，由张善铭、沈宝同负责。

张太雷召开各行业支部书记联席会议，向他们报告起义政纲及起义准备情况；工人赤卫队以联队为单位，召开各级干部会议，进行起义动员，并讨论行动计划。

获得起义消息的国民党急调广州卫戍司令黄琪翔回广州，准备镇压起义。

12月9日

在上海的汪精卫获悉教导团准备起义的消息，接连致电陈公博、张发奎等，要求迅速解除教导团武装，围捕共产党，搜查苏联领事馆，驱逐苏联领事人员，镇压工人运动。

黄琪翔从肇庆回到广州，准备镇压革命，广州革命形式骤然紧张。

12月10日

黄琪翔就任广州戒严司令，广州开始戒严。

工人赤卫队转运武器弹药的大安米店被敌人破坏，教导团内部也有人告密，革命形势已经箭在弦上，不得不发。张太雷召开省委紧急会议，研究敌我情况，决定提前至12月11日凌晨发动起义。张太雷、周文雍等还分别召开教导团以及工人赤卫队骨干会议，部署立即发动起义。

12月11日

省委向中央写紧急报告,指出:"省委认为广州暴动之时机已到,此时如不动作,教导团力量将被其解散,同时敌人更加紧的向我们进攻,故广州暴动即须很快的发动。"报告还要求中央对广州起义给予迅速而详细的指导,请求派周恩来来广东指导工作。

凌晨1时许,教导团紧急集合。凌晨2时,张太雷与恽代英、叶挺、徐光英以及工人赤卫队代表到四标营,领导教导团革命官兵誓师起义。张太雷作了起义动员,宣布教导团改称红军军官教导团,任命了各级指挥人员;然后,恽代英讲话,最后由叶挺宣布起义开始。凌晨3时半,教导团发射信号弹,按战斗部署分路出发。警卫团三营和广州各处集中待命的工人赤卫队听到起义信号后也纷纷出击。黄埔军校特务营的官兵得到消息后也举行了起义。天亮时,除少数敌军据点外,起义军已经占领了广州珠江北岸的大部分地区。

上午6时,广州苏维埃政府成立。张太雷主持了广州苏维埃政府和工农兵执委代表第一次联席会议。会议宣读了苏维埃政纲,通过了苏维埃政府职员名单,叶挺报告了军事情况,杨殷报告了肃反情况,周文雍报告了工人赤卫队的组织和战斗情况。大会通过了《广州苏维埃宣言》《苏维埃对内对外政纲》等文件。会后,苏维埃政府发表《广州苏维埃宣言》,庄严宣告:在12月10日夜至11日,"广州无产阶级已经夺取了政权。一切政权都拿在工农兵手里",并公布了广州苏维埃第一次会议的决议。

广东省委机关刊物《红旗》出版号外,发布了广州苏维埃政府职员名单,庄严宣告广州苏维埃政府成立。

广东省委发表《中国共产党告工人农民》,广州苏维埃政府发表《广州苏维埃政府告民众》《苏维埃革命纪实》《工人武装起来》等传单;中国共产(主义)青年团广东省委也发表《告青年兵士、警察及保安队书》,宣布革命的胜利,号召工人、农民和士兵组织起来,打倒反动政府,选举代表参加和保卫苏维埃,为巩固广州暴动的胜利而继续奋斗。

广州苏维埃政府准备在第一公园召开工农兵拥护广州苏维埃政府大会,后因观音山的敌人冲下山,到了大会会场和起义指挥部附近,参加大会的群众纷纷参加战斗,会议改期举行。

被编入工人赤卫队第六联队的广州市郊农军响应起义,参加了攻打石围塘火车站等战斗;花县农军参加了进攻财政厅的战斗,并支援撤离到花县的起义部队多次击退民团的反扑。南海农军响应广州起义,一度解放了大沥圩。

张太雷主持召开紧急会议,讨论局势和下一步行动计划。叶挺提出退出广州、转赴海陆丰的建议被否决,最后决定以教导团和工人赤卫队为基础,迅速扩建工农红军,下达了进攻珠江以南以及中央银行、第四军军部等久攻不下的敌人据点,将战线推移到郊外的命令。

12 月 12 日

早,广东省委秘书处给省内各地党部发出关于广州暴动的通告,指出:"广州暴动已经爆发……全市已被我们占据。"要求各地即刻进行普遍宣传,"积极领导工农群众起来暴动,向着广州进展,保护广州暴动的胜利。"

起义军继续进攻珠江北岸地区敌军残余据点。驻珠江南岸地区的敌军李福林部在国民党反动海军和帝国主义军舰掩护下,分路渡河,多次向猎德和长堤反扑,先后被起义军击退。

国民党原驻韶关的周定宽团到达广州,一部攻打黄沙,一部攻打观音山；国民党薛岳部莫雄团也再次组织起来，一部进攻西门，一部进攻观音山。工农红军总司令叶挺命工人赤卫队总指挥周文雍，迅速调农军到观音山、大北门一带警戒。起义军与国民党反动军队在观音山展开了拉锯战，经过多次争夺，至黄昏时，起义战士打退了敌人的进攻，守住了观音山这个广州的制高点。

工农红军总指挥叶挺发布向商人借粮食的命令，委任凌津为北江农军第一支队司令，其任务是在粤汉铁路沿线扰乱敌人后方及破坏铁路。

中午，广东各界代表在丰宁路西瓜园广场召开广东工农兵拥护广州苏维埃政府大会，张太雷代表政府发表演说，大会选举了人民委员会，通过了广州苏维埃政府领导成员名单、起义政纲、《广州苏维埃追悼死难烈士宣言》等。

下午，张太雷参加了广东工农兵拥护苏维埃政府大会后，与共产国际代表乘车返回指挥部，经过大北直街附近时，遭敌人伏击，壮烈牺牲。

黄昏，工农红军总指挥叶挺和省委军委负责人聂荣臻到财政厅天台上观察战况，发现敌人已经冲入市区，城内战斗四起。为保存起义有生力量，起义指挥部决定撤出广州，并分头向起义部队下达撤退命令。

晚，教导团等起义部队主力从市区撤出，至黄花岗集中，经太和圩向花县撤退。

12月13日

早，敌人以数十倍兵力分路围攻广州，未接到撤退命令、来不及撤退或者准备就地隐蔽的工人赤卫队员及革命士兵坚守街垒，与敌人展开肉搏战。由于敌我力量悬殊，国民党反动派于13日下午重占广州，坚守观音山的起义部队被迫撤离，广州起义失败。敌人在广州疯狂地展开大屠杀，尸骸遍地，血流成河。从13日至19日，被杀害的起义战士和市民达五千七百多人。

苏联《真理报》发表《工农的广州》社论，认为广州起义中起决定作用的不仅有军队和农民群众，还有工人群众；"广州的共产主义革命"使资产阶级胆战心惊，高度赞扬广州起义的胜利。

12月14日

中共中央发出通告第二十三号，指出广州暴动形势下党的任务。

中共中央发表《中国共产党为广东工农兵暴动建立苏维埃告民众》，指出广州起义是"工、农、兵士群众第一次革命暴动的胜利"，军阀、豪绅、地主和资本家等反动势力一定会勾结帝国主义进攻革命的广东，号召全国的工人、农民和兵士赶快团结起来、武装起来，推翻军阀国民党的统治，推翻豪绅、地主和资本家，"拥护这一胜利，扩大这一胜利"。

撤出广州的起义部队占领花县县城，进行了数天的休整。

中共中央执行委员会分别发表《告工人书》《告农民书》，指出广东工人、农民的胜利，就是全国工人、农民胜利的开始，广东工人、农民得到解放，就是全国工人、农民得到解放的开始，并号召全国的工人和农民破坏一切反革命的势力，拥护广东工农兵革命的胜利。

中国共产（主义）青年团中央执行委员会发表《为广州暴动告全国工农兵士及一切劳动青年》，号召青年们团结在中国共产党、共产（主义）青年团和革命的农民协会的旗帜下，加入工农革命军，拼命与敌人争斗。

赤色职工国际发表题为《快来援助中国革命——致各国工人书》，号召全世界工人援助广州工农政府。

**12月15日**

共产国际为广州暴动发表《告全世界工人兵士及被压迫民众宣言》，共产国际执行委员会也发表了《关于广州公社告全体工人、一切被压迫者、资本主义军队的全体士兵书》，号召全世界被压迫的民众和资本主义国家的兵士们赶快起来，尽速援助中国苏维埃，赞助中国的苏维埃。

中共中央常委会决定李立三、阮啸仙即赴广东。李立三到香港后，决定以张善铭代理广东省委书记，李立三以中央巡视员资格参加常委会指导工作。

**12月17日**

撤出广州市区的起义主力部队在花县中学进行整编，决定成立工农红军第四师，简称红四师，以民主投票的方式，推举叶镛为师长，袁裕为党代表，王侃予为政治部主任，下辖三个团。红四师成立后，联络朱德所部未果，即奔向海陆丰。1月初，红四师与彭湃率领的海陆丰起义武装汇合；另有广州起义部队约几十人向北江撤退，至韶关附近参加了朱德、陈毅率领的转战湘粤边的南昌起义部队，后来上了井冈山；还有一部分起义者经香港分批转到广西左右江地区，到1929年参加了邓小平、张云逸领导的百色起义和龙州起义。

中共中央发表《中国共产党为广州暴动再告全国民众》，号召全国民众"永远不要忘记这十一、十二两日。存在两天的苏维埃政权——工农兵代表会的政府，可为我们的团结一致，继续争斗，直至博得胜利的标帜。"同时号召全国的工农与劳动群众立即起来，巩固自己的组织，准备新的斗争。

中共广东省委、共青团广东省委向各地党团组织发出"关于广州暴动的经过和当前要做的工作"的通告，介绍了广州起义的决策、战斗经过以及目前的工作，提出要结合全省革命的前途向群众宣传广州起义的经过和意义，要求各地暴动不能停止，更应加紧发动暴动，准备夺取全省政权。

12月18日

中央致信广东省委，表示"深信广州暴动是广东总暴动的开始，是全国各地工农暴动的信号。"

广东省委向东江特委及所属各县县委发出通知，指出广州暴动的停止并不是我们的失败，指示东江各地扩大广州暴动的宣传，继续斗争。

12月19日

广东省委向中央报告广州暴动经过、对暴动意见以及暴动失败后的善后工作等，并以"同志和群众意见"的形式总结了起义的教训。

12月20日

广东省委在香港召开临时会议，讨论中央对广州起义失败后广东目前工作的指示。21日，省委致信中央，将临时会议对广州起义经验教训的总结报告中共中央。

赤色职工国际发表题为《反对杀害中国劳动者，捍卫中国革命》的致各国工人书。

12月24日

中共中央发表《中国共产党反对反动的国民党政府对俄绝交宣言》，指出，"'对俄绝交'的命令，绝对不是中国广大多数人民的公意"，谴责国民党政府屠杀苏联领事人员并与俄绝交。

12月26日

中华全国总工会为广州暴动和国民党政府对俄绝交发表《告全世界无产阶级》。

12月28日

李立三向中央报告了广州起义失败后广东各地党组织工作情况和广东的政治形势，认为广东的客观情形是革命仍在高涨，决定了继续暴动的策略，决定了当前的工作，并总结了广州起义中的错误。

12月

中国共产党广东省委发表《号召全省工农兵士继续暴动宣言》，认为"广州暴动是代表全国工农的意志，对于反动的豪绅资产阶级政权的反抗，是全广东工农暴动的开始。"广州暴动虽然遭受了挫折，但广东的工农革命潮流反而日益高涨，号召继续广州夺取政权的暴动，推翻豪绅资产阶级国民党的反动政权。

广州市委和中国共产青年团广东省委分别散发传单和宣言，号召："工农兵联合起来！"、"打倒反动政府，把政权夺在我们手里，建立工农兵的政府。"

# 1928年

1月1日—5日

广东省委在香港召开了全体（扩大）会议，李立三作了中央政治局报告，黄平作了广州暴动问题的报告。会议主要讨论了广州暴动的经验与教训，通过了关于广州暴动问题、党的组织问题、职工运动及目前党的任务及工作的方法等决议案，认为革命仍处于高潮，决定对广州起义的主要领导人黄平、周文雍、陈郁、杨殷、恽代英、吴毅等给予开除省委委员等职务，并留党察看三个月或调做下层工作等处分；会议决定改组省委，以李立三为书记。会后，省委派沈宝同携带文件赴上海向中央汇报。

1月3日

中共中央临时政治局召开会议,总结广州暴动问题,通过了《广州暴动之意义与教训》的议决案,认为广州起义取得胜利和建立苏维埃政府"是全中国以及全亚洲第一次的伟大尝试",充分肯定了广州起义的伟大意义,分析了起义失败的客观原因。

1月4日

中共中央致函广东省委,认为广州暴动是全省总暴动的开始,"广州失陷,全省总暴动的进行当益亟。"并强调在各县暴动的发动中,海陆丰苏维埃政权的扩大和发展十分重要。

1月8日

中央再致信广东省委,对广东省委"目前的任务及工作的方针"的决议案表示同意,认为"没有广州市工人暴动的再起,广东全省暴动是汇合不起来的",强调指出"广州市的恢复工作十二万分重要,省委须以全力促其成",并要求广东省委对广州市、香港和海陆丰等重要地区的工作应该有一个具体而合乎需要的工作方针作指导。

1月上旬

广东省委先后发出通告第一号、第二号。通告第一号通报了省委会议的经过和省委会议通过的《广州暴动决议案》的主要精神;通告第二号指示各级党部讨论广州暴动问题,宣传广州暴动的意义和教训。

中共广州市委重新成立,以麦裕成为书记;下旬,市委机关被敌人破获,麦裕成等数十人被捕;月底,按照省委的指示,广州市委再次恢复,以季步高为书记。

1月10日

广东省委给中央报告,介绍了1月1日至5日省委全体会议的情况，报告了关于省委全体会议通过的对广州暴动中几个省委委员的政治纪律问题以及新选的省委常委七人的情况，请中央批准。

1月13日

东江特委报告省委，转录了红四师师委关于《广州红军来海丰之经过》的报告。

1月15日

广东省委关于广州暴动后的形势和工作给广州市委指示信，指出："目前主要任务是用许多工人群众迫切要求的口号，到工人群众中去作扩大宣传，领导他们起来斗争，扩大工会的组织，扩大党的影响。"

1月16日

广东省委常委讨论中共中央临时政治局会议1月3日通过的《广州暴动之意义与教训》的议决案，通过了《省委对中央政治局会议通过之"广州暴动之意义与教训"的决议案》，认为中央的决议案有很多不合事实的地方，并要求中央对之前通过的《广州暴动之意义与教训》的议决案进行修改。

中共中央常委听取了沈宝同的报告，决定由周恩来起草致广东省委信提交政治局讨论。

广东省委报告中央，决定再派罗登贤到中央陈述关于广州暴动以及省委全体会议经过、广东省委对中央临时政治局通过之《广州暴动之意义与教训》的意见。

晚，广东省委书记李立三致信中央临时政治局，认为中央临时政治局的决议案"的确与当时事实多不符合"，要求中央重新讨论并修改决议案。

1月18日

中共中央致信广东省委,对《广东省委对于广州暴动决议案》作出指示,认为省委全体会议通过的《广州暴动决议案》的"根本精神和其指示的前途都极不正确极其动摇",指出了省委全体会议决议案的根本错误,同时对省委发布省委会议精神的通告第一号和通告第二号也表示不能赞同,并认为省委决议案中的政治纪律根本不能成立,表示"指导机关以及负责同志不仅在坚决执行党的政策,且对于这一伟大创造实尽了一切的力量",如此还"处以政治纪律,事实和理论都讲不通。"

1月21日—22日

罗登贤代表广东省委向中共中央汇报广州起义情况陈述广东省委的意见。中央决定派邓中夏赴广东,代理广东省委书记,计划2月中召开省委扩大会议,执行中央关于广州暴动的决议,并责成李立三于邓中夏到广东后即来中央面谈。

1月23日

共青团广东省委根据中央指示精神,作出《对参加广州暴动决议案》,重新评价广州暴动的意义,同时总结暴动存在的问题。

共青团广东省委通过《对参加广州暴动决议案》,其精神与中共广东省委的决议大致相同,指出了共青团在参加广州暴动中所表现的根本错误和教训。

1月25日

中共中央致信广东省委并转全体同志,指出广东省委全体会议通过的《广州暴动决议案》的错误,介绍了中央临时政治局通过之《广州暴动之意义与教训》议决案的主要精神,宣布了中央的决定:"省委必须服从中央的意见,停止省委决议案在各级党部的讨论,速将中央决议案散布下去。"

中共中央致信李立三，因为广东省委和李立三在广州暴动问题上与中央有根本不同的意见，且牵涉共产国际代表，要求李立三前来上海与中央"面谈一切"。

1月

《布尔什维克》第12期发表《悼广州死难的五千七百工农兵士！》，强烈谴责反革命的国民党军阀借帝国主义帮助，"侥幸战胜广州的苏维埃政府"后开展大屠杀的罪恶行为。

2月初

邓中夏由上海启程赴广东。

2月9日

邓中夏主持召开省委常委扩大会议，专门讨论广州暴动的决议，传达讨论了中央的决定和对省委意见的答复，会议"大体上没有反对中央根本的精神"，决定按照中央的决议对广州起义进行宣传，但坚持提出政治纪律（处分）不能取消等几点修改意见，同时决定由吴毅、恽代英起草《广州暴动经过》报告中央，会后李立三即动身赴沪。

2月16日

李立三到达上海与中央讨论后，与中央取得一致意见。

2月20日

广东省委机关遭到破坏，代理书记邓中夏及常委罗登贤、王强亚、黄谦等人被捕；次日，共产国际代表指定恽代英、沈宝同、吴毅等组成省委临时常委会。中共中央决定李立三仍回广东任省委书记。

2月24日

李立三从上海回到香港，召开省委常委会，决定李立三、张善铭、李源、沈青、陈郁、黄焯、黄钊组成新的省委常委，李立三为书记。

2月25日

共产国际执委会通过《共产国际关于中国问题的决议案》，对广州起义给予高度评价，认为"广州暴动是中国无产阶级建立苏维埃政权之英勇的尝试"，也指出了指导机关的一些错误。

2月26日

中共中央发出通告第三十五号，回顾了广东省委与中央在广州起义问题上的分歧和处理经过，作出了中央的决定，要求广东省委的两次决议案必须取消。同时也对中央临时政治局通过的《广州暴动之意义与教训》议决案中因为程度的深浅、数量的多寡而与事实不符的地方作了更正。

6月27日

中国共产党第六次全国代表大会主席团第七次会议决定在政治委员会之下组织广东暴动问题委员会，周恩来、于怀茂、瞿秋白、向忠发、苏兆征、王凤飞、邓中夏、龚德元及广东代表团全体代表参加，外省代表自愿参加，建议推举苏兆征为委员会书记。

周恩来在中共六大军事委员会第一次会议上的报告中，总结了广州起义失败的原因。

7月9日

中国共产党第六次全国代表大会全体代表一致通过《决定广州暴动为固定的纪念日的决议》，认为"广州暴动是中国苏维埃革命阶段的开始"，"他与英勇的伟大的'巴黎公社'有同样的价值"，决定"广州暴动日（十二月十一日）为一个固定的纪念日"，要求各地党组织每年十二月十一日要纪念它，并号召千百万的劳动群众纪念它。

**7月17日**

在共产国际第六次代表大会第一次会议上，片山潜宣读共产国际英国支部、美国支部和日本支部提出的告中国工农书，指出："广州起义已使劳动人民认识到，它是中国工人最伟大的英雄气概的典范"，认为"中国的革命斗争经验，已是东方全体劳动人民的共同财富。"

**7月28日**

罗明纳兹在共产国际第六次代表大会第十四次会议上发言，承认自己所犯的错误，并驳斥认为广州起义是盲动的观点，指出："广州起义本身是完全合乎逻辑的、必要的、正确的"，并认为："事实证明，广州起义是许多革命战斗总链条中的最后一环。"

**8月15日**

瞿秋白（斯特拉霍夫）在共产国际第六次代表大会第三十一次会议上作了"关于殖民地和半殖民地国家的革命运动的补充报告"，承认广州起义政治上、组织上准备不足以及起义开始后主攻方向不是敌人重点地区等错误，同时指出："广州起义具有社会基础，带有群众性"，"党对广州起义做了一定的准备"，认为广州起义具备相应的条件，应该发动。

**8月16日**

黄平（沃罗夫斯基）在共产国际第六次代表大会第三十二次会议上发言，针对佩佩尔、托洛茨基等认为广州起义过早、社会基础差、苏维埃不是选举产生等责难，列举大量事实予以驳斥。

**8月21日**

在共产国际第六次代表大会第四十次会议上，中国代表团针对佩佩尔在共产国际第六次代表大会第三十九次会议上的声明中对中国同志不重视起义期间的领导错误的指责，发表了声明，认为"这不符合实际",指出中国同志"都严重分析并公开承认了这些错误,这是事实。领导广州起义的同志们所犯的错误已在实践中完全纠正了,这也是事实。"

11月1日

中共中央发出通告第七十六号,提出广州暴动纪念的工作方法。

11月

中共中央发出《广州暴动周年纪念宣传大纲》,指出广州起义的伟大意义和苏维埃政权是真正的民权,总结了广州起义失败的原因和教训,谴责国民党对革命的镇压和对人民群众的欺骗,指出暴动才是工农群众的唯一出路。

12月1日

中华全国总工会发出通告,认为广州起义开辟了中国革命的新阶段,指出"广州暴动日(十二月十一日)应作为全国工人阶级永久纪念日",号召"在这一日,中国工人阶级应举行热烈的纪念,高举红旗,停工、示威,纪念广州暴动死难的烈士,并反抗敌人白色恐怖的惨杀。"

12月11日

中共中央、中华全国总工会发出《对广州暴动纪念宣言》,中国共产青年团中央委员会分别发出《为广州暴动周年纪念宣言》。

# 1931年

12月1日

中华苏维埃共和国临时中央政府制定的《劳动法》第五章规定:"每年十二月十一日为广州暴动纪念日。是日,一切机关停止工作,集会纪念。"

# 参 考 文 献

## 经典文献

1.《毛泽东选集》第 2 卷，人民出版社 1991 年版。

2. 中共中央文献研究室、中国人民解放军军事科学院编：《毛泽东军事文集》第 1 卷，军事科学出版社、中央文献出版社 1993 年版。

3.《周恩来选集》上卷，人民出版社 1980 年版。

4.《列宁全集》第 2 卷，人民出版社 1984 年版。

5.《列宁全集》第 10 卷，人民出版社 1987 年版。

6.《列宁全集》第 28 卷，人民出版社 1991 年版。

7.《斯大林全集》第 9 卷，人民出版社 1954 年版。

8.《孙中山全集》，中华书局 2011 年版。

## 原始资料

1. 中共中央党史研究室：《中国共产党历史》第 1 卷（1921—1949）上册，中共党史出版社 2011 年版。

2. 中央档案馆编：《中共中央文件选集》第 1 辑（1921—1925），中共中央党校出版社 1982 年版。

3. 中央档案馆编：《中共中央文件选集》第 2 辑（1926）、

第 3 辑（1927），中共中央党校出版社 1983 年版。

4. 中央档案馆编：《中共中央文件选集》第 4 辑（1928）、第 6 辑（1930），中共中央党校出版社 1989 年版。

5. 中共中央党史研究室第一研究部译：《共产国际、联共（布）与中国革命档案资料丛书》第 1 辑：《联共（布）、共产国际与中国国民革命运动》（1920—1925），北京图书馆出版社 1997 年版。

6. 中共中央党史研究室第一研究部编：《共产国际、联共（布）与中国革命档案资料丛书》第 2 辑：《共产国际、联共（布）与中国革命文献资料选辑》（1917—1925），北京图书馆出版社 1997 年版。

7. 中共中央党史研究室第一研究部译：《共产国际、联共（布）与中国革命档案资料丛书》第 3、4 辑：《联共（布）、共产国际与中国国民革命运动》（1926—1927）（上、下），北京图书馆出版社 1998 年版。

8. 中共中央党史研究室第一研究部编：《共产国际、联共（布）与中国革命档案资料丛书》第 5、6 辑：《共产国际、联共（布）与中国革命文献资料选辑》（1926—1927）（上、下），北京图书馆出版社 1998 年版。

9. 中共中央党史研究室第一研究部译：《共产国际、联共（布）与中国革命档案资料丛书》第 7 辑：《联共（布）、共产国际与中国苏维埃运动》（1927—1931），中央文献出版社 2002 年版。

10. 中共中央党史研究室第一研究部编：《共产国际、联共（布）与中国革命档案资料丛书》第 11 辑：《共产国际、联共（布）与中国革命文献资料选辑》（1927—1931）（上），中央文献出版社 2002 年版。

11. 中央档案馆编：《中共中央政治报告选辑》（1922—

1926），中共中央党校出版社 1981 年版。

12. 中共中央党史研究室、中央档案馆编：《中国共产党第六次全国代表大会档案文献选编》上、下卷，中共党史出版社 2015 年版。

13. 中国社会科学院现代史研究室、中国革命博物馆党史研究室选编：《"一大"前后》（一），人民出版社 1980 年版。

14. 中共中央书记处编：《六大以前》，人民出版社 1980 年版。

15. 安徽大学苏联问题研究所、四川省中共党史研究会编译：《苏联〈真理报〉有关中国革命的文献资料选编》第 1 辑，四川省社会科学院出版社 1985 年版。

16. 中央档案馆编：《广州起义》资料选辑，中共中央党校出版社 1982 年版。

17. 中共广州市委党史资料征集研究委员会编：《广州大革命时期回忆录选编》，广东人民出版社 1986 年版。

18. 中共广东省委党史资料征集委员会编：《广东党史资料》第 1 辑，广东人民出版社 1983 年版。

19. 中华全国总工会中国工人运动史研究室编：《中国工运史料》，1981 年第 4 期，工人出版社 1981 年出版。

20. 罗家伦主编：《革命文献》第 9 辑，台北中央文物供应社经售，1955 年出版。

21. 中国社会科学院近代史研究所翻译室编译：《共产国际有关中国革命的文献资料》（1919—1928）第 1 辑，中国社会科学出版社 1981 年版。

22. 《共产国际与中国革命资料选辑》（1925—1927），人民出版社 1985 年版。

23. 中共中央党史资料征集委员会等编：《广州起义》，中共党史资料出版社 1988 年版。

24. 彭湃：《彭湃文集》，人民出版社 1981 年版。

25. 刘长徽等编：《四一二反革命政变资料选编》，人民出版社 1987 年版。

26. 广州农民运动讲习所旧址纪念馆编：《广东农民运动资料选编》，人民出版社 1986 年版。

27. 人民出版社编：《第一次国内革命战争时期的农民运动资料》，人民出版社 1983 年版。

28. 广东革命历史博物馆编：《黄埔军校史料》（1924—1927），广东人民出版社 1982 年版。

29. 广东省档案馆、中共广东省委党史研究委员会编：《广东区党、团研究史料》（1921—1926），广东人民出版社 1983 年版。

30. 中共广东省委组织部、中共广东省委党史研究室、广东省档案馆编：《中国共产党广东省组织史资料》上册，中共党史出版社 1994 年版。

31. 中国人民政治协商会议广东省委员会文史资料研究委员会编：《广东文史资料》第 27 辑，广东人民出版社 1980 年版。

32. 中共中央党校中共党史教研室编：《中国国民党史文献选编》（1894—1949），1985 年。

33. 广东革命历史博物馆编：《广州起义资料》（上、下），人民出版社 1985 年版。

34. 蔡和森：《蔡和森文集》，人民出版社 1980 年版。

35. 广东省档案馆：《广州起义前后的全国时局——粤海关情报记录译辑》，1982 年印。

## 近代报刊

1. 北京《晨报》1927年。
2. 《当前中国纪事》1927年4月号。
3. 《时事新报》1927年。
4. 《向导》第170期，1926年9月。
5. 《广州民国日报》1927年。
6. 国民党广东军事厅政治部编：《革命政治》第1期。
7. 《申报》1927年。
8. 《黄埔日刊》第303期。

## 研究论文

1. 肖甡：《从"四一二"到"七一五"国民党的清党运动》，《近代史研究》1991年4期。
2. 申晓云：《四一二前后的蒋介石与列强》，《历史研究》2000年第6期。
3. 张静星：《试析大革命失败后共产国际关于中国革命政策的转变》，《复旦学报（社会科学版）》1987年第6期。
4. 沈予：《"四·一二"反革命政变与帝国主义关系再探讨》，《历史研究》1984年第4期。
5. 杨奎松：《一九二七年南京国民党"清党"运动研究》，《历史研究》2005年第6期。
6. 曾庆榴：《"清党"：黄埔军校的质变》，《同舟共进》2004年第11期。
7. 王奇生：《清党以后国民党的组织蜕变》，《近代史研究》2003年第5期。

8. 周兴樑：《苏联对孙中山黄埔办校建军的资金和军械援助》，《中山大学学报（社会科学版）》2011 年第 4 期。

9. 王承璞：《共产国际和中国共产党对国民军的策略》，《北京师范大学学报》1987 年第 4 期。

10. 唐宝林：《重评共产国际指导中国革命的路线》，《历史研究》2000 年第 4 期。

11. 赵崇华：《1926—1927 年共产国际对建立中国革命政权指导思想的演变》，《西南大学学报（人文社会科学版）》2006 年第 3 期。

12. 陈万安：《第一次国内革命战争时期的广东农民运动》，《华南师院学报（哲学社会科学版）》1980 年第 1 期。

13. 黄河：《铁甲车队：中共直接领导的首支正规武装》，《炎黄春秋》2018 年第 8 期。

14. 张水良：《广州公社——1927 年 12 月广州工人武装起义》，《厦门大学学报（社会科学版）》1959 年第 2 期。

15. 张国星：《广州起义时敌我双方力量对比考》，《历史教学》1992 年第 8 期。

16. 周斌：《列强对一九二七年广州起义的因应》，《中共党史研究》2018 年第 11 期。

17. 易凤林：《南京方面国民党要员对中共三大起义的反应》，《军事历史研究》2017 年第 3 期。

18. 易凤林：《蒋介石对南昌起义、广州起义的反应》，《苏区研究》2018 年第 4 期。

19. 徐元宫：《1927，广州起义中的苏联因素》，《同舟共进》2011 年第 8 期。

20.《发扬斗争精神　增强斗争本领　为实现"两个一百年"

奋斗目标而顽强奋斗》,《人民日报》2019年9月4日,第1版。

## 研究专著

1. 曾旅湘:《伟大的尝试——广州起义》, 广东经济出版社2018年版。

2. 中共广州市委党史研究室编:《中共广州地方史(新民主主义革命时期)》, 广东人民出版社1995年版。

3. [美]罗伯特·诺思、津尼亚·尤丁编著, 王淇等译:《罗易赴华使命》, 中国人民大学出版社1981年版。

4. 郭恒钰:《共产国际与中国革命》, 生活·读书·新知三联书店1985年版。

5.《列宁斯大林论中国》, 人民出版社1953年版。

6. [苏]А.И.卡尔图诺娃著, 中国社会科学院近代史研究所翻译室译:《加伦在中国》(1924—1927), 中国社会科学出版社1983年版。

7. 杨万秀等:《广州通史》(现代卷)(上), 中华书局2010年版。

8. 中共广宁县委党史研究室:《中共广宁地方史》, 中共党史出版社2004年版。

9. 中共湛江市委党史研究室:《中共南路党史大事记》, 广东人民出版社1996年版。

10. 金冲及:《周恩来传(1898—1949)》, 人民出版社、中央文献出版社1989年版。

11. 郭昉凌:《杨殷传》, 广东人民出版社2012年版。

12. 林鸿暖:《张太雷》, 广东人民出版社2009年版。

13. 中共中央党史研究室第一研究部等编:《纪念广州起义

80周年学术研讨会论文集》,广州出版社2008年版。

14. 中共广东省委党史研究委员会等编:《广州起义研究》,广东人民出版社1987年版。

15. 中共广东省委党史研究室编:《广东工农武装起义——1927.4—1928.6广东工农武装起义学术讨论会文集》,广东人民出版社1991年版。

16. 张发奎:《张发奎口述自传》,当代中国出版社2012版。

17.《叶剑英传》,当代中国出版社1995年版。

18. 广州市妇女联合会编:《五羊巾帼(一)——广州起义中的英雄妇女》。

19. 徐雁:《红色起点:广州起义全记录》,湖南人民出版社2009年版。

图书在版编目（CIP）数据

英雄壮举：1927年的广州起义 / 王金锋，吴珏，刘永祥著. —北京：中央文献出版社，2021.11
（中国共产党与大革命丛书）
ISBN 978-7-5073-4847-7

Ⅰ.①英… Ⅱ.①王… ②吴… ③刘… Ⅲ.①广州起义—研究 Ⅳ.①K263.307

中国版本图书馆CIP数据核字（2021）第192265号

## 英雄壮举：1927年的广州起义
### （中国共产党与大革命丛书）

| | |
|---|---|
| 著　　者： | 王金锋　吴　珏　刘永祥 |
| 责任编辑： | 田雪鹰　司文君 |
| 出　　版： | 中央文献出版社 |
| 地　　址： | 北京西四北大街前毛家湾1号 |
| 邮　　编： | 100017 |
| 网　　址： | www.zywxpress.com |
| 发　　行： | 中央文献出版社 |
| 销售热线： | 010-83072509 / 83072511 / 83089394 / 83089404 / 83072503 |
| 电子邮箱： | zywx5073@126.com |
| 排　　版： | 北京中献唐人数字技术有限公司 |
| 印　　刷： | 广东新华印刷有限公司 |

700×1000mm　16开　22.75印张　263千字
2021年11月第1版　2021年11月第1次印刷
ISBN 978-7-5073-4847-7　定价：68.00元

本书如存在印装质量问题，请与本社联系调换。

版权所有　违者必究